Andreas Möller
Das grüne Gewissen

Andreas Möller

Das grüne Gewissen

Wenn die Natur zur Ersatzreligion wird

HANSER

Bibliografische Information der Deutschen Nationalbibliothek
Die Deutsche Nationalbibliothek verzeichnet diese Publikation in der
Deutschen Nationalbibliografie; detaillierte bibliografische Daten
sind im Internet über http://dnb.d-nb.de abrufbar.

Dieses Werk ist urheberrechtlich geschützt.
Alle Rechte, auch die der Übersetzung, des Nachdruckes und der Vervielfältigung des Buches oder von Teilen daraus, vorbehalten. Kein Teil des Werkes darf ohne schriftliche Genehmigung des Verlages in irgendeiner Form (Fotokopie, Mikrofilm oder ein anderes Verfahren), auch nicht für Zwecke der Unterrichtsgestaltung – mit Ausnahme der in den §§ 53, 54 URG genannten Sonderfälle –, reproduziert oder unter Verwendung elektronischer Systeme verarbeitet, vervielfältigt oder verbreitet werden.

1 2 3 4 5   17 16 15 14 13

© 2013 Carl Hanser Verlag München
Internet: http://www.hanser-literaturverlage.de

Herstellung: Thomas Gerhardy
Umschlaggestaltung: Hauptmann & Kompanie Werbeagentur, Zürich,
unter Verwendung eines Fotos von © plainpicture/Stephen Webster
Satz: Kösel, Krugzell
Druck und Bindung: Friedrich Pustet, Regensburg
Printed in Germany

ISBN 978-3-446-43224-6
E-Book-ISBN 978-3-446-43607-7

Für Jasper und Philippa

Felder und Bäume wollen mich nichts lehren,
wohl aber die Menschen in der Stadt.
PLATON, Phaidros (370 – 360 v. Chr.)

Die Sehnsucht nach der ganz unberührten Natur
ist selbst bereits ein Kulturergebnis,
aus dem Übermaß eines verkünstlichten Daseins entspringend.
ROMANO GUARDINI, Briefe vom Comer See (1927)

Inhalt

Prolog:
Am Wasser 9

Unterwegs zur Generation Landlust 11

Eine fast unendliche Geschichte:
Natur und Technik in Deutschland 25

Green German Angst:
Wo wir heute stehen 51

Schwarze Pumpe – oder:
Unser Bild der Energie 65

Von Rheinsberg nach Philippsburg – oder:
Das kurze lange Ende der Kernkraft 93

Weissensee – oder:
Zwischen Hausgeburt und Impfverweigerung 121

Ehingen/Donau – oder:
Biomärkte und der Glaube an die Nahrung von hier 149

Prenzlauer Berg – oder:
Die Seele der handgemachten Dinge 185

Die Wälder Brandenburgs – oder:
Welche Natur wir meinen 205

INHALT

Plädoyer für mehr Natur-Gelassenheit:
Was aus diesem Buch folgt 227

Epilog:
Am Wasser 243

Danksagung 245

Anmerkungen 247

Prolog:
Am Wasser

Am Ende läuft beim Thema Natur so gut wie alles hinaus auf Bilder und Erinnerungen. Als Kind habe ich mir Notizen gemacht, wenn ich zum Angeln ging. Ich trug sie in ein „Fangbuch" ein und klebte Fotos von Rotfedern und Schleien dazu, die ich stolz in die Kamera hielt. Sie halfen mir später beim Rekonstruieren der Tage, der verwendeten Köder, des Wetters, der Uhrzeit, meiner Strategie. Ich weiß, dass der Wende-Winter 1989 so mild war, dass unser See in Mecklenburg keine Eisschicht trug. Die Seerosenblätter lagen braun und tot auf dem Wasser. Ein Wort namens Klima gab es damals noch nicht.

Im Mai des Jahres 2011 stand ich wieder am Ufer eines Gewässers. Diesmal war es der Rhin, ein kleiner Fluss nördlich von Berlin. Er schlängelt sich durch eine eiszeitliche Landschaft in der Prignitz unweit der Stadt Fehrbellin. Hier ist das Kernland der Erzählungen Fontanes: Kopfsteinpflasterstraßen, Apfelbäume, gedrungene Häuser aus der Zeit der Befreiungskriege und ein Horizont, der von Kranichzügen und Windrädern gleichermaßen geprägt ist, der Symbiose aus Natur und Technik. Es war ein Montag, das Ende eines langen Wochenendes. Wurf um Wurf suchte ich die Flusskante ab. In meinen Händen hielt ich eine Kohlefaserrute, mit der ich eine Hechtfliege über das Wasser zog. Ich wollte ein oben schwimmendes Insekt imitieren oder einen kranken Fisch. Doch nichts geschah.

PROLOG

Es war jener Montag, an dem die Bundesregierung den endgültigen Ausstieg aus der Kernenergie verkündete. Sie beendete damit
alle Spekulationen, welche Konsequenzen aus den Vorfällen im
japanischen Kraftwerk Fukushima zu ziehen seien, das am 11. März
2011 havariert war. Erst wenige Monate zuvor hatte sie ihr Energiekonzept vorgelegt und die Laufzeiten der Meiler verlängert.
Doch die Schwere des Ereignisses und der Umstand, dass es in
einem Industrieland stattgefunden hatte, das um die Gefahr von
Erdbeben wusste, ließen Gedanken an Eventualitäten auch bei
uns aufkommen. Wer wollte Zweifel mit letzter Gewissheit ausschließen? Die Frage von Vertrauen und Unbedenklichkeit stellte
sich auf einmal neu.

Während ich nach Halt an der Uferböschung suchte und meine
Blicke in die Strömung versenkte, folgte die Politik dem Primat
der Vorsorge und Risikobegrenzung. Sie hoffte, Ängsten und
Widerständen zuvorkommen zu können, die mit der Kernkraft
verbunden waren und im Westen Deutschlands noch tiefer saßen
als im Osten.[1] Große Teile von Öffentlichkeit, Wirtschaft und
Wissenschaft würden ihr in den nächsten Tagen folgen und sich
solidarisch erklären.

Erst Stunden später, als ich zurückfuhr und die Lichter der
Windräder in der Dunkelheit sah, die den Ackerstreifen neben
mir wie die Landebahn eines Flughafens aussehen ließen, hörte
ich im Radio davon. Ich hatte meinen Rucksack gepackt und war
zum Rastplatz gelaufen. Der staubige Weg mündete in eine Landstraße, die irgendwann zur Bundesstraße wurde. Und dann zur
Autobahn in Richtung Berlin. Nach Hause.

Unterwegs zur
Generation Landlust

Im Frühjahr dieses Jahres hielt noch eine andere Debatte die Öffentlichkeit in Atem. Auch sie drehte sich um die Frage, mit welcher Technik wir leben wollen. Und auch sie hatte wie der Ausstiegsbeschluss mit den politischen Verhältnissen in Baden-Württemberg zu tun, wo Ende März gewählt wurde.

Seit Monaten waren die Menschen auf die Straße gegangen, um gegen ein Großprojekt der Bahn zu demonstrieren, dem Bäume im Schlosspark und Teile einer alten Bebauung weichen sollten. Es verging kein Tag, an dem nicht von den Protesten gegen Stuttgart 21 berichtet wurde. Wasserwerfer kamen zum Einsatz wie einst im Wendland oder in Brokdorf. Beim Blick auf die menschenleere Landschaft Brandenburgs, die eine fast unheimliche Stille ausstrahlte, erschien mir das weit weg. Stimmten die Maßstäbe noch? Ging es trotz allen politischen Versagens, trotz Korruption und Intransparenz noch um einen Bahnhof, oder um den „Völkermord in Afrika", wie eine Tageszeitung schrieb?[2] Ich stellte das Radio aus.

Beide Debatten spiegelten neben der ungeheuren Wirkung von Technik den gewachsenen Anspruch der Menschen auf Mitbestimmung wider. Das Wort der „Liquid Democracy" machte lange vor den Wahlerfolgen der Piratenpartei oder der Occupy-Bewegung die Runde. Im Falle von Fukushima reichte das Bauchgefühl

DAS GRÜNE GEWISSEN

der Bevölkerung, um acht Kraftwerke sofort abzuschalten. Gemessen an den Reaktionen der anderen Länder war dies ein emotional getriebener Alleingang. Für ihn musste es Gründe geben, die weit vor den 11. März oder den sogenannten Atomkompromiss von Rot-Grün zurückreichten. Ich las damals, dass von den 53 000 Internetartikeln, die in den ersten fünf Wochen zu Fukushima und dem Stichwort Atomausstieg in Europa veröffentlicht wurden, 43 000 in Deutschland erschienen.[3]

Durch Fernsehübertragungen von Schiedsrunden und Kommissionen wurde zeitgleich in Stuttgart versucht, neue Formate der Bürgerbeteiligung zu erproben, die für den Ausbau der erneuerbaren Energien entscheidend sein würden. Doch es zeigte sich, dass Schichten aus Feindseligkeiten und Ängsten dadurch umso offener zutage traten. Sie saßen tief und konnten nicht verstandesgemäß erklärt werden. So wie man die Begeisterung für das Angeln nicht erklären kann. Oder für jenen Moment, als ich ein Flugzeug hörte und einen Kranichzug am Himmel entdeckte.

Auch wenn sie unterschiedlich motiviert waren, öffnen beide Ereignisse den Zugang zu einem Lebensgefühl, das irgendwo zwischen Technikskepsis, Bürgerbegehren und Wachstumskritik bei einem gleichzeitig hohen Wohlstandsniveau verortet ist. Immer mehr Menschen fühlen sich angesprochen vom Verzicht auf Großtechnologien, neue Infrastrukturen und einer Abkehr vom bisherigen Wirtschaftsmodell, das auf Gewinne statt auf Nachhaltigkeit zu setzen scheint.

Dabei waren es nicht sparsame Kleinwagen oder Elektromobile, sondern die großen, hubraumstarken Fahrzeuge deutscher Hersteller und die Produkte des Maschinen- und Anlagenbaus, die man auch im Frühjahr 2011 nach China, Russland und in die anderen „New Kids on the Block" exportierte. Von ihnen ließ sich daheim gut leben, während die Formel vom „Weniger ist mehr" und dem sofortigen Abschied von Risikotechnologien à la Fukushima auch im Umfeld des Stuttgarter Wahlkampfs zu hören war. In Freiburg-Vauban erreichte die Partei der Grünen mehr als 70 Prozent der Wählerstimmen, während die regierende CDU, die das Desaster von Stuttgart 21 zu verantworten hatte und die Macht nach sechzig Jahren abgab, unter vier Prozent lag. Doch der ökologische Wandel blieb jenseits des eigenen Balkons ein Lippenbekenntnis, gerade beim Thema Energie. Anders als am Rhin gab es im industriell geprägten Südwesten so gut wie keine Windräder, und das nicht nur aus Gründen der Geografie. Die Hälfte des Stroms kam aus Kernkraft, ein Viertel aus Steinkohle, und man importierte Strom aus den Nachbarländern.[4] War sie da, die „Stunde der Heuchler"?[5]

Achtzehn Monate später sollten die Grünen, deren aktuelles oder früheres Spitzenpersonal wie Claudia Roth, Cem Özdemir, Kerstin Andreae, Oswald Metzger, Boris Palmer, Reinhard Bütikofer, Rezzo Schlauch oder Joschka Fischer von hier stammt, erstmals in ihrer Geschichte nicht nur den Ministerpräsidenten in Stuttgart stellen, sondern mit Fritz Kuhn auch den Oberbürgermeister.

Land spielen, während die Welt sich wandelt

Die Widersprüchlichkeit von Lebensstilen ist keine Erfindung unserer Zeit. Reflexion setzt Überdruss voraus, braucht ihn zum Entstehen. Anders als in den Aufbaujahren der Bonner Republik nimmt die Bevölkerung eine Kosten-Nutzen-Rechnung vor. Sie bejubelt nicht jede neue Segnung der Technik, sondern will Beweise dafür, dass eine Nachtflugerlaubnis in Frankfurt, eine dritte Landebahn in München oder eine neue Bahnstrecke zwischen Stuttgart und Ulm einen Gewinn an Lebensqualität bedeutet. Anstatt dem Pauschalargument bedrohter Konkurrenzfähigkeit zu folgen, will sie wissen, ob eine weitere Vertiefung der Elbe die negativen Folgen für Obstbau und Tourismus rechtfertigt – und ob sie die letzte bleibt, oder ob sich die Schraube hin zu immer größeren, weil profitableren Containerschiffen weiterdreht.

DAS GRÜNE GEWISSEN

Immer öfter wird darüber negiert, dass Landschaften Bestandteil von Lebens- und Wirtschaftsräumen sind, die sich im globalen Wettbewerb schneller als früher wandeln, und dass Teilhabe im wohlstandsbezogenen Sinne noch einen zentralen Wert der Gesellschaft wie in den Nachkriegsjahrzehnten darstellt. Die Begrenzung des Wachstums und die Sorge um die „natürlichen" Lebensgrundlagen sind zu Formeln des Protests gegen jede Form der Veränderung geworden. Mit ihnen ist die Verlockung gewachsen, „sich mitten in der durch Globalisierung, Digitalisierung und Auflösung von Sicherheiten geprägten zweiten Moderne in Bildern einer scheinbar heilen Vergangenheit einzurichten", wie es in einem Buch von Michael Vassiliadis heißt.[6] Es handelt von einem Kulturwandel, der weiter reicht als zu den Widerständen gegen einzelne Trassen oder gentechnische Versuchsfelder.

Nie nahm sich das Gespräch über die Sehnsucht nach dem einfachen, „naturnahen" Leben dabei so zwiespältig aus wie heute, und das nicht nur mit Blick auf die Hoffnungen, die man in vielen Ländern Europas nach der Wirtschafts- und Finanzkrise an die Rückkehr zur Industrialisierung knüpft. Anders als zur Zeit der großen Modernekritik und selbst zur Wiedervereinigung leben in Deutschland erstmals mehr Menschen in den Städten als auf dem Land. Sie teilen diesen Trend mit sieben Milliarden Menschen weltweit, die zunehmend in Agglomerationen zu Hause sind.

Während der Anteil der Erwerbstätigen in der Landwirtschaft an der deutschen Bevölkerung vor einhundert Jahren noch bei vierzig Prozent lag, sind es heute weniger als zwei Prozent. Die Mehrheit der Menschen erfährt „Natur" vor allem medial und als Freizeitvergnügen – kaum noch als notwendige Lebensgrundlage. Das Töten und Verarbeiten von Tieren ist längst der Bequemlichkeit und Abstraktheit des Kühlregals in Billigdiscountern wie Biomärkten gleichermaßen gewichen. Die moderne Natur ist eine der Harmonie und des Wohlfühlens, und sie ist zusammengesetzt aus einer Vielzahl an trügerischen Bildern.

UNTERWEGS ZUR GENERATION LANDLUST

Zweifellos findet die Wahrnehmung von Natur lange schon nicht mehr vorrangig durch Erfahrungen praktischer Art statt. Moderne Naturgeschichte – von Zeitschriften wie der *Urania* und den Büchern des Kosmos-Verlags in den zwanziger Jahren über die Dokumentation *Serengeti darf nicht sterben* (1959) von Bernhard Grzimek, die Filme Heinz Sielmanns und Jacques Cousteaus bis hin zur Gut-Böse-Logik in *Eine unbequeme Wahrheit* (2006) oder *Avatar* (2009) – ist die Geschichte von Visualisierung. Während in Ländern wie Japan oder den USA Erdbeben, Wirbelstürme, Waldbrände und Kälteeinbrüche allerdings noch zur Erfahrungsbasis gehören und in vielen Teilen der Welt einfache Infektionskrankheiten, Hausgeburten und Kinderkrankheiten ein lebensbedrohliches Potenzial besitzen, fehlt in Deutschland heute eine kollektive Auseinandersetzung mit den Schattenseiten der Natur. Anders als es Sigmund Freud über die Libido formulierte, begehren wir in puncto Natur nicht mehr das, was wir täglich sehen: Unsere Sehnsucht gilt einer Natur, die wir uns konstruieren, an die wir uns zu erinnern glauben.

Auf diese Weise ist es möglich geworden, Verklärungen über „Ganzheitlichkeit" oder ein „organisches" Naturbild anzuhängen, ohne als esoterisch oder konservativ zu gelten. Denn das Geschäft mit der Natur von Ökostrom bis zu Bio-Lebensmitteln ist selbst zu einem Wirtschaftsfaktor geworden, der über jede intellektuelle und moralische Kritik erhaben ist. Magazine wie *Landlust*, das 2005 mit einer Auflage von weniger als einhunderttausend begann und sie inmitten rückläufiger Verkaufszahlen von Zeitungen und Zeitschriften auf über eine Million vervielfachen konnte, sind Seismographen urbaner Leserschichten, denen die Echtheit ihrer Produkte und die Freizeit im Freien mehr als alles andere am Herzen zu liegen scheinen. In diesem Kosmos, der Federn heimischer Greife und Eulenvögel oder Kastanien als Bastelzutaten für lange Herbstabende zelebriert, ist freilich alles Unbehagliche getilgt, das die Natur seit Menschengedenken für uns bereithält. Es ist die Magie der Beschaulichkeit, die offensichtlich immer mehr Men-

DAS GRÜNE GEWISSEN

schen anspricht, eine Art Volksmusik zum Lesen, nur klüger und
ästhetischer.

Auch der Landwirtschaftsverlag Münster, der mit *Top Agrar* die
wichtigste Fachzeitschrift für Landwirte herausbringt, war vom
Erfolg seiner *Landlust* überrascht.[7] Ursprünglich nicht mehr als
ein Versuchsballon, entwickelte sich das Magazin zum verlegeri-
schen Zugpferd mit Ausstrahlung weit in die Gesellschaft hinein,
oder besser: aus dieser heraus. *Landlust* ist dabei nur eines von
vielen Beispielen für den Rückzug in eine beschauliche grüne
Nische, von der freilich niemand spricht: Immer geht es zuvor-
derst um Alternativen zur rein monetären Wertschöpfung, um
Werte „weit außerhalb der hochtourig leerlaufenden Global-Öko-
nomie, die allenfalls noch Scheinblüten (und zunehmend: Panik-
betriebe) ausbildet, aber keine Früchte mehr".

So elegisch steht es in einem Werbebrief des Manufactum-
Gründers und ehemaligen Landesgeschäftsführers der Grünen in
Nordrhein-Westfalen, Thomas Hoof, im Frühjahr 2012. Wer
dann im Bestellheft blättert, kann neben einem Fläschchen Buch-
eckernöl („aus einer Wildsammlung in Mecklenburg") für 12 Euro
und der Anleitung zum Selber-Schlämmen von Sumpfkalk zum
Ausbessern des Eigenheims auch Buchtitel der Manuscriptum-
Reihe wie *Die tätige Landlust* oder *Nachrichten aus dem Garten*
finden. Nur eine Seite weiter wirbt man für im eigenen Verlag erschienene Bücher: Jörg Schönbohms *Politische Korrektheit. Das
Schlachtfeld der Tugendwächter* (2009) und Hans-Hermann Hop-
pes *Demokratie. Der Gott, der keiner ist* (2003).[8]

Vom handgemachten Korbstuhl ist es so nur ein kurzer Weg zur
grünen Bastion, um die hohe Dornen ranken. Es ist kein Zufall,
dass der eigene Lebensraum immer öfter zum Schauplatz des „Co-
coonings" oder „Homeings" wird, wie Gesellschaftsforscher die
Strategie nennen, sich in volatilen Zeiten insektengleich zurück-
zuziehen. Haus und Garten werden zu Inseln, Bücher zu Pro-
grammschriften solventer Käuferschichten gegen den Zeitgeist.
Dabei sind sie genau das: Zeitgeist.

Dahinter steckt nicht zuletzt die Suche nach Sinn und Sicherheit, mit denen die Gesellschaft nicht mehr aufzuwarten vermag. Anders als zur Zeit der Friedensmärsche wird die Verantwortung für das große Ganze ins Häusliche verlagert oder in kleinen Organisationsformen gesucht, die man feiner „dezentral" nennt. Und dieses Buch möchte zeigen, welche Rolle die Natur dabei spielt und in Deutschland schon immer spielte, wenn die Städter gegen die Stadt mit den Mitteln des Landes rebellierten.

Die Natur instrumentalisieren

Wir fürchten uns. Nicht nur vor der globalen Finanzarchitektur oder vor den Folgen einer schleichenden Rezession. Die Deutschen haben Angst vor dem Alter, um ihr von anderen bewundertes Sozialsystem. Vor allem sorgen sie sich um den Schutz und Erhalt von Natur, Umwelt und Klima und sehen die Zukunft bedroht, in der ihre Kinder und Kindeskinder aufwachsen werden. Grünes Wachstum und die Minimierung technischer Risiken heißen die Antworten auf diese Angst. Denn wir glauben daran, dass es sich dabei um eine grundsätzliche Alternative zu den bisherigen Formen des Wirtschaftens handelt.

Es ist kein Novum, dass der Wandel Ängste nach sich zieht. Nicht anders, als es die Formel des Soziologen Ulrich Beck von der Risiko-Gesellschaft besagte, sind wir eine Risiko-Wahrnehmungsgesellschaft geworden, die Züge einer Angst-Gesellschaft zeigt. Daran ist nicht die Technik schuld, der man diese Macht gern andichtet. Vielmehr war sie seit jeher ein Ventil der Menschen für den Unmut über ihre Lebenswelt, Stahl oder Beton gewordenes Sinnbild des Wandels. Nirgendwo sonst wurde die „Entzauberung der Welt", die Max Weber 1917 als wissenschaftlichen Gegenpart zu den Kirchen und der Metaphysik eingefordert hatte, stärker mit der Technik in Verbindung gebracht. Während die Deutschen nach einem Zeitalter der Sicherheit das Abenteuer

DAS GRÜNE GEWISSEN

suchten und es in aufheulenden Motoren und auch im Krieg fanden, hat sich die Symbolik heute in ihr Gegenteil verkehrt: Wir denken in Kategorien der Risikovermeidung, vor allem der technischen.

Während die öffentliche Diskussion gegenwärtig die große Zukunftsverantwortlichkeit unseres Handelns betont, kann man tatsächlich von einer *konservativen Revolution* im Umgang mit Natur und Technik sprechen, die in Teilen der Gesellschaft stattfindet.[9] Damit ist nicht allein die um sich greifende Haltung gemeint, die Dynamisierung des Lebens durch unzählige Stereotype wie das ehrliche Handwerk und den Einklang mit der Natur infrage zu stellen. Es geht um die Salonfähigkeit „romantischer" Gedanken wie die Sehnsucht nach Ganzheit und Vergangenheit sowie die Dauerpräsenz der Natur in der politischen Debatte.[10] Denn sich in Bilder der Natur zu flüchten, ist nicht anders als der Geschichtsboom der Gegenwart eine Folge fehlender Fortschrittsutopien, wie es der Historiker Martin Sabrow einmal ausdrückte.[11] Und es geht um die Vitalität der Idee, dass wir eine innigere Beziehung zur Natur entwickeln, weil wir aus den Fehlern der Geschichte lernen – und das sind immer solche, die wir durch unseren fatalen Glauben an die Technik und den ungezügelten Wohlstand begehen. „Rückwärts gekehrte Prophetie" nannte dies der Philosoph Friedrich Schlegel am Beginn des 19. Jahrhunderts.

Die Natur wird immer öfter zur Projektionsfläche und muss für eine Reihe von Attributen herhalten, die nicht in ihrer Natur liegen. Während die Sorge um den Zustand der Umwelt früher ganz selbstverständlich christlich oder pazifistisch motiviert war und keiner Vorzeige-Politiker wie Katrin Göring-Eckardt oder Winfried Kretschmann bedurfte, ist das grüne Lebensgefühl unserer Tage von einem Bedürfnis nach sozialer und kultureller Verteidigung im Kleinen getrieben.

So ist die „Privatisierung" der Klima-Debatte auch ein Beleg dafür, dass die Zuversicht in die Problemlösungskompetenz der globalen Politik schwindet, so wie das Vertrauen in die Lösungs-

18

möglichkeiten von „Krisen" allgemein. Was richtig ist und nachhaltig, entscheidet man daher kurzerhand selbst. „Die Selbst- und Fremdbeobachtung in ökologischen Fragen gehört zum Alltag", schreibt der Karlsruher Technikfolgenforscher Armin Grunwald. „Es wird darüber geredet, welche CO_2-Bilanz das Frühstück und welche Ökobilanz der nächste Urlaub hat. Die Erwartungen an das private Handeln sind hoch, die Erwartungen an das politische Nachhaltigkeitshandeln gering."[12]

Die soziale Seite der Natur

Man muss sich nicht täglich die Flüchtlinge in den Krisengebieten der Welt vor Augen führen, die Zehntausenden von Toten, die das Assad-Regime in Syrien im Frühjahr 2012 hinterlassen hat, oder die dramatische Jugendarbeitslosigkeit in Europa, um den inneren Kompass für das Verhältnis von Gut und Böse wiederzuentdecken. Nur weil es anderswo Hunger gibt, muss sich niemand mit der Massentierhaltung abfinden. Und es ist im Grunde nicht entscheidend, dass die Weltbevölkerung Jahr für Jahr um siebzig Millionen Menschen wächst, die vor allem versorgt sein wollen, während wir darüber diskutieren, auf Insellösungen der Nahrungs- und Energiewirtschaft zu setzen. Vergleiche wie diese hinken, weil sie das System von Selbstwahrnehmung und Anteilnahme auf den Kopf stellen.

Und doch muss die Frage gestellt werden, weshalb entsprechende Debatten mit einer solchen Leidenschaftlichkeit stattfinden können, obwohl wir dank der medialen Vernetzung besser denn je informiert sind, was anderswo auf der Welt passiert. Wir treffen also bewusste Entscheidungen, wenn wir unsere Aufmerksamkeit monatelang auf einen Bahnhof oder die Frage der „Bürgerverträglichkeit" von Energiemixen richten, zwischen denen allen Unterschieden zum Trotz eben doch ein Zusammenhang besteht. Er hat nichts mit der oft vermuteten deutschen Technik-

DAS GRÜNE GEWISSEN

feindlichkeit zu tun, sondern mit dem Glauben an die Rechtmäßigkeit der eigenen Mission. Und die wird mit fanatischem Eifer vertreten.

So glauben wir beim Stichwort Nachhaltigkeit reflexartig an einen Wandel zum Guten. Ein Wort wird zur kollektiven Übersetzung für das, was man den „richtigen Weg" nennen könnte. Genau darin liegt sein Charme: Denn niemand, der etwas mehr für Porree und Karotten zahlt, Öko-Strom bestellt oder Wald-Aktien kauft, muss Komfortabstriche in Kauf nehmen.

Während die Umweltbewegung früherer Jahrzehnte mit vehementer Konsumkritik einherging, feiert man den Konsum im Zeichen der Nachhaltigkeit umso ungenierter oder prangert den Abbau von Rohstoffen an, während man selbst auf jeden Zug „smarter" Technologien vom Tablet-PC bis zum Null-Energie-Haus aufspringt. Mails enthalten Disclaimer, sie nicht auszudrucken, doch ihre Zahl nimmt zu. Konferenzen werben damit, dass sie nach den Grundsätzen eines „nachhaltigen Veranstaltungsmanagements" und der „CO_2-freien Anreise" ausgerichtet werden, aber sie finden statt, und es werden mehr. Da uns nichts stärker zu eigen ist als der Konsum gleich welcher Art, wird unser Harmoniebedürfnis über Label richtiger und falscher Produkte und Produktionsweisen gestillt, nicht mittels Verzicht.[13] Ein solcher Lifestyle ist, flapsig gesagt, eine Fortsetzung des Ablasshandels mit anderen Mitteln.

Was indes zählt, ist das gute Gefühl, das Richtige zu tun. Und das Richtige ist immer das Einfache, Reduzierte, sei die Welt um uns herum auch schnell und komplex. Der publizistisch breit flankierte „Abschied vom Überfluss" trägt ein Glücksversprechen in sich, das nicht zufällig dort auf Anklang trifft, wo die tägliche Entscheidungsvielfalt von der Grundschule bis zur Brotsorte als Last empfunden wird: in den Städten.[14] Dass der Stromverbrauch in Deutschland trotz höherer Kosten, sparsamerer Geräte und einem Bewusstsein für Nachhaltigkeit steigt, die Ressourcennutzung in Europa pro Kopf gerechnet viermal so hoch ist wie in Asien und fünfmal so hoch wie in Afrika, wird durch entsprechende Handlungen nicht tangiert. Der Verzicht auf Überfluss ist leicht gefordert: Wo aber beginnt er, und bei wem? Wer legt sie fest, die wahren und die falschen Bedürfnisse?

Wenn heute daher auch viel von „globaler Verantwortung" die Rede ist, kreist die Debatte in Wahrheit stark um uns selbst. Das Dauerklagen über die Petitessen und Gewissensbisse der Wohlstandsgesellschaft rückt im Sinne von Brechts *An die Nachgeborenen* vielleicht nicht in die Nähe eines Verbrechens, mit dem dieser jedes Gespräch über Natur dem über Politik und Gesellschaft nach 1933 zumindest poetisch unterordnete. Doch nimmt es ein Schweigen über viele andere gesellschaftliche Probleme sehenden Auges in Kauf oder setzt sich bewusst über die Wirkungen des eigenen Tuns hinweg.

Es stimmt schon, dass die Deutschen hinsichtlich der individuellen Maßnahmen des Mülltrennens, des energetischen Ertüchtigens von Eigenheimen und des permanenten Ersetzens einer Gebrauchstechnik durch eine neuere einen Spitzenplatz einnehmen, auch wenn sie damit aufs Ganze gerechnet vielleicht ebenso energie- und ressourcenintensiv leben wie die „unfreiwillig effizienten" Menschen in süd- oder osteuropäischen Ländern mit alten, aber voll besetzten Bussen, Großfamilien und weniger Singlehaushalten.[15] Nachhaltigkeit und Ressourceneffizienz sind indes längst zu einem Hauptgegenstand der EU-Gesetzgebung geworden, die eine Vielzahl der in deutsches Recht umzusetzenden Initiativen auf den Weg bringt. In den Niederlanden sind die Widerstände gegen den Ausbau von Infrastrukturen nicht geringer als in Deutschland, ist der Wachstumsbegriff in einigen Regionen ähnlich radikal in der Kritik. Auch in Österreich und der Schweiz ist der Schutz der Natur ein besonderes Gut – nicht minder in den skandinavischen Ländern.

Der grüne deutsche Pioniergeist, von dem angesichts der Energiewende – die manche als die „Reformation des 21. Jahrhunderts" bezeichnen – wieder viel die Rede ist: Er ist immer auch der eige-

DAS GRÜNE GEWISSEN

nen Selbsttäuschung eines durch die Geschichte ansonsten my-
thenscheu gewordenen Landes geschuldet, wie die frühe Loha-
Bewegung in den USA und eine entsprechende Kritik am
mittlerweile auch dort so wahrgenommen „Age of Ecological Anxiety" zeigen.[16] Als es in Deutschland noch Reformhäuser gab, war
„Organic Food" in New York und Kalifornien schon schick.

Ich und meine Natur

Die Natur ist nicht erst seit der Romantik anfällig für eine Privatisierung, weil jeder etwas anderes unter ihr versteht. Dies spiegelt
sich nicht zuletzt in der Bejahung bestimmter Technologiepfade
und ritueller Handlungen wider, unter denen das „Schneemann-
bauen gegen den Klimawandel", das ich vor Jahren auf dem Berliner Schlossplatz verfolgte, zu meinen Favoriten zählt. Es zeigt
sich auch in den steigenden Mitglieder- und Fördererzahlen von
Natur- und Umweltschutzverbänden, die jener von Kirchen oder
Parteien in Deutschland – hierarchisch strukturierten Organisa-
tionen, die traditionell immer zunächst den Menschen im Blick
hatten, bevor sie auf die Natur schauten – seit Jahren entgegen-
läuft.[17] Zugleich heiratet man in meiner Altersgruppe wieder öfter
kirchlich, ohne noch etwas mit den Kirchen zu verbinden. Sie sind
leer und werden es bleiben. Es geht allein um ein temporäres Gefühl der Behaglichkeit, für das man zu Bildern greift. Nicht anders
verhält es sich mit unserer Beziehung zur Natur.

Insofern ist dieses Buch auch eine Spurensuche in eigener Sache, die mit der Wahrnehmung einer romantischen Natur, mit
Lampionumzügen und Liedern wie *Abendstille* oder *Der Mond ist
aufgegangen* begann. Später kamen Aufkleber der Cree-Indianer
und der CND, der Campaign for Nuclear Disarmment, hinzu,
die ich auf ein Faltboot klebte. Und auch der Streit, ob Greenpeace oder Robin Wood die bessere, weil kompromisslosere Organisation sei. Ich fotografierte den Schornstein unseres Kohle-Heiz-

UNTERWEGS ZUR GENERATION LANDLUST

kraftwerks und hängte das Bild in der Schule aus. Während ich in der Dunkelkammer stand und das Fotopapier durch das Säurebad zog, lief *Meat is murder* von The Smiths mit jener endlos tragischen Zeile, die den Raum wie mit schwarzem Rauch erfüllte: „This beautiful creature must die." Die Sorge um die Natur mischte sich mit dem Pathos der *Coming of Age*-Zeit. Heute sind es vielleicht die Freiheit der Vernetzung und das digitale Leben, die für manchen ähnliche Werte darstellen wie die Ziele der Umweltbewegung in den siebziger und achtziger Jahren. Gibt es die Natur in der Cloud?

Was kann Natur heute noch sein? Ist sie mehr als eine Projektion, die Sehnsucht nach Stabilität in einer unübersichtlichen Welt? An alles, nur daran dachte ich nicht an jenem Abend, als ich zurück nach Berlin fuhr. In meinem Rucksack lag ein kleiner, aber wunderschön gezeichneter Hecht. Er hatte den Streamer zur Abendstunde attackiert, als ich dem seltenen Schauspiel der Maifliegen-Schlupf beiwohnte. Zwei Enten flogen plötzlich in Richtung untergehende Sonne. Ein durchs Schilf watender Jäger hatte sie und mich aufgeschreckt. Dann schlug ich an, das Todesspiel begann.

Eine fast unendliche Geschichte: Natur und Technik in Deutschland

Besitzen wir Deutschen ein besonderes Verhältnis zu Natur und Technik? Obwohl es kaum ein besseres Mittel gibt, Lesern gleich zu Beginn das Interesse am Kommenden zu rauben, indem man sie in lange Schilderungen der Vorgeschichte verwickelt, lohnt es sich, etwas Zeit auf den Hintergrund der Naturdebatte in Deutschland zu verwenden. Denn es gibt Wahrnehmungsmuster der Vergangenheit, die hell bis zu uns ausstrahlen. Und es gibt Metaphern und Stichworte aus der Historie, derer wir uns bis heute bedienen, um uns über die Natur zu verständigen. Überspringen Sie die beiden nächsten Kapitel bis zum Reportageteil also nur, wenn Sie schon früher auf Kriegsfuß mit Ihrem Geschichtslehrer standen.

Tatsächlich waren die Deutschen Eroberer der Natur und zugleich deren sentimentalste Verehrer. Naturdichtung und grünes Liedgut nehmen innerhalb des kulturellen Erbes eine so herausragende Stellung ein wie die Geburt des Parlamentarismus, Revolutionen, Unabhängigkeitsbewegungen und Kriege in England, Frankreich oder den USA. Während Parks und Gärten in England Orte der geselligen Zusammenkunft und des Rechts auf freie Rede waren, verbanden die Deutschen mit ihnen vor allem Einkehr und Innerlichkeit. Über das „Ich" bezogen sie eine Identität aus der Landschaft – Gebirgen, Wäldern und Flüssen, weniger aus dem

EINE FAST UNENDLICHE GESCHICHTE

Meer, das den Raum öffnete. *Kein schöner Land in dieser Zeit*:
Sechs Worte, die zum Ausdruck bringen, was man über weite Stre-
cken der Geschichte über die deutsche Landschaft empfand. Eine
Landschaft, wie schon Joachim Ritter in seiner einflussreichen Be-
schreibung (1963) zeigen konnte, die ein Produkt des Geistes, der
Theorie und Ästhetik war, und eben nicht der Natur „an sich".[18]

Der grüne Gott

Es gehört zu den historischen Besonderheiten des deutschen Ver-
hältnisses zur Natur, dass es eine besondere Ernsthaftigkeit und
Disziplin aufweist. Nirgendwo sonst haben sich seit dem 19. Jahrhundert mehr Menschen in Alpen- und Wandervereinen zusam-
mengeschlossen, um die Natur zu erleben, trafen Formeln vom
asketischen Leben im Einklang mit der Natur auf so fruchtbaren
Boden, während zeitgleich die Industrialisierung mit hoher
Schlagzahl voranschritt. Spätestens seit Thea Dorns und Richard
Wagners 2011 erschienenem Band *Die deutsche Seele* kennen viele
Deutsche das Foto, auf dem der Schriftsteller Hermann Hesse
nackt an einem Felsen steht, wahrscheinlich in seiner schwäbischen Heimat. Ein Bild mit Symbolwert.

Die Naturverehrung in Deutschland stand, wie „Der Wandervogel" und die Jugendbewegung als populäre Beispiele zeigen, im
Zusammenhang mit einer neuen bürgerlich-protestantischen Auffassung von naturnaher Erziehung und Körperkultur – und sie
paarte sich mit einer fast pietistischen Strenge und Klarheit. Weniger der antike Zusammenhang von Gehen und Denken, sondern
das Ethos der einfachen Arbeit und Mühsal, die am Ende Erfül-
lung verspricht, war in Deutschland besonders besetzt. Von Johann
Gottfried Seumes *Spaziergang nach Syracus im Jahre 1802* bis zu
Wolfgang Büschers marathongleichen Fußwanderungen *Berlin –
Moskau* (2003) oder *Hartland* (2011) haben die Deutschen Mär-
sche als Basis von Reflexion und Innerlichkeit geliebt, während die

NATUR UND TECHNIK IN DEUTSCHLAND

Amerikaner – in ganz unterschiedlichen Büchern wie *Unterwegs* von Jack Kerouac, John Steinbecks *Die Reise mit Charley* oder in den Romanen Richard Fords – immer gern bequem auf vier Rädern unterwegs waren und von dort aus auf die Landschaft schauten: im Bus, im Auto, im Truck, auf dem Traktor, im Pferdewagen.[19]

Das Bewusstsein für das Erfahren der Natur war jenseits des Atlantiks also von Beginn an ein anderes, und das zwangsläufig auch wegen der großen Entfernungen. „Natur" war das mit dem Auge abzusteckende und dann *zu nutzende* Stück Land, das man bis an seine Grenzen treiben durfte. Und wenn der Treck der Siedler in den endlosen Landschaften weiterzog, vergaß er auch den Boden, den er zuvor in Besitz genommen hatte. Die Verfügbarkeit der natürlichen Ressourcen war die Basis eines verschwenderischen Umgangs mit ihnen – und sie ist es heute noch. Die in Amerika verbreitete Vorstellung eines Exodus – das auserwählte, auf sich gestellte Volk zu sein, das die Natur urbar macht – erklärt manche Besonderheit im Umgang mit ihren Widrigkeiten, gegen die sich der Mensch am Ende doch als siegreich erwies.

Von Anfang an transportierte die Naturbegeisterung hierzulande auch andere Botschaften. Indem der Mensch Natur erfuhr, sollte er zum Besseren erzogen werden. Naturerleben und Naturschutz waren nie allein Müßiggang, der im Verborgenen stattfand, sondern öffentliche Schulen der Sinne wie der Sitten, die zum Mitmachen anregten. Die Lebensreformbewegung nahm nicht zufällig in Preußen ihren Ausgang, und sie lebte fort bis zu Sportfesten und Volks- und Kindersportbewegungen in der DDR vom Schlage *Mach's mit, Mach's nach, Mach's besser* – und bis zur Freikörperkultur. Den größten FKK-Chor der Welt, der im Hochsommer Weihnachtslieder sang, filmte man weder in Miami noch an der Schwarzmeerküste, sondern für die Sendung *Außenseiter Spitzenreiter* des DDR-Fernsehens: auf dem Darß.

Natur: Dies war immer auch die eigene Natur, das Gefühl von Körperlichkeit, physischer Selbsterfahrung und Selbsterziehung. Bis in die Gegenwart hat sich die Faszination am Erwandern und

EINE FAST UNENDLICHE GESCHICHTE

Erklettern als eine sportliche, bisweilen soldatische Form des Naturzugangs über alle historischen und weltanschaulichen Zäsuren hinweg erhalten können, und das im ganz wörtlichen Sinne: Tausende Mitglieder des „Wandervogel" zogen 1914 als „Feldwandervogel" in den Ersten Weltkrieg und sangen im Marsch Heimat- und Naturlieder wie dieses:

> *„Nun geht's ans Abschiednehmen*
> *wir ziehn hinaus ins Feld.*
> *Wir wollen flott marschieren*
> *die Waffen mutig führen:*
> *Gloria, Gloria, Gloria Viktoria!*
> *Mit Herz und Hand fürs Vaterland, fürs Vaterland! –*
> *Die Vöglein im Walde*
> *die singen ja so wunderschön,*
> *in der Heimat, in der Heimat*
> *da gibt's ein Wiedersehn."* [20]

Der Wunsch nach Kollektivität, die Suche nach dem Gemeinschaftserlebnis, prägten das deutsche Naturgefühl in dieser Epoche stärker als je zuvor. Kleingärten- und Gesangsvereine wurden zum zivilen Gegenstück der oben beschriebenen Frontromantik. Auch in ihnen lebte jedoch ein landsmannschaftliches, nationales Element auf, das „Natur" und „Heimat" synonym setzte. So auch in *Der Jäger Abschied*, das zum Kanon der frühen Burschenschaften und der national gesinnten Turnerschaft wurde. „Wer hat dich, du schöner Wald, aufgebaut so hoch da droben", heißt es in diesem berühmten, von Felix Mendelssohn-Bartholdy vertonten Text Joseph von Eichendorffs, das in keinem Kommers- und Liederbuch in der Mitte des 19. Jahrhunderts fehlte: „Deutsch Panier, das rauschend wallt." Eichendorff selbst gehörte übrigens dem Lützowschen Freikorps an, das gegen Napoleon kämpfte. Aus den Uniformfarben der Lützower sollten die deutschen Nationalfarben Schwarz, Rot, Gold werden.

NATUR UND TECHNIK IN DEUTSCHLAND

Elias Canetti hat später in *Masse und Macht* (1960) Parallelen in der Wahrnehmung von soldatischen Formationen und den gleichmäßig aneinandergereihten Stämmen im Wald aufgezeigt. „Das Massensymbol der Deutschen war das *Heer*", spottete er. „Aber das Heer war mehr als das Heer: Es war der *marschierende Wald*. In keinem modernen Lande der Welt ist das Waldgefühl so lebendig geblieben wie in Deutschland. Das Rigide und Parallele der aufrechtstehenden Bäume, ihre Dichte und ihre Zahl erfüllt das Herz des Deutschen mit tiefer und geheimnisvoller Freude. Er sucht den Wald, in dem seine Vorfahren gelebt haben, noch heute gern auf und fühlt sich eins mit den Bäumen."[21]

Vom Plateau des nationalen Hochgefühls ist es in Deutschland ein langer Weg zum *Grünen Gott* gewesen, den der Lyriker Wilhelm Lehmann im Zeichen der inneren Emigration 1942 für einen Gedichtband erfand. Lehmann gehörte wie Oskar Loerke und einige jüngere Dichter zu den Verfassern emblematischer Naturdichtung. Sie richteten den Blick weg von der Geschichte hin zu Pflanzen, Tieren und Gesteinen und belebten den alten Gedanken einer „Lesbarkeit der Welt" in Gestalt eines „Buchs der Natur" neu. Dahinter steckte der Wunsch, dem Zerfall der Welt durch das Entziffern der natürlichen Zeichen zu begegnen. Denn das Fazit war schon damals eindeutig – und man ist geneigt, all denen eine Beschäftigung mit deutschen Naturgedichten des letzten Jahrhunderts anzuraten, die heute von „Ganzheitlichkeit" und „Einklang mit der Natur" reden: Die Kommunikation zwischen Mensch und Umwelt, beispielhaft in Wilhelm Lehmanns Gedicht *Die Signatur*, war längst zerstört.

„Damastner Glanz des Schnees.
Darauf liest sich die Spur
Des Hasen, Finken, Rehs,
Der Wesen Signatur.
In ihre Art geschickt,
Lebt alle Kreatur.

EINE FAST UNENDLICHE GESCHICHTE

> *Bin ich nur ihr entrückt*
> *Und ohne Signatur?"* [22]

Dieser Blick auf die Natur, der nichts mit der geistigen Agrarisierung der NS-Zeit zu tun hat, war ein seltenes Mittel der Sprache, sich dem Diktat von Geschichte und Fortschrittsglauben zu entziehen: Er setzte den Menschen in einen direkten Bezug zur Umwelt und zeigte dessen moderne Vereinzelung oder – mit den Worten des Philosophen Georg Lukács – transzendente Obdachlosigkeit an.

Auch nach 1945 interpretierten Autoren wie Peter Huchel und andere Vertreter der sogenannten „naturmagischen Schule" das Natürliche als einen überzeitlichen Komplex – freilich mit den Mitteln der Kunst und nicht im naiven Glauben, eine reale Gegenwelt zur Zivilisation beschwören zu können. Gegen einen christlichen Schöpfungsgedanken, der den Verlauf der Geschichte vorwegzunehmen schien, setzten sie die Vorstellung einer weiblichen, zyklischen Natur – einer „urfrühen Mutter, die alles gebar", wie es in einem Gedicht Huchels heißt; ich werde darauf später noch einmal zurückkommen. *Abgelegene Gehöfte* und *Botschaften des Regens* lauteten die ersten beiden Nachkriegsbände des Lyrikers Günter Eich – Titel, die kaum treffender die Innerlichkeit im Einklang mit der Natur wiedergeben könnten. Auch das ist deutsche Naturgeschichte.

Das Schreiben über die Natur war somit auch ein Spiegelbild der verloren gegangenen Hoffnung in den Fortschritt. Damit standen diese Dichter, die Gottfried Benn stellvertretend für viele Kritiker als „Bewisperer von Nüssen und Gräsern" verlachte, vergleichsweise allein: Wer sich nicht über das Mittel der Aufklärung mit den Schrecken der Geschichte konfrontierte, setzte auf die Partizipation am Wohlstand durch die Technik. Der grüne Eskapismus, der sich zumindest als adaptionsfähig für die Blut-und-Boden-Mythologie erwiesen hatte, wurde so nach 1945 einer harten Revision unterzogen. Sie dauerte aber nicht lange an.

Ein deutscher Sonderweg?

Die Begeisterung für die Natur und der Widerstand gegen die Technik waren keine deutschen Erfindungen, und doch wurden sie hier seit dem 19. Jahrhundert in besonderer Weise ritualisiert. Zweifellos blickt die Ökologie im Ganzen, für die der deutsche Naturforscher Ernst Haeckel als Namenspatron gilt und die mittlerweile als eine weltgeschichtliche Ära historisiert wird, darum nicht nur in Deutschland auf eine Tradition zurück. Aber gerade hier hat sie die Gesellschaft – ihre als führend angesehenen Standards in Industrie, Handel und öffentlichem Leben – so maßgeblich beeinflussen können wie keine andere politische Idee. „Der Franzose flieht in den Salon oder zettelt eine Revolution an", brachte es ein Landschaftsbuch der neunziger Jahre auf den Punkt, „der Deutsche geht ins Grüne".[23] Und bereits Canetti hatte sich in einem ähnlichen Bild versucht, als er schrieb: „Der Engländer sah sich gern *auf dem Meer*; der Deutsche sah sich gern *im Wald*; knapper ist, was sie in ihrem nationalen Gefühl trennte, schwerlich auszudrücken."[24]

Das naturwissenschaftlich-technische Denken veränderte den Blick auf die Natur zunächst infolge eines ganz neuen, positiven Blicks auf die Geschichte: Während man in der Romantik das Bild einer besseren Vergangenheit bemüht hatte, blickte man seither programmatisch in eine bessere Zukunft und sprach von „Fortschritt" – ein Wort, das die aufstrebende Industriegesellschaft wie kein zweites durchziehen sollte. Auf einmal war das Neue das Bessere. Im selben Maße, wie sich der Blick auf die Zukunft fokussierte, wurden die Vergangenheit und auch die Natur historisiert. Und im selben Maße, wie die Säkularisierung voranschritt, verlor der Glaube, dass das Tun des Menschen durch die Verantwortung Gottes prinzipiell entschuldbar sei, seine Wirkung. Dies war die Geburtsstunde des Gedankens, dass der Mensch Schaden in der Natur anrichtete.

EINE FAST UNENDLICHE GESCHICHTE

Und heute? Für viele Deutsche ist der Umwelt- und Naturschutz nicht minder als der Stolz auf eine entsprechende Technik
im Maschinen- oder Automobilbereich zu einer Identität stiften-
den Größe geworden, was eine gewisse Normativität im Habitus
erklären mag. Wer nach Fukushima auf Veranstaltungen zur Energiewende ging, konnte nahezu in jedem Vortrag den Gedanken
verfolgen, dass „die Welt" mit höchstem Interesse und voller Be-
wunderung auf das deutsche Experiment blicke. In einer Mi-
schung aus Selbstbewusstsein und Unsicherheit zog man die übri-
gen Staaten als stille Zeugen für den deutschen Weg heran, den
man allein eingeschlagen hatte.

Gerade die Geschichte des Widerstands gegen die Kernkraft,
die nach der Ölkrise des Jahres 1973 zunächst mit Protesten im
französischen Fessenheim begann und auch andernorts in Europa
zu einem massiven Ausbau und entsprechend erbitterten Reaktionen der Bevölkerung führte, dokumentiert die historische Stich-
haltigkeit einer deutschen Sonderwegsthese nur zu gut: Wie in
Frankreich, wo der Funke der Pariser Mairevolte in die Umweltbewegung mündete, waren die Proteste auch in Deutschland zunächst nämlich nicht mehr als eine Fortsetzung dieser Revolte
unter anderen Vorzeichen. Was Länder wie Deutschland und Frankreich im Laufe der Zeit allerdings unterschied, waren die struktu-
rellen Voraussetzungen hinsichtlich der Unterstützung entsprechender Proteste. Der föderative Charakter Deutschlands und die
nie erfolgte Verstaatlichung des Energiesektors nach dem Zweiten
Weltkrieg ermöglichten effizientere Widerstände gegen den Ausbau der Kernkraft als im zentralistisch geführten Frankreich.

Die Deutschen waren zunächst also vielleicht nicht die innige-
ren Naturverehrer oder überzeugteren Kernkraftgegner, sondern
profitierten von einem Gemeinwesen, das lokale Einsprüche bis in
die Länderparlamente zuließ. So bewahrheitet sich die Vermutung, dass der Widerstand gegen einige wenige symbolbeladene
Technologien wie die Kernenergie in Summe hier stärker als in
anderen Ländern gewirkt und das Entstehen neuer Parteien wie

32

der Grünen überhaupt erst ermöglicht hat. Ein ökologischer Protest, der zur Gründung einer neuen Partei führte, die in vielen Länderparlamenten und im Bundestag sitzt, Minister und einen Vizekanzler stellen sollte: Das gibt es weder in Schweden noch in Frankreich oder den USA. Und auch nicht in Japan, obwohl Japan das bisher einzige Land ist, das Opfer atomarer Waffen und zudem, wenn auch erst kürzlich, durch die Havarie eines Kernkraftwerks geschädigt wurde.[25] Bei einem Vergleich der weltweiten Bewegungen zeigt sich, dass die alte Bundesrepublik in punkto Widerstand gegen die Kernenergie in den Worten des Technikhistorikers Joachim Radkau „eine konkurrenzlose Spitzenposition einnimmt".[26]

Die Ursachenforschung ist über das Beschreiben des Phänomens nicht hinausgekommen. Dennoch liegt auf der Hand, dass neben allem Romantik- und Idealismus-Erbe (mit dem es bei genauerer Betrachtung oft nicht so weit her ist) ein Zusammenhang zwischen dem Entstehen der Umweltbewegung und der besonderen politischen und gesellschaftlichen Situation bestehen muss.

Grüne Bürgerinitiativen gegen den Ausbau der Kernkraft und zeitgleiche Proteste gegen die atomare Wiederbewaffnung bildeten in Deutschland bereits in den frühen Siebzigern eine im Vergleich zu anderen Ländern singuläre Melange. 1979 verabschiedeten die Außen- und Verteidigungsminister in Brüssel den Nato-Doppelbeschluss, der Deutschland zum potenziellen Schauplatz eines nuklearen Krieges machte. Das Gefühl der Ohnmacht, das viele Menschen damals beschlich, war dabei auch den politischen Verfahren geschuldet, mit denen Entscheidungen getroffen und umgesetzt wurden – eine emotionale Reaktion auf Technik, die wieder aktuell ist.

EINE FAST UNENDLICHE GESCHICHTE

Ahnungen der Angst

Wenn es ein „Fangbuch" der Alltagsgeschichte gäbe, das die Ahnungen der Angst am Beginn des Jahrzehnts festhält, könnte es mit folgenden Einträgen begonnen haben: 1981 hörte die Republik Udo Lindenbergs Lied *Wozu sind Kriege da?*, in dem sich die Zeile des jungen Pascal findet: „Herr Präsident, ich bin jetzt 10 Jahre alt,/ und ich fürchte mich in diesem Atomraketen-Wald."

Ein Jahr später, 1982, gewann Nicole mit *Ein bisschen Frieden* den europäischen Grand Prix. Man denke für einen Augenblick an Lena Meyer-Landrut und die Erfolge osteuropäischer Dance-Formationen bei Veranstaltungen des Eurovision Song Contest, die alles in allem austauschbar sind: Das Thema Weltfrieden würde heute nicht mehr als ein müdes Lächeln erzeugen.

Damals sah das anders aus. Die Zeit war bleiern und erfüllt von Erwartungen der Gefährdung der Natur und des Menschen gleichermaßen. Gedichte wie *Raumschiff Erde* von Hans Scheibner trafen den Zeitgeist. Es war eine Art Anti-Hommage an den Homo faber, der alles technisch optimieren wollte und dabei die natürlichen Lebensgrundlagen vernichtete. Es wurde 1983 in einem Buch mit dem Titel *Die ökologische Wende* veröffentlicht, zu dem der damalige Schatzmeister der CDU Walther Leisler Kiep das Nachwort schrieb – jener Mann, der später über die Parteispendenaffäre stolpern sollte.

Im selben Jahr demonstrierten wie schon 1981 mehrere Hunderttausend Menschen gegen die atomare Wiederbewaffnung im Bonner Hofgarten. Eine Konsequenz des Nato-Doppelbeschlusses war, dass die USA für den Fall, dass sich die Sowjetunion für Abrüstungsverhandlungen nicht gesprächsbereit zeigen würde, Pershing-Raketen auf deutschem Boden stationieren würden. Die neue Regierung unter Helmut Kohl stimmte dieser Stationierung Ende 1983 zu. „Besuchen Sie Europa (solange es noch steht)", textete die Neue-Deutsche-Welle-Band Geier Sturzflug im selben

NATUR UND TECHNIK IN DEUTSCHLAND

Jahr: „Vor dem alten Kölner Dom steigt ein Atompilz in die Luft,/ und der Himmel ist erfüllt von Neutronenwaffelduft."

In der deutschen Atom-Debatte gingen die Erfahrung von Kaltem Krieg und atomarer Blockkonfrontation und der Widerstand gegen die Kernkraftnutzung somit eine spezifische Allianz ein. Die Angst vor der Kernkraft, die sich vor allem lokal einstellte, war immer auch unterfüttert von der Angst vor einem Krieg, die weite Teile der Bevölkerung erfasste. „Aufstehen für den Frieden. Keine neuen Atomraketen in Europa", wie es auf einem Protestplakat stand: Die Wahrnehmung der Gegenwart war getrübt, die der Zukunft weltpolitisch höchst ungewiss.

Und dies war „nur" das Thema Kernkraft: 1981 hatte Monika Marons Roman *Flugasche* die Umweltsünden im Osten Deutschlands thematisiert. Er erschien aus gutem Grund im Westen. Als eine mittlerweile von der Geschichte des Aufstiegs und Niedergangs von Wirtschaftszweigen eingeholte Antwort schrieb Maron fast dreißig Jahre später *Bitterfelder Bogen*, die ostdeutsche Erfolgsgeschichte der Photovoltaikindustrie am Beispiel des Weltmarktführers Q-Cells (der 2012 dann insolvent gehen sollte). Hier wie auch sonst in der deutschen Geschichte standen die Metaphern der Natur uneingeschränkt für das Gute, wurden „blühende Landschaften" nach 1989 bewusst als Gegenbild zur zerfallenden Industriekultur platziert.

1983, inmitten der zeitgleich laufenden Waldsterbensdebatte, um die es an späterer Stelle noch gehen wird, war das Jahr, in dem Lieder wie *Karl der Käfer* der Band Gänsehaut in den deutschen Singlecharts landeten. Sie machten die Naturschutzproblematik zum Gegenstand der Alltagskultur. Der Naturschutz war endgültig zum Common Sense geworden, auf den die Musikindustrie erfolgreich aufsetzen konnte:

> *Tief im Wald, zwischen Moos und Farn,*
> *da lebte ein Käfer mit Namen Karl.*
> *Sein Leben wurde jäh gestört,*

EINE FAST UNENDLICHE GESCHICHTE

als er ein dumpfes Grollen hört.
Lärmende Maschinen überrollen den Wald,
übertönen den Gesang der Vögel schon bald.
Mit scharfer Axt fällt man Baum um Baum,
zerstört damit seinen Lebensraum.
Karl der Käfer wurde nicht gefragt,
man hatte ihn einfach fortgejagt.
Eine Wand aus Asphalt breitet sich aus,
fordert die Natur zum Rückzug auf.
Eine Blume die noch am Wegesrand steht,
wird einfach zugeteert.
Karl, ist schon längst nicht mehr hier,
ein Platz für Tiere, gibt's da nicht mehr.
Dort wo Karl einmal zu Hause war,
fahr'n jetzt Käfer aus Blech und Stahl. "

Es ist ein Szenario, das bereits das 1972 erschienene Kinderbuch *Der Maulwurf Grabowski* vorweggenommen hatte: Der Friede des Maulwurfs wird gestört, als Planer kommen, um moderne Hochhäuser auf der Wiese zu errichten. Und ähnliche Beispiele gäbe es viele: Spätestens seit dem Ende des Kalten Krieges und der deutschen Teilung war das Paradigma des Umweltschutzes und der Nachhaltigkeit zur stärksten gemeinschaftlichen Norm in einem Land geworden, das vorher allein aufgrund der Teilung stärker als jedes andere dazu verdammt war, zum Schauplatz aufeinander treffender politischer Weltentwürfe zu werden, und das Angst vor echten, nationalen Mythen hatte.

Die Voraussetzungen für den Siegeszug grüner Gedanken auch als neues Element der Demokratie waren in Deutschland historisch betrachtet somit nicht ungünstig. Denn der Einsatz für die Umwelt war immer verbunden mit dem Einsatz gegen Militarismus und Säbelrasseln der Supermächte. Er wurde stillschweigend zu einer Art Demokratisierungsformel. Genau das machte die deutsche Umweltbewegung rückblickend so erfolgreich: Sie nahm

die Energie des Jahres 1968, verband sie mit bürgerlichen Attributen und glaubhaften Problemen der Industrialisierung und Auf-
rüstung vor Ort. Die Gegenwart der Geschichte und das Unbehagen an Ideologien waren dazu angetan, dass grüne Gedanken zu
einer Art Konsensformel wurden, zu der sich viele Menschen be-
kennen konnten.

Schwerter zu Pflugscharen: Natur und Technik in der DDR

Ich bin in den achtziger Jahren zur Schule gegangen. Bürgerpro-
teste, die sich um Umweltthemen oder die atomare Wiederbewaffnung drehten, nahm ich keine wahr. Ihnen hätte der Geruch
des offenen Widerstands gegen die Staatsräson angehaftet. Auch
in unserer evangelischen Gemeinde, in der bisweilen Gäste aus
Westdeutschland auftauchten, waren Friedens- und Freiheitsthe-
men damals bedeutender als die Sorge um die Umwelt. Zumindest empfand ich es so. „Schwerter zu Pflugscharen": Dieses Bibel-
zitat ist mir stärker in Erinnerung geblieben als Hinweise auf die
dahinsiechende Umwelt in den Industrieregionen im Osten.

In der Schule und im öffentlichen Leben galten Wissenschaft
und Technik als Säulenheilige. Der historische Materialismus
hatte eine Verbindung aus wissenschaftlich-technischem Fortschritt und gesellschaftlicher Weiterentwicklung vorgezeichnet.
Eine grundlegende Revision des Technik- und Gesellschaftsbildes,
wie sie im Westen erstmals nach dem Zweiten Weltkrieg und dann
in der Folge von 1968 sowie unter dem Einfluss der französischen
Avantgarde stattfand, gab es in der DDR nicht. Ganz im Gegenteil. Das, was Friedrich Engels in seiner *Dialektik der Natur* geschrieben hatte, blieb maßgeblich für den Umgang mit Natur und
Wissenschaft. Die Menschheitsgeschichte hatte danach Naturgeschichte und wissenschaftliche Paradigmenwechsel zur Vorausset-
zung. So lag den Wissenschaften derselbe Gedanke zugrunde wie

EINE FAST UNENDLICHE GESCHICHTE

der Geschichte: dass sich die dialektischen Gesetze durchsetzten, die auch in der Geschichte die scheinbare Zufälligkeit der Ereignisse beherrschten. Oder anders gesagt: Wir verstehen die Geschichte, lernen aus ihr und handeln in Zukunft richtig.

In unserem Klassenzimmer für Heimatkunde und Geschichte hatten ältere Schüler im Rahmen eines Arbeitseinsatzes einen Zeitstrahl mit Piktogrammen über die gesamte Länge an die Wand gemalt. Der Strahl ordnete jeder Epoche eine Farbe zu, die langsam und nie abrupt in die nächste überging. Er begann in der Steinzeit mit angedeuteten Höhlenmenschen, wie sie jeder DDR-Jugendliche aus dem Buch *Weltall, Erde, Mensch* kannte, ging über die Jäger, Ackerbauern und Viehzüchter in einem weiten Bogen über den Beginn der neuen Zeitrechnung nach Christi Geburt zum Feudalismus und der kapitalistischen Industriegesellschaft mit ihren Produktionsmitteln bis hin zur sozialistischen Produktion der achtziger Jahre. Von dort aus setzte sich der Strahl in derselben Farbe bis in das Jahr 2000 fort und endete mit dem Abschluss der Wand, was zu Fragen führte, mit welcher Gewissheit dieser Verlauf der Geschichte mit dem Endpunkt Kommunismus vorhersehbar sei. Mit der einzig gültigen, lautete die Antwort: der wissenschaftlichen. Es war der Brustton der wissenschaftlich-technischen Revolution, der selbst kurz vor der Wende noch regierte.

Nach 1989 ist viel darüber geschrieben worden, weshalb sich in Ostdeutschland eine bildungskonservativ geprägte Schicht halten konnte, welche die deutschen Klassiker nicht nur ungebrochen rezipieren durfte, sondern diese bewusst als eine Art Widerstandsliteratur gegen den vorgeschriebenen proletarischen Realismus vereinnahmte; eine Schicht, wie man sie stilisiert aus Uwe Tellkamps Dresden-Roman *Der Turm* kennt. Doch die Klassiker, die sich nur über Umwege in ein sozialistisches Deutungsschema pressen ließen, bildeten vielleicht einen privaten Rückzugspunkt. Die Natur- und Technikwissenschaften waren die eigentliche „unpolitische" Nische.

NATUR UND TECHNIK IN DEUTSCHLAND

Die politischen Eliten aus der ehemaligen DDR hatten, wenn sie nicht über die Kirchen und Bürgerbewegungen in der Wendezeit zur Politik gekommen waren, nicht zufällig einen naturwissenschaftlichen, medizinischen oder technischen Hintergrund: namentlich Angela Merkel, die Physik in Leipzig studierte, Wolfgang Böhmer, der als Chefarzt arbeitete, sein Vorgänger Reinhard Höppner, ein promovierter Mathematiker, Matthias Platzeck, ein Kybernetiker der TU Ilmenau, Dieter Althaus, Absolvent eines Physik- und Mathematikstudiums, Stanislaw Tillich, ein Ingenieur der TU Dresden, Harald Ringstorff, ein Rostocker Chemiker, die verstorbene Regine Hildebrandt, eine Biologin der Humboldt-Universität, der Unionspolitiker Arnold Vaatz, ein Mathematiker aus Sachsen. Dergleichen gibt es in dieser Häufung in der alten Bonner Republik nicht, wo in der politischen Landschaft juristische, geistes- und sozialwissenschaftliche Abschlüsse dominierten.

Anders als in der alten Bundesrepublik wurden die Technikwissenschaften in der DDR zwar auch auf Grundlage des Historischen Materialismus sowie einer anders gearteten akademischen Elitentradition als ebenbürtig mit den anderen Wissenschaften angesehen, was sich nicht zuletzt in der Gründung einer technikwissenschaftlichen Klasse in der ehemaligen Akademie der Wissenschaften widerspiegelt. Die Beschäftigung mit den vermeintlich objektiven und unpolitischen Geschwistern Natur und Technik war aber immer auch ein Weg, sich dem Einfluss des Staates auf die Gesellschaftswissenschaften zu entziehen.

Das grüne Gewissen als gesamtdeutsche Identität nach 1989

Im Nachhinein ist die Botschaft unseres Klassenzimmers kaum mehr als eine Fußnote der Geschichte geblieben, denn der Glaube an ein historisches „Endziel" war bereits damals brüchig. Gerade die Naturschutzbewegung hatte bereits seit mehr als einhundert

EINE FAST UNENDLICHE GESCHICHTE

Jahren als heilsames Korrektiv eines blinden Wissenschafts- und Technikglaubens gewirkt, der seit der Taufe des Deutschen Reiches im 19. Jahrhunderts vorgeherrscht hatte.

Was man im Ausland heute achtungsvoll „German Engineering" nennt, umschreibt jenen Positivismus, der Maß und Ziel bisweilen aus den Augen verlor, weil er die Fortschrittserwartung einer Nation einseitig an den wissenschaftlich-technischen Fortschrittsbegriff heftete. Gerade *weil* es den Hang zur Technik und den sprichwörtlichen deutschen Perfektionismus gab und gibt, die zu einem entsprechenden Selbstbewusstsein und einem technikbasierten Fortschrittsdiskurs geführt haben, gab es in Deutschland immer schon eine besondere Form der Technikskepsis. In beidem, der Gestaltung der Technik wie der Sorge um ihre Folgen, offenbart sich derselbe Geist.

Nicht anders als in der Technik, sind die Deutschen daher auch bei ihrem Naturbild immer einem strengen Ordnungsbegriff gefolgt, sind Gestalter der Landschaften gewesen und eben nicht nur Anhänger einer möglichst unveränderten, „ursprünglichen" Natur, wie Verfechter des heutigen grünen Lebensgefühls insinuieren. Die romantische Natur war stets nur ein Seitenpfad des erbitterten Willens, die Natur zu unterwerfen und zu gestalten. Sie diente als Religionsersatz in einer von Aufklärung und Säkularisierung stärker als andere Länder beeinflussten Gesellschaft.

Die Deutschen haben in einer besonders mythisch aufgeladenen Epoche ihrer Geschichte sogar aus der Trockenlegung von Mooren und Sümpfen oder dem Begradigen von Flussläufen eine kulturelle Überlegenheit bis hin zum Chauvinismus gegenüber anderen, zumeist slawischen Völkern abgeleitet; so, wie die Germanen einst selbst den Römern im Bau von Siedlungen und Bewässerungssystemen hoffnungslos unterlegen waren. Der amerikanische Historiker David Blackbourn hat dies in einem hierzulande weitgehend unbeachtet gebliebenen Buch gezeigt.[27] Die „Walachei" ist in unserem Sprachgebrauch zum Inbegriff des Hinterwäldlerischen geworden.

NATUR UND TECHNIK IN DEUTSCHLAND

Etwas davon lebte lange fort: Ich erinnere mich an Fahrten in den achtziger Jahren, die uns in Kinderferienlager noch Polen führten. Die Überheblichkeit der Erzieher war subtil, aber spürbar, wenn wir aus dem fahrenden Bus auf verfallene Gehöfte, steppengleich wuchernde Felder, kurz: eine nicht kultivierte Natur schauten. Die Natur war in Deutschland seit den preußischen Landschafts- und Gartengestaltern dann eine gute, wenn sie das Auge erfreute – nicht, wenn sie sich entfaltete, zumindest *noch* nicht. Schönheit und Wohlgestalt im menschlichen Sinne, nicht das Ungezügelte und Primitive, wurden zu Kriterien einer guten Landschaft.

Naturgeschichte war und ist somit zwangsläufig immer auch Technikgeschichte gewesen, zumal in einem Land, das als letztes zum Konzert der großen europäischen Staaten stieß und sich in den Worten Helmuth Plessners als „verspätete Nation" empfand. Die den Deutschen unterstellte Technikfeindlichkeit ist in ihrer Pauschalität somit ein Klischee, und ein falsches zudem. Einer der wenigen Mythen der deutschen Nachkriegsgeschichte war das Wiedererstarken der Industrie und ihrer weltweit nachgefragten Produkte. Wo andere Länder Nationalmythen um Kriege und Revolutionen pflegten, glaubten die sich den Mythen der Vergangenheit entledigenden Deutschen an die identitätsstiftende Wirkung der Technik. „Überspitzt gesagt", schreibt Herfried Münkler in seiner Mythengeschichte, „löste der Mercedesstern das Eiserne Kreuz der Kriegsgeneration ab."[28]

Doch dabei blieb es nicht. Es ist nicht übertrieben zu sagen, dass der Umweltschutz und das grüne Denken am Technikmythos anknüpften und zu einem „Narrativ" geworden sind, auf das viele Deutsche heute ebenso stolz sind wie sonst vielleicht nur auf die Errungenschaften der Technik. Das grüne Gewissen trat an die Stelle anderer Nationalmythen. Die Zunahme von Umweltthemen könnte dabei auch auf den Wegfall bis dato präsenter gesellschaftspolitischer Ideale und Auseinandersetzungen mit dem jeweils anderen Deutschland nach dem Jahr 1989 deuten, das über

EINE FAST UNENDLICHE GESCHICHTE

den auch in anderen Ländern zu beobachtenden Postmaterialismus hinaus ein weltanschauliches Vakuum schuf.

Goethe und kein Ende: Die Entdeckung der „Ganzheit"

Begeben wir uns zum Abschluss noch einmal kurz in eine weiter zurückliegende Vergangenheit, in der das Bild der Natur sich veränderte: den Anbruch des wissenschaftlichen Zeitalters. Mit ihm wurde die Natur parallel zur Innerlichkeit und der Suche nach dem „Ich" zunehmend zum Gegenstand einer Objektivierung. Insofern haben die Wissenschaften einen wichtigen Anteil am modernen Verständnis der Natur (im Sinne eines Fragens nach Teilaspekten), aber auch an ihrer Verklärung (im Sinne einer Sehnsucht nach Ganzheit als Antwort darauf).

Die Mathematisierung der Naturwissenschaften, die man heute mit dem 19. Jahrhundert verbindet, wurde bereits im 17. Jahrhundert vorbereitet. Während man in England seinerzeit von der Physik als einer objektiven Experimentalwissenschaft sprach, verteidigte man in Deutschland die Naturanschauung und den Formenreichtum der Tier- und Pflanzenwelt als Ausdruck einer göttlichen Ordnung gegen die moderne Theoriebildung, zumindest solange es ging. Dahinter stand vor allem die Ideenwelt Goethes, die im Humboldt'schen Universalkosmos eine Fortsetzung fand.

Bereits Emil Du Bois-Reymond, der ein halbes Jahrhundert nach Goethes Ableben Rektor der Berliner Universität war, machte dabei eine unerfreuliche Verflechtung von Goethe-Kult und deutschem Geist aus: In einer Zeit, in der man in Frankreich und England eine neue mathematische Naturwissenschaft schuf, so resümierte er vor Professoren und Studenten in einer Rede mit dem vielsagenden Titel *Goethe und kein Ende*, war die Physik in Deutschland Gegenstand spöttischer Herabsetzung.[29] So wie man die Quelle der deutschen Naturbegeisterung gemeinhin in der

42

NATUR UND TECHNIK IN DEUTSCHLAND

Romantik verortet, ist es darum nicht übertrieben, in Goethes Ge-
staltlehre eine Quelle der Vorstellungen von Ganzheit zu sehen,
die später insbesondere im Nationalsozialismus zu einer diffusen
Wendung gegen den „Relativismus", „Individualismus" und „Ato-
mismus" der Zeit werden sollten. Die Sehnsucht nach Ganzheit
war der manifeste Einspruch gegen eine vermeintlich „zerfal-
lende", weil komplexe Welt. Seit dieser Zeit gibt es in Deutschland eine besondere Affinität zu Ganzheits-Diskursen.

Später war es Friedrich Nietzsche, der den Zerfall der Wissenschaften zu Einzeldisziplinen beklagte, und es waren Dichter wie
Hugo von Hofmannsthal, der diesen Weltzerfall in seinem berühmten Lord-Chandos-Brief zur vielzitierten Sprachskepsis am Beginn
des 20. Jahrhunderts machte. Der Relativismus der Zeit war allgegenwärtig und wurde in den schönsten Sätzen als Unfähigkeit ausgedrückt, die Welt noch angemessen beschreiben zu können.

Konservative Intellektuelle von Oswald Spengler bis Gottfried
Benn haben sich schließlich mit der technischen Dynamisierung
des Lebens auseinandergesetzt. Dabei waren sie über ihr eigenes
Werk hinaus Adepten eines rationalismuskritischen, antimecha-
nistischen Denkens, das sie vor allem in Goethes Synthese aus
Dichtung und Natur-Anschauung verkörpert sahen.

Ein deutscher Wesenszug ist daher auch in jenem vitalistischen,
auf den Organismus und „das Leben" bezogenen Reflex zu sehen,
der die Geschichte der Natur von Anfang an begleitet hat. Nietzsche hatte die Vernunft und den Fortschrittsglauben als etwas „Le-
bensfeindliches" dargestellt und späteren Nachahmern die Feder
geführt. *Der Geist als Widersacher der Seele*, so des Lebensphilo-
sophen Ludwig Klages' einflussreiches Werk aus dem Jahr 1918,
steht exemplarisch für eine auch in der NS-Propaganda strapa-
zierte Wesensart und ganzheitlich schauende Natur-Auffassung,
die über die Vernunft hinausgeht. Das Formelhafte, Mathematische, Mechanistische, ja „Atomisierende" hingegen war immer
Merkmal des angelsächsischen Denkens – es war Newton, nicht
Goethe.

EINE FAST UNENDLICHE GESCHICHTE

Ein Credo der rationalismuskritischen späten zwanziger Jahre lautete entsprechend, dass Goethe dort beginne, wo die Physik ende. Es ging zurück auf den Anthroposophen Rudolf Steiner, den Vater der Waldorfschulen. Nicht nur Laien, sondern auch Größen der deutschen Wissenschaft, die vor und nach dem Ersten Weltkrieg der Schmelztiegel des internationalen Wissenschaftsbetriebs war und so viele Nobelpreisträger wie kein anderes Land hervorbrachte, würden sich ihm in den kommenden Jahren anschließen: Goethe stellte in den dreißiger Jahren einen Gemeinplatz dar, den es mitzubesetzen galt.[30]

In das Fahrwasser einer allgemeinen Modernekritik im ersten Drittel des 20. Jahrhunderts stieß zudem ein folgenreicher Wechsel im wissenschaftlichen Grundverständnis der Natur, der in Deutschland seinen Ausgangspunkt nahm: der Weltbildwandel der Physik. Am Ende des 19. Jahrhunderts hatte keine andere Naturwissenschaft in ihren Grundlagen als unumstößlicher gegolten als die klassische Physik. Die Newtonsche Mechanik definierte Raum und Zeit als absolute Koordinaten – Eigenschaften, die sich bereits im historischen Ausspruch von Leibniz wiederfinden, die Natur mache keine Sprünge. Mit diesem deterministischen Naturbild brachen die Relativitäts- und vor allem die Quantentheorie fundamental. Sie brachten die Vorstellung einer – und darauf kommt es hier an – vom Menschen unabhängig zu denkenden Natur zum Einsturz. Die Physik verabschiedete sich von einer strengen Objektivität und zeigte, dass wir die Natur verändern, sobald wir sie beobachten; am eindrucksvollsten am Beispiel der Heisenbergschen Unschärferelation.[31]

Die Natur machte also tatsächlich Sprünge, wie zuvor bereits Max Planck durch seine Beschreibung diskontinuierlicher Eigenschaften des Lichts gezeigt hatte, das mal als Welle und mal als Teilchen auftrat.[32] Dabei war es nicht zuletzt der in der Medienkultur der zwanziger Jahre vollends erblühten Popularisierung der Gelehrtenwissenschaft geschuldet, dass die Aussagen der Experten in einen übergreifenden Sinnhorizont münden konnten. Denn die Krise der Zeit fand in diesen Theorien eine vom breiten Publikum dankbar aufgenommene wissenschaftliche „Bestätigung": Der Wandel des physikalischen Weltbildes ging einher mit dem Zusammenbruch des Kaiserreiches und der Erosion der politischen Ordnung, mit der Instabilität des Parlamentarismus, dem Erlebnis von Massenarbeitslosigkeit und Inflation und mit Fragen der Bestimmung des Einzelnen in einer Lebenswelt, die nicht selten als befremdlich empfunden wurde.

Kaum jemand hat die Abscheu vor einer Mathematisierung der Wissenschaften auch angesichts der zunehmenden Anbiederung der Literatur an die naturwissenschaftlichen „Verhaltenslehren der Kälte" im wörtlichen Sinne anschaulicher zum Ausdruck gebracht als der Dichter und Nervenarzt Alfred Döblin. In einem Beitrag für die Zeitschrift *Die neue Rundschau* (1923) zog er gegen das Grassieren einer unverständlichen Wissenschaftslogik wie folgt zu Felde:

> *„Man fragt: was ist das Leben, die Welt, und bekommt die Antwort:*
>
> $$\sum_{ik} \frac{\delta}{\delta \times k}\left(\sqrt{-D}\,\sigma e i \Theta_{ik}\right) - \frac{I}{2} \sum_{ik} \sqrt{-D}\,\frac{\delta \sigma i k}{\delta \times e} \Theta_{ik} = 0.$$
>
> *Der wirklich schauende Anblick eines vertrockneten Blattes ist mehr wert, als eine Bibliothek babylonischer oder moderner Formeln."* [33]

Der Nachweis einer wissenschaftlichen „Satisfaktionsfähigkeit" wurde, wie Robert Musil, Hermann Broch, Ernst Jünger, Gottfried Benn, Carl Einstein und später auch Bertolt Brecht beweisen, mit der öffentlichen Bedeutungssteigerung der Physik zu einer Notwendigkeit auch innerhalb der Literatur, sich entweder demonstrativ ablehnend zu zeigen oder in irgendeiner Weise über die Wissenschaften „mitzusprechen". Der Rekurs auf die Physik, gegen die Döblin hier wettert, oder naturwissenschaftlich beein-

EINE FAST UNENDLICHE GESCHICHTE

flusste Strömungen der Philosophie wie der Logische Empirismus wurden zu einem Merkmal artistischer Superiorität, was nicht ohne Rückwirkung auf die taktischen Erwägungen der Autoren blieb; auch solcher Autoren, die wie Brecht über keinerlei naturwissenschaftlichen Hintergrund verfügten.[34]

Wenn Robert Musil 1927 – kurz nach der Aufstellung der Quantenmechanik und inmitten der Arbeiten am *Mann ohne Eigenschaften* – von einer „Gegenstandslosigkeit" der gegenwärtigen Literatur berichtet und diese damit begründet, dass sich die Literaten bei der Anpassung an das naturwissenschaftliche Weltbild „verspätet" hätten, darf man seinen Hinweis als eine unverhüllte Aufforderung betrachten, der Entwicklung der Wissenschaften nicht länger aus dem Wege zu gehen.[35]

Wer will, kann auch heute beobachten, inwieweit sich der Diskurs über den Klimawandel oder vor ein paar Jahren über die Genetik – erinnert sei an die zeitweilige Öffnung des *F. A. Z.*-Feuilletons in Form einer täglichen Rubrik „Natur und Wissenschaft" seit dem 1. September 2001, auf dem Höhepunkt des Humangenom-Projekts – mit kulturellen Debatten überlagern. Sie sind, das unterstreicht dieses Anschließen an die Tradition von Tageszeitungen wie der *Vossischen Zeitung* oder der *Literarischen Welt*, die sich vor knapp einhundert Jahren der Physik und Biologie öffneten, auch Ausweis des Wunsches, nicht abseits zu stehen angesichts der großen Fragen der Zeit, selbst wenn das Verhältnis bis heute immer ein distanziertes geblieben ist.[36] Und diese waren bereits damals zunehmend wissenschaftlich-technische.

Unter dem Strich öffnete eine sich stark popularisierende Wissenschaft bereits damals den Raum für abstruse Deutungen des „Relativen", „Unbestimmten" oder die Verwendung des Entropie-Begriffs als Ausdruck einer allgemeinen Verfallsneigung in der Welt, wie sie sich in Spenglers *Der Untergang des Abendlandes* findet, das zu den auflagenstärksten geschichtsphilosophischen Werken der Weimarer Zeit zählt.[37] Und sie legitimierte die Ganzheitsdiskurse gewissermaßen von höchster Stelle: Es wimmelt in dieser

Zeit nur so von Bekundungen einer „Einheit der Wissenschaften" wie einer „Einheit der Natur", etwa bei der Heisenberg-Schule, namentlich Carl Friedrich von Weizsäcker.[38]

Kein Vorsprung durch Technik: Das deutsche Verständnis von „Bildung"

Was ist von der wissenschaftlichen Entdeckung der Ganzheit geblieben? Und welche Rolle spielen Naturwissenschaften und Technik heute? Nicht nur Jünger, der Zoologie studiert hatte, sondern auch Autoren wie Döblin, Musil oder Benn begriffen sich als geistige Kinder des naturwissenschaftlichen 19. Jahrhunderts, das sie eine – mit Benn zu sprechen – Schärfe und Kälte des Blicks gelehrt hatte. Technik, Naturwissenschaft und Medizin waren der Grundstock der Neuen Sachlichkeit und das Fundament des wissenschaftlichen Selbstbewusstseins Deutschlands, das wie erwähnt Nobelpreisträger von Conrad Röntgen (Nobelpreis für Physik 1901) bis Werner Heisenberg (Nobelpreis für Physik 1932) hervorbrachte sowie weltweit herausragende Institute in Berlin oder Göttingen beheimatete.

Zugleich hatten die Wissenschaften von der Natur und Technik mit dem Stigma zu kämpfen, dass sie zwar die mechanischen Eigenschaften der Natur zu deuten vermochten – nicht aber zum besseren, zum humaneren Menschen zu *bilden* in der Lage waren. Dies, so glaubte man vor allem nach der Weltkriegserfahrung, konnten allein die Künste und Geisteswissenschaften. Alfred Döblin schrieb im bereits zitierten Beitrag für die *Neue Rundschau*, dass die klassischen Naturwissenschaften „keinen geistigen Menschen von heute" etwas angingen, sondern nur wichtig seien für die „Erzeugung von Gelbkreuzgasen, Unterwasserbooten und sonstigem technischen Fortschritt."[39] Unter den Zeitgenossen hat Robert Musil diese Tirade in *Der Mann ohne Eigenschaften* noch übertroffen, indem er die Mathematik als „Mutter der exakten

EINE FAST UNENDLICHE GESCHICHTE

Naturwissenschaft, Großmutter der Technik, auch Erzmutter jenes Geistes [...], aus dem schließlich Giftgase und Kampfflieger aufgestiegen sind", bezeichnete.[40]

In den letzten Jahren hat der Glaube an eine Universalwissenschaft, die synonym für eine ganzheitlich zu erfassende Welt steht, wieder Anhänger gewonnen. Nur einer von vielen Indikatoren dafür ist ein Buchprojekt des Jahres 2004. Seinerzeit brachte der Eichborn-Verlag in seiner *Anderen Bibliothek* einen aufwändigen Faksimile-Neudruck von Alexander von Humboldts Hauptwerk *Kosmos. Entwurf einer physischen Weltbeschreibung* aus dem Jahr 1847 heraus. Im Klappentext des Schubers legte Herausgeber Hans Magnus Enzensberger die Beweggründe für das Projekt dar, wobei er die grundlegende Bedeutung Humboldts für die Wirklichkeitsauffassung der Gegenwart und die ökonomische Zukunftsfähigkeit des Landes ausmachte:

> *„Deutschland ist auf Alexander von Humboldt angewiesen, wenn es die Herausforderungen des 21. Jahrhunderts bestehen will. [...] Engbrüstige Spezialisierung war nicht seine Sache, und die Abspaltung der Geistes- von den Naturwissenschaften hat er, als von den ‚Zwei Kulturen' längst noch nicht die Rede war, in seinem Werk überwunden. [...] Unser Bildungssystem ist bekanntlich dieser Herausforderung bis heute nicht gewachsen. Aber nur auf diesem Wege wird Deutschland in Zukunft ökonomisch überleben können."* [41]

Etwas vom alten Geist des 19. Jahrhunderts, der die Atomisierung der modernen Welt aufhalten will, wirkt also bis in unsere Zeit fort. Man mag lange darüber philosophieren, ob sich die Spaltung der „zwei Kulturen" in Deutschland besonders hartnäckig gehalten hat. Die öffentliche Debatte ist – mag es heute auch keinen Bildungskanon im strengen Sinne mehr geben – wohl aber traditionell sozial- und geisteswissenschaftlich dominiert. Sie ist dadurch über weite Strecken auf eine fast joviale Weise technikskeptisch gewesen, indem sie sich nicht dezidiert technikfeindlich, aber gleichgültig bis zugeknöpft gab. Während man sich in den zwanziger Jahren über Gedichtsatiren wie Bertolt Brechts *700 Intellektuelle beten einen Öltank an* amüsierte, verschenkte das Publikum der anbrechenden 2000er Jahre Bestseller wie Dietrich Schwanitz' *Bildung* an Weihnachten, in dem es unter der Überschrift „Alles, was man wissen muss" keine einzige Seite zu Naturwissenschaft und Technik gibt.[42] „Der in der deutschen Tradition entwickelte Kulturbegriff", heißt es in einem der besten Bücher über die zwanziger Jahre,

> *„umfasst den geistigen, künstlerischen, religiösen und moralischen Bereich in scharfer Abgrenzung gegen den ökonomischen und technischen Bereich. Der in der englischen und französischen Tradition favorisierte Zivilisationsbegriff umfasst hingegen den Stand der Technik, Wissenschaft und Weltanschauung."* [43]

Die Bildungsdiskurse des vergangenen Jahrhunderts und die Dünkelhaftigkeit der „alten" Fakultäten gerade gegenüber den Ingenieurwissenschaften als Fach für Aufsteiger sind darum vielleicht passé. Technik ist für die Deutschen aber Konsumgegenstand geblieben – Gegenstand gesellschaftsfähiger Bildung ist sie bis heute nicht.[44] Es ist die gewollte Technik*ferne*, die nicht anders als in den Debatten vergangener Jahrzehnte in den gesellschaftlichen Peer Groups zum guten Ton gehört. Und sie dürfte angesichts der Dynamik der technischen Welt und der digitalen Verfügbarkeit von „Wissen" zunehmen, auch wenn sich dies nur schwer belegen lässt.

Die Deutlichkeit heutiger Distinktionsversuche mag darum eine andere sein. Der Habitus erinnert jedoch noch immer an eine Zeit, als der Romanist Ernst Robert Curtius einen Ruf an die neue Technische Hochschule Aachen mit den Worten ablehnen konnte, er bringe es nicht übers Herz, von einem Professor für Heizungsbau mit „Herr Kollege" gegrüßt zu werden. Und doch entgeht

EINE FAST UNENDLICHE GESCHICHTE

man der modernen Technik nicht, möchte man in Anlehnung an den Schriftsteller Max Bense antworten, indem man die Physik bewusst verlernt.

Green German Angst:
Wo wir heute stehen

Die großen Auseinandersetzungen um die Startbahn West habe ich ebenso wenig miterlebt wie die bürgerkriegsähnliche Blockade von Wackersdorf. Ich kenne sie nur aus Büchern und Erzählungen – so wie ich die Bilder von sich an Gleise kettenden Anti-Castor-Aktivisten aus dem Fernsehen kenne. Die siebziger Jahre können als Keimzelle von Protesten und Bürgerbeteiligungen im großen Stil angesehen werden, auch wenn sie viel später zum Gegenstand einer breiten Öffentlichkeit geworden sind. So fasste die regierende SPD bereits 1975 den Beschluss, einen Bürgerdialog Kernenergie ins Leben zu rufen. Aber es fehlte ihm das Gewicht der Publizität und Bildhaftigkeit in Gestalt des Schlichters Heiner Geißler oder des Opfers des Wasserwerfer-Einsatzes der Stuttgarter Polizei, David Wagner, der eine Augenverletzung erlitt und zum medialen Symbol der unsinnigen Gewalteskalation wurde.

Technikkritik als Domäne der Rechten

Die Wirkung von Bildern hat durch das Fernsehen eine besondere Eingängigkeit bekommen – gerade wenn es um die verheerende Wirkung der Technik geht, die anders als die Natur sehr abrupt sein kann. Es war zu Beginn der neunziger Jahre, als man in Echt-

GREEN GERMAN ANGST

zeit mitverfolgte, wie amerikanische Panzer in Kuwait vorrückten. Die ersten Bomben fielen auf Bagdad, und man sah das Blitzen der Flakgeschütze zum Frühstück. Als die Twin Towers am 11. September in sich zusammenfielen, stand ich in einem Kaufhaus und ging vor die Fernsehwand. Es war nicht wie Kino, bei dem die Länge des Films vorgegeben und sein Ausgang zumindest den Machern bekannt ist: Es war dadurch beklemmend, dass niemand wusste, wie lange es dauern und was als Nächstes kommen würde. Bis heute haben wir dieselben Bilder der beiden Flugzeugeinschläge unzählige Male gesehen, sodass es scheint, als hätten sie ein wenig ihres Schreckens verloren.

Diese Form der Anteilnahme, die Faszination an Urgewalten, Untergang und dem Abgründigen, galt in der deutschen Geschichte des 20. Jahrhunderts für Technik und Natur gleichermaßen, wenn man etwa an Ernst Jüngers Schilderungen der brennenden Marina in den *Marmorklippen* oder die Ästhetisierung des bombardierten Paris in seinen Tagebüchern des Zweiten Weltkriegs denkt:

> „*Vom Dache des ‚Raphael' sah ich zweimal in Richtung von Saint-Germain gewaltige Sprengwolken aufsteigen, während Geschwader in großer Höhe davonflogen. [...] Beim zweiten Mal, bei Sonnenuntergang, hielt ich ein Glas Burgunder, in dem Erdbeeren schwammen, in der Hand. Die Stadt mit ihren roten Türmen und Kuppeln lag in gewaltiger Schönheit, gleich einem Kelche, der zu tödlicher Befruchtung überflogen wird. Alles war Schauspiel, war reine, von Schmerz bejahte und erhöhte Macht.*" [45]

Ein skeptisches Technikbild, das wir heute im Zusammenspiel mit Globalisierungs-, Kapitalismuskritik und Ökologie als politisch eher „links" motiviert kennen, ist bis in die sechziger Jahre eine Domäne der konservativen oder gar rechtsintellektuellen Kräfte gewesen. Denn entsprechende Argumente standen in einer Tradi-

WO WIR HEUTE STEHEN

tion der Heimatschutzbewegung und anderer Programmpunkte der „reaktionären Modernisierung" nach 1933. Der Naturschutz war nicht erst durch die NS-Gesetzgebung – etwa das 1933 bzw. 1935 erlassene Reichstierschutz- und Reichsnaturschutzgesetz – affin für die Unterwanderung durch heimatliche Ideologien bis hin zur Mythisierung des Bodens, der Kreatur und des einfachen, natürlichen Lebens.[46]

Während die politische Linke lange vor Anbruch des vergangenen Jahrhunderts ihre Fortschrittsutopien an Wissenschaft und Technik heftete (und dann einsah, dass die Ökonomisierung der Technik zur Festigung bestehender Verhältnisse beitrug), stand das konservative Denken dem Geschichtsoptimismus seit jeher skeptisch gegenüber. Es lehnte den Glauben an eine Fortschrittsidee ab, die mit der möglichen Verbesserung der sozialen Verhältnisse einherging.

Die Aufwertung des Ländlichen und der Provinz war darum ein Topos der Konservativen und Rechten, während die Großstadt – allen voran Berlin – die negativen Seiten der Moderne verkörperte, ihre Unübersichtlichkeit und Strukturlosigkeit – Eigenschaften, die ihr unter dem Stichwort virtuelle Stadtflucht auch heute noch zugeschrieben werden. Der Nationalsozialismus war dabei aber keineswegs, wie gern unterstellt, eine technikfeindliche Bewegung.

Er zeigte zwar romantische Züge ganz bewusst zu Propagandazwecken, um ein verunsichertes Bürgertum an sich zu binden. Er trug, wie der Technikphilosoph Klaus Kornwachs unterstreicht, aber nie die Sehnsucht nach einer verlorenen oder gar vorindustriellen Gesellschaft in sich.[47]

Die bäuerliche Idylle, die aus einer kaum überschaubaren Zahl deutscher Heimatdichtung bis 1945 spricht, dokumentiert so lediglich die Indienstnahme der Natur als antimodernes Statement, in dem die Dinge noch ihren Platz haben und „organisch", sprich: vernünftig angeordnet sind. Und auch gegenwärtig finden sich für eine antiglobalistisch und antikapitalistisch eingestellte rechte Be-

GREEN GERMAN ANGST

wegung Anknüpfungspunkte zum Schutz von Region und Heimat und der Abwehr des Fremden, vor allem aber der Entsagung gegenüber materialistischen Glücksversprechen.

Dieser Blick auf die Natur änderte sich erst ab den sechziger Jahren. Aus lokalen Umweltbeeinträchtigungen wurden durch die moderne Industrie und Landwirtschaft zunehmend regionale oder sogar nationale Probleme – in Deutschland übrigens nicht anders als in anderen europäischen Staaten.[48] Das Ende der Wachstums- und Fortschrittseuphorie stellte darum einen Scheitelpunkt der Umweltbewegung dar, die sich zunehmend als globalisierungskritisch verstand.

Die Globalisierung der Natur

1970 fand die erste UN-Umweltkonferenz in Stockholm statt. Zeitgleich rief der Europarat das erste Europäische Naturschutzjahr aus, das den Beginn politischer Umweltschutzkampagnen bedeutete. So wurde 1970 mit dem Nationalpark Bayerischer Wald der erste deutsche Nationalpark gegründet, rund einhundert Jahre nach dem Yellowstone National Park in den USA, ein halbes Jahrhundert nach den ersten Parks in Schweden und der Schweiz. Dahinter steckte nicht eine geringere Wertschätzung für den Naturschutz, wie man vermuten könnte, sondern die andernorts frühzeitiger erkannte Vermarktungswirkung von ansonsten wirtschaftlich unattraktiven Regionen; darum wird es an späterer Stelle noch einmal gehen.

1972 veröffentlichte eine Autorengruppe um Dennis Meadows vom Massachusetts Institute of Technology die *Grenzen des Wachstums* im Auftrag des Club of Rome und untersuchte die Abhängigkeit von Bevölkerungswachstum, Rohstoffbedarf und Umweltzerstörung. Erstmals wurde auf breiter Ebene ein direkter Zusammenhang von Wirtschaftswachstum, Rohstoffhunger und negativen Umweltfolgen hergestellt.

WO WIR HEUTE STEHEN

So erfasste 1973 die erste große Ölkrise in Folge des Jom-Kippur-Krieges auch Deutschland. Die arabischen Staaten drosselten ihre Rohölproduktion. Davon blieben im kollektiven Gedächtnis vor allem Bilder leerer Autobahnen in Mitteleuropa zurück. Die Bundesregierung reagierte unter anderem mit einem Energieprogramm, in dem ein deutlicher Ausbau der nuklearen Kraftwerkskapazitäten genannt wurde. Nicht anders als heute beim Ausbau der Windkraft, sah man die Beschleunigung der Planungs- und Genehmigungszeiten als einen Schlüssel für den Umbau des Energiesystems an. Vor dem Hintergrund einer stärkeren Autonomie der Energieversorgung entstanden viele der heute noch am Netz befindlichen oder nach dem März 2011 stillgelegten Kraftwerke in den siebziger Jahren, insbesondere in den großen Bedarfszentren des Südens.

Zugleich war die Zeit einer rein nationalen Sichtweise auf die Natur vorbei. Die Globalisierung warf ihre Schatten voraus. Prognosen über den sprunghaften Anstieg der Weltbevölkerung wurden debattiert, neben dem Raubbau an der Natur in anderen Teilen der Welt wurden etwa der Artenschutz und die Ozonproblematik zu einem Thema.[49] Für die deutsche Umweltbewegung bedeutete dies eine Internationalisierung ihrer Perspektiven und damit auch eine politische Verschiebung. Erst mit dieser Verbindung aus Technik- und globaler Wachstumskritik wurde die Umweltbewegung zum Gegenstand der Linken.

Die siebziger und achtziger Jahre waren neben vielem anderen auch die Zeit der ersten großen Umweltskandale. Gewässer- und Bodenvergiftungen wurden publik, Mülldeponien riefen Proteste hervor. Im Rhein und in anderen Flüssen waren beispiellose Umweltschäden zu verzeichnen, als deren Verursacher nicht nur in einem Song der legendären Hamburger Punkband Slime aus dem Jahr 1982 das Profitstreben ausgemacht wurde:

„Tote Fische im Dash-Benzin
Schwimmen auf dem Fluss dahin
Chemie und Haushalt wird das selbe

GREEN GERMAN ANGST

Ein Leichenhemd liegt auf der Elbe
Kauf oder stirb! [...]
Auch wenn die Erde draufgeht
Freiheit wird zum Verdruss
Konsum im Überfluss
Die Mutanten der Nationen
Der Atompilz leuchtet schon."

Städte wie Wolfen oder Bitterfeld wurden zum Synonym einer maroden Industrieproduktion in der DDR. Sachbücher wie *Seveso ist überall*, das eine Brücke von der Umweltkatastrophe in der norditalienischen Kleinstadt zur Chemieindustrie in Westdeutschland schlug, avancierten zu Bestsellern. Es war die Zeit, in der die Grünen die politische Bühne betraten. 1982 spaltete sich von ihnen die Ökologisch-Demokratische Partei des ehemaligen CDU-Mitglieds Herbert Gruhl ab, einem der ersten Vorsitzenden des Bundes für Naturschutz und Umwelt (BUND). In diesem Jahr prägte der Exekutiv-Direktor des Umweltprogramms der Vereinten Nationen (UNEP), Mustafa Tolba, das schwierige Wort vom „ökologischen Holocaust".

Das Paradigma der Wachstumskritik war somit in besonderer Weise dazu angetan, den Übergang von konservativen und christlich-schöpfungsbetonten zu linken und globalisierungskritischen Positionen darzustellen. Denn es war eine Kritik am ungezügelten Konsumismus, dem Haben statt Sein. Die begriffliche Unschärfe des Wachstumsbegriffs erlaubte es, dass die Grünen ohne Gegenwehr die Themen der Konservativen besetzen konnten, vor allem den Umwelt- und Verbraucherschutz.

Am 24. April 1986 kam es zum Störfall von Tschernobyl. Stärker als jener im amerikanischen Kraftwerk Three Miles Island bei Harrisburg 1979 und auch ungleich stärker als etwa das Chemieunglück im indischen Bhopal 1984, das mit vielen Tausend Toten bis heute zu den folgenreichsten Umweltvorfällen überhaupt zählt, führte Tschernobyl zu einer breiten Konsensbildung für eine

Umweltbewegung in Deutschland, die seitdem vor allem eine Anti-Atombewegung gewesen ist. Tschernobyl stand für das Kardinalversagen der Technik und offenbarte über alle Ideologievorbehalte hinweg die reale Gefahr, die nun aus Sicht vieler bis dato unbeteiligter Bürger mit der Nutzung der Kernkraft verbunden war.

Das war eine neue Qualität der Wahrnehmung von Technik, die zeigte, worauf es bei deren gesellschaftlicher Akzeptanz von nun an kollektiv ankam: die unmittelbare Betroffenheit. Sie wandelte sich von lokalen Vorfällen plötzlich und mehr, als es das Waldsterben vermocht hatte, zu einem Thema aller. Als eine politische Reaktion auf Tschernobyl wurde nur fünf Wochen später das Bundesumweltministerium mit Walter Wallmann und später Klaus Töpfer an der Spitze gegründet, das bis heute im Namen auch den Zusatz „für Reaktorsicherheit" trägt. Spätestens jetzt war der Umweltschutz als Instrument der Politik in der Mitte der Gesellschaft angelangt.

Der Vorfall, der in Christa Wolffs Erzählung *Störfall* im Osten und den Jugendbüchern Gudrun Pausewangs wie *Die Wolke* und *Die letzten Kinder von Schewenborn* im Westen seinen Niederschlag fand, zeigte aber auch ein Muster in der Wahrnehmung von Natur und Technik, dem wir bis heute anhängen: die Natur als Ort des Friedens und der Harmonie, die Technik als Hort der Gefahr.

Ein Wort macht Karriere: Akzeptanz

Wenn nach einem Jahrhundert Umweltgeschichte „Akzeptanz" heute ein Schlüsselbegriff bei gesellschaftlichen Großprojekten wie der Energiewende geworden ist, so zeigt dies den Wandel an, der sich von der pauschalen Technologie- und Fortschrittsgläubigkeit der Nachkriegszeit hin zu einer nahezu technikübergreifend anzutreffenden Verweigerungshaltung vollzogen hat.

GREEN GERMAN ANGST

Die Begeisterung der Menschen ist ungebrochen groß für das, was die Akzeptanzforscher „Alltagstechnik" nennen: Smartphones, Spielkonsolen, digitale Fernseher, Autos – eine Technik, die unsere Emotionen anspricht und unser Bewusstsein insofern erweitert, als sie neue Erfahrungs- und Möglichkeitsräume schafft, und das eingedenk der gewünschten Überschreitung und Außerkraftsetzung der „natürlichen" Grenzen von Raum und Zeit. Hier sind die Deutschen ausgesprochen technikaffin.

Hinterfragt werden jedoch all jene Techniken, denen wir zutrauen, dass sie uns kollektiv schädigen könnten. Der Widerstand gegen diese Art von Technik formiert sich in Deutschland seit langem geradezu konfessionell und breitenwirksamer als irgendwo sonst – und das, obwohl das Renommee Deutschlands in der Welt nicht unwesentlich von der Technik abhängt. Ob Grüne Gentechnik, Nanotechnologie, Abscheidung oder unterirdische Verpressung von Kohlendioxid, die Ingenieure *Carbon Capture and Storage* nennen und um die es im nächsten Kapitel gehen wird: Die gefühlten Risiken überwiegen alle anderen Aspekte bereits im Vorfeld. Seit dem verstärkten Ausbau der erneuerbaren Energien sind auch diese nicht mehr ausgenommen von Widerständen, wenngleich die Akzeptanz an sich hoch ist. Diese Tendenz wird sich verschärfen, wenn etwa durch das Abschalten von regionalen Grundlastkraftwerken verstärkt Trassen wie die energiewirtschaftlich bedeutsame Thüringer Brücke gebaut werden müssen.

Durch die Ausbauziele der erneuerbaren Energien haben sich die Deutschen wieder sehr stark in die Nähe des Staates begeben. Sie sind wieder in einer Weise technikgläubig und auch technikabhängig geworden, die unter umgekehrten Vorzeichen an die Fortschrittsbegeisterung und Wohlstandseuphorie der Nachkriegszeit erinnert. Denn obwohl dieser Punkt bei Umfragen gegenüber der allgemeinen Bejahung der Energiewende in den Hintergrund tritt, sind eine Veränderung der eigenen Lebensräume und eine Steigerung der Energiekosten ohne Kompensationen für immer weniger Menschen tragbar.[50]

WO WIR HEUTE STEHEN

Wir stehen hier vor einem ähnlichen Phänomen wie bei der Vereinnahmung der Natur: Die Zahl der klassischen Industriearbeitsplätze in Deutschland ist in den vergangenen Jahren immer weiter zurückgegangen. Sie sank nach Angaben des Statistischen Bundesamts 2010 erstmals unter fünf Millionen, nur die Hälfte des Werts von der Zeit der Wiedervereinigung. Gleichzeitig hören wir, aus der Distanz, von großen Umbrüchen im industriellen Sektor.

Immer weniger Menschen können Forderungen nach dem Erhalt von „Innovationskraft" oder „Wettbewerbsfähigkeit" eine empirische und emotionale Bedeutung abgewinnen, weil sie in Dienstleistungsberufen arbeiten. Und vielleicht hat diese *Ferne* nicht unwesentlich mit der gestiegenen Risikowahrnehmung „ferner" Großtechnologien im Gegensatz zur Nähe dezentraler Energietechnologien zu tun, um die es im nächsten Kapitel gehen wird. Möglicherweise ist ihre Akzeptanz in Wahrheit kein Ausdruck eines ökologischen Denkens, sondern des Wunsches nach Verständlichkeit und technischer Beherrschbarkeit, der ein elementares Bedürfnis ist.

Unter dem Strich ist die Frage der gesellschaftlichen Akzeptanz der Technik somit vielschichtiger geworden. Unternehmen und Wirtschaftsverbände haben die Bedeutung der Bürgerbeteiligung für die Umsetzung technologischer Innovationen erkannt. Ministerien investieren Millionen in Kampagnen und Dialogformate, um einer generellen Abwehrhaltung gegenüber Großtechniken durch die frühzeitige Einbindung entgegenzuwirken, was richtig und notwendig ist. Staatlich garantierte Renditen für vom Netzausbau betroffene Gemeinden sind auf der politischen Agenda. Es dämmert den Entscheidungsträgern, dass nicht wie früher ein Mehr an Erfindergeist und Produktivität, sondern soziale Verträglichkeit zum limitierenden Faktor für die Innovationskraft Deutschlands werden wird. Das ist, wenn man so will, ein Fortschritt.

Und doch hat sich etwas verändert, das bei der Suche nach mehr Partizipation ausgeblendet wird. Bei immer mehr Menschen lösen die technische Durchwirkung aller Bereiche des Lebens und die Schnelligkeit des Wandels ein Befremden aus, auch wenn sie nicht auf die Straße gehen, sondern mit dem Kauf von Zeitschriften dokumentieren, wie sie fühlen. Mehr Wissen, mehr Einbindung, mehr Informations- und Entscheidungsangebote führen nicht automatisch zu mehr Akzeptanz. Im Gegenteil werden zusätzliche Informationsangebote von Kritikern eher zur Vertiefung bestehender Standpunkte genutzt, als dass sie einen Meinungswandel bei ihnen beförderten. Und doch gibt es keine Alternative zur stärkeren Einbindung, aber vielleicht zur bisherigen Auffassung von Verantwortung und Mündigkeit.

Die letzte grüne Wende

Die erhöhte Wachsamkeit gegenüber Risiken, von manchem als Hang zu Alarmismus und Schwarzmalerei bezeichnet, hat die Deutschen sensibel gegenüber potenziellen Gefahren und Wandlungsprozessen gemacht. Nicht zuletzt die technischen Standards haben dadurch eine besondere Reife erreicht, die man international nicht ungern als führend vermarktet. „German Angst" und Anpassungsfähigkeit lagen in der jüngeren deutschen Geschichte dabei immer sehr nah beieinander. Die Furcht vor eigenen Fehlern oder das Enttäuschen der Erwartungen anderer richteten sich oft nach innen. *Deutschland schafft sich ab:* Weder in Großbritannien noch in Frankreich, den USA oder einem anderen Industrieland hätte ein vergleichbarer Titel zum meistverkauften Sachbuch der Nachkriegsgeschichte werden können. Es ist ein Buch, das neben anderen Aspekten vor allem die Angst vor Fremdbestimmung bedient – wie sie viele Deutsche auch in Bezug auf Großtechnik überkommt.

So ist es nur konsequent, dass mancher den Erhalt der Natur und den Schutz vor den Folgen der Technik nicht Demonstrationen und den Instrumenten der freien Meinungsbildung überlas-

WO WIR HEUTE STEHEN

sen will. Begriffe wie „starker Staat" oder „Ökodiktatur" tauchten in den vergangen Jahren immer öfter im Kontext des Klimawandels auf – auch als Reminiszenz an den „Atomstaat", von dem in den siebziger Jahren die Rede war. Eines der letzten und bereits andernorts zitierten Beispiele dafür entstammt dem Wissenschaftlichen Beirat der Bundesregierung Globale Umweltveränderungen (WBGU), der in seinem Gutachten zur Vorbereitung der Rio+20-Konferenz eine Dekarbonisierung durch die Schaffung eines resoluten Ordnungsrahmens forderte. Der Rat adressierte dabei eine „Autonomiebeschränkung des Menschen", um dem Klimaschutz notfalls mit Gesetzeskraft zum Durchbruch zu verhelfen. Auch sprachlich ist dies harte Kost:

„Die Einsetzung von Ombudsleuten mit Beschwerde- und Kontrollrechten sowie iterative entscheidungsnahe Deliberationsverfahren unter geeigneter Einbeziehung wissenschaftlichen Sachverstandes und der Laienexpertise komplettieren nach Ansicht des WBGU das prozedurale System klimaschutzrelevanter Entscheidungen durch die Verwaltung und den Gesetzgeber. Die Verwaltungen auf Bundes-, Landes- sowie kommunaler Ebene sollten ein klimapolitisches Mainstreaming durchlaufen." [51]

Wer spricht so über Natur und Klima, und in wessen Namen? Es wäre am Ende eines positiv durch die Umweltbewegung beeinflussten Zeitalters eine Art Gegen-Aufklärung der Nachhaltigkeit, würden entsprechende Forderungen eines Tages Gestalt annehmen. Vor allem aber zeigen Worte wie diese an, dass längst eine fast technisch anmutende Rationalität in Bezug auf Bildausschnitte der großen Natur vorherrscht, die gepaart ist mit Kontrollbedürfnissen. Sie entstammt, so konnte der historische Exkurs in diesem Buch vielleicht schon zeigen, einer in Deutschland noch immer stark verankerten Denkhaltung, die von der Linearität der Geschichte und des wissenschaftlichen Erkenntnisfortschritts überzeugt ist – und die auch die Natur als determinierbar ansieht.

GREEN GERMAN ANGST

Dass der Bevölkerung aus Gründen der Rohstoff- oder Energie-
bilanz nach Vorbild der chinesischen Einkind-Politik vorgeschrieben wird, wie viele Toaster sie im Gebrauch haben darf und wann
es ein neues Auto gibt, erscheint absurd. Und doch ist unser Bild
von Nachhaltigkeit und Natürlichkeit heute geprägt von einer gefährlichen Verengung des Naturbegriffs auf *Carbon Footprints* und
andere Steuerungsinstrumente.

Das grüne Lebensgefühl ist zu einer Anklage des allgemeinen
Wachstumsversprechens geworden, dem Menschen weltweit anhängen. Es hat damit zwangsläufig eine politische Komponente.
Denn ein Grundzug der konservativen Technikkritik gerade in
Deutschland bestand immer darin, dass eine möglichst billige
Technik in Verbindung mit verfügbaren Ressourcen Standesunter-
schiede egalisiert, indem sie über Massenprodukte vielen Menschen ein Auskommen und damit gesellschaftliche Teilhabe ver-
schafft. Beim Widerstand gegen die Technik ging es also auch um
die Zementierung der Machtverhältnisse.

Wenn das Vertrauen in den materiellen Fortschritt mit Hinweis
auf die Schädigung der Natur nun immer öfter als belastet und der
technische Anpassungsdruck als schädliche Mitgift der modernen
Welt erklärt wird, so ignoriert dies die legitimen Wohlstandsinter-
essen anderer.

Die Ethik des Genug, das „Age of Less", können nur die aus-
rufen, die genug haben. Und zumindest in öffentlichen Verlautbarungen scheinen dies immer mehr Deutsche zu sein, die eine
Mehrung des Wohlstands nicht mehr als primäres Lebensziel angeben, während sie im Alltag doch ungebremst auf Konsum setzen. Die Prosperität als Grundlage funktionierender Sozialsysteme
in Zweifel zu ziehen bedeutet hingegen, Alternativen ohne Beweis
ihrer Praxistauglichkeit zu proklamieren, was Bände spricht hinsichtlich des „Mangels an ökonomischem Gefahrenbewusstsein",
den die Meinungsforscherin Renate Köcher den Deutschen einmal attestierte. Er steht in krassem Gegensatz zur abstrakten Be-
sorgnis gegenüber Großtechnologien.[52]

WO WIR HEUTE STEHEN

Aus diesem Grund stoßen wir uns nicht an der Opulenz heutiger Bioläden und der gigantischen Verbrauchsmaschinerie, die hinter der digitalen Welt steckt, fühlen uns aber zugleich angezogen von postmaterialistischen Werten. 84 Prozent der Leser des Magazins *Landlust* besitzen nach eigenen Angaben einen Garten.[53] Was auch immer die Motivation des Verlages ist, diese Daten zu erheben: Man sollte sie nicht überbewerten. Und doch, gewissermaßen „vom Zaun her betrachtet", ist dieses Bekenntnis eine zeitgemäße Metapher für die Abgrenzung nach außen. Der Naturdiskurs, das *Homeing* und *Gardening*, ist unfreiwillig auch ein Wachstumsdiskurs, und das nicht im botanischen Sinne.

Die Umweltbewegung führt die Debatten über die Natur heute nicht mehr an. Es herrscht ein breiter gesellschaftlicher Diskurs vor, der sich etwa aus Bildern speist, die er wie am Beispiel des Klimawandels von der Wissenschaft empfängt. Zugleich ist eine „naturnahe" Esoterik zur Stütze eines zivilisationskritischen Lebensgefühls geworden. In diesen Kontext gehört auch jener Lifestyle, der das gute Gefühl der Natur käuflich macht und durch seine radikale Nachhaltigkeits- und Gesundheitsorientierung einer Natur-Nützlichkeit der ganz anderen Art das Wort redet: als Instrument einer eigenen Ordnung. „Transparenz" ist heute in immer mehr gesellschaftlichen Bereichen nicht zufällig eine Hauptforderung. Sie setzt auf den Glauben auf, die Dinge bei vollständiger Information selbst ohne Wissenskontext eigenständig zum Besseren gestalten zu können.

Das Bekenntnis zu grünen Technologien, das die Politik wie ein Mantra einfordert, kollidiert aus diesem Grund mit einer neoromantischen Bukolik und einem vermeintlich „naturnahen" Lebensstil à la *Landlust*, der das Technische in Wahrheit ablehnt, weil er es als Störung des eigenen Idylls empfindet. Angst oder zumindest die Warnung vor den Gefahren des Technischen sind es, die dominieren.

Von der Mahnerin ist die Umweltbewegung damit unfreiwillig zur Wegbereiterin eines Wandels der Gesellschaft hin zur Illusion

GREEN GERMAN ANGST

der Risikovermeidung und Unversehrtheit in allen Feldern des Lebens geworden, der etwas Biedermeierliches, ja Philiströses anhaftet. Denn das Gespräch über Natur lebt immer mehr vom Glauben an die Planbarkeit des Guten und der Unbedingtheit der eigenen Weltsicht.

Was um den Preis der Beschaulichkeit und vermeintlichen Sicherheit auf der Strecke bleibt, sind indes Eigenschaften wie Zuversicht, Gelassenheit und Großzügigkeit auch im Umgang mit unseren Schwächen. Sie bilden den Stoff der folgenden Reise hin zu Natur und Technik in Deutschland.

Schwarze Pumpe – oder:
Unser Bild der Energie

Schnee, überall Schnee, der löchrig auf den Feldern liegt. Mehr als eine Stunde hatte der Eisregen auf das Wagendach getrommelt, so stark, dass ich das Radio ausmachte und das Lenkrad umklammerte. Ich starrte auf die Fahrbahn, sah die Ortsschilder mit den slawischen Namen und dachte an die Geschichten aus meinem Brandenburg-Buch: „Schwarze Pumpe", das Vorgaukeln der Pest, um die Truppen Wallensteins am Dorf vorbeizulocken. Vor langer Zeit, im Dreißigjährigen Krieg, 1626.

Irgendwann lag es vor mir, das Lausitzer Braunkohlerevier, das Vaterland der sauren Gurken, wie Fontane die Gegend hinter Lübbenau bezeichnet hatte. Mehr als siebzigtausend Menschen waren hier zu DDR-Zeiten beschäftigt. Der Staat setzte auf Braunkohle, die einzige Energiequelle, die er nicht importieren musste. Nirgendwo war die Abhängigkeit von ihr höher als hier. Das Kombinat Schwarze Pumpe wurde dadurch zum größten Braunkohleveredlungskomplex der Welt. Was es sonst noch an Energie brauchte, kam aus der Sowjetunion. Die *Drushba-Trasse* der Freundschaft brachte Öl aus dem Osten. Nach Schwedt an der Oder. Und nach Leuna in Sachsen, wo man den Kraftstoff machte. Und nach Rostock, der Stadt meiner Kindheit.

Nach Vorbild der *Drushba-Trasse* begann der Staat in den siebziger Jahren mit dem Bau einer weiteren Trasse aus Sibirien: einer

SCHWARZE PUMPE

für Gas. Die DDR entsandte dafür Tausende Fachkräfte in die UdSSR. Auch ältere Brüder und Väter von Schulfreunden von mir wirkten an dem Projekt mit, das eine Art *North Stream* oder *Nabucco-Pipeline* des Ostens war. Monatelang waren sie nicht zu Hause, gruben fern der Heimat die Erde auf. Ein abenteuerliches, fast imperiales Gefühl beschlich uns trotz der Parolen der Lehrer über den siegreichen Sozialismus und die Leistungen der Ingenieure. Uns bewegten die Bilder und flüchtig dahingeschriebenen Briefe auf beflecktem Papier, in denen von Temperaturschwankungen die Rede war. Und von Sehnsucht nach daheim, nach der Familie.

In den Schulpausen – wir tranken Grüne Wiese, ein Cocktail aus Blue Curacao und Orangensaft, und rauchten die ersten Zigaretten bis zur Übelkeit – betrachteten wir Schwarzweißfotos, auf denen Männer im Schlamm arbeiteten oder, gestützt auf Schaufeln, in die Kamera grüßten. Einer von ihnen trug ein Fußball-Trikot, die meisten Unterhemden. Im Hintergrund sah man dichtes Nadelgestrüpp, das bis an den Horizont heranzureichen schien. So ungefähr musste Sibirien aussehen. Was, wenn da draußen etwas passierte? Trassen mochten Öl und Gas transportieren können, jedoch keine Informationen.

Der Fortschrittsgeist der Nachkriegszeit

Aus heutiger Sicht ist die Leidenschaft, die man Kohle, Öl und Gas einmal als wichtigsten Rohstoffen der Gesellschaft entgegenbrachte, kaum nachvollziehbar. Sie unterschied sich in Ost und West nur wenig. Der Klimawandel war kein Thema, und selbst wenn er es gewesen wäre: Die Fortschrittserwartung war aufs Engste mit der Verfügbarkeit fossiler Rohstoffe verbunden. Erstere erhielt im Westen nach den Ölkrisen zwar einen Dreh in Richtung Kernkraft. Im Osten, wo die Wachstumskritik des Club of Rome nie ankam und die Kernkraft aus technologischen Gründen nicht

UNSER BILD DER ENERGIE

dieselbe Rolle wie in der Bundesrepublik spielte, blieb aber alles beim Alten.

Berichte über diese Zeit lesen sich darum wie Manifeste aus einer anderen Welt. Die Begeisterung war erheblich, auch bei meinem Großvater, der seit den fünfziger Jahren als Grafiker für eine Reihe großer Industriekombinate von Kleinmachnow bei Berlin arbeitete. Seine Skizzen und Texte dieser Zeit spiegeln die gesellschaftlichen Themen wider: Menschen bei der Arbeit auf dem Feld, andere im Labor oder in der Aula einer Universität, ein Chemiker mit Brenner.

Als Kind hatte ich mich heimlich in sein Arbeitszimmer geschlichen, einen Ort der Farben und Gerüche. Im Herbst und Winter, als die Holzfenster geschlossen blieben, roch es hier nach Terpentin, das sich mit kaltem Zigarrenrauch mischte. Auf dem Arbeitstisch lagen neben dem Glasaschenbecher einige Pinsel, Zirkelspitzen und Fettstifte, deren Papiermanschetten abgerieben waren. Ich betrachtete die getuschten oder mit Rötel gemalten Porträts von Menschen, die ich nicht kannte. Es waren Männer und Frauen, die im Halbprofil gemalt waren. Sie entstammten der Zeit, als meine Großeltern infolge des Luftkriegs in einem kleinen Dorf im Eichsfeld lebten. Wenn mein Großvater nicht mit dem Beschriften von Milchkannen das Auskommen bestritt, porträtierte er Bauern, Handwerker, um ein paar Kartoffeln oder Margarine dafür zu erhalten, aber auch Schauspieler, Künstler und Ärzte aus Heiligenstadt und anderswo. Nachts dann, wenn im Flur das Licht anging oder der Mond ins Zimmer schien, kamen mir die Bilder unheimlich vor. Wie eine Galerie von Toten, die ich nie gekannt hatte, bedeckten sie die Wände.

Neben Werbebroschüren entwarf mein Großvater auch Ärzte-Kalender für das Gesundheitsministerium oder einen für das Petrolchemische Kombinat Schwedt, das den Bedarf Berlins mit Heizöl und Diesel deckte. „Das Erdöl-Verarbeitungswerk Schwedt zerlegt das Wunderelement Kohlenstoff", hieß es in einem Entwurf für die Vereinigung Volkseigener Betriebe *Lacke und Farben*.

SCHWARZE PUMPE

Darunter waren die Endprodukte der Schwedter Raffinerie zu sehen: Benzin, Petroleum, Gasol, Schmieröl, Bitumen. Es war die Zeit der zweiten industriellen Revolution, und die Sprache ist hier wie an vielen anderen Stellen seiner säurestichigen Manuskripte ganz vom Geist der fünfziger Jahre durchdrungen.

Die Absolutheit, mit der auch er den Aufbruch bejaht hatte, verschwand spätestens zu dem Zeitpunkt, als die Umweltfolgen der hemmungslosen Industrialisierung in der DDR offenbar wurden. Die Kohle ebenso wie die Chemie standen im Zentrum des Konflikts, der sich neben der Lausitz vor allem auf die Region Bitterfeld – Halle – Merseburg erstreckte. Dies änderte auch Tschernobyl nicht, das sich trotz aller Bemühungen nicht verschweigen ließ. Die Kohle, vielleicht die Chemie, nicht das Uran, wurden zum ökologischen Totengräber der DDR. Wenn es etwas gibt, das zum Symbol für die Fassaden ostdeutscher Städte wurde, ist es dieses Braungrau, das allgegenwärtig war. Auch auf unserem Hinterhof im Barnstorfer Weg, wo rostige Mülltonnen für Asche standen.

Unter „demokratischer Umgestaltung" verstand man in den Wendemonaten folgerichtig auch die der ökologischen Verhältnisse. Die sich neu gründende Partei Demokratischer Aufbruch forderte in ihrem Aufruf vom 2. Oktober 1989 denn auch, „endlich die Wahrheit [zu] erfahren über das Ausmaß der Schädigung des Wassers, des Bodens und der Luft. Wir alle müssen lernen, unsere Wirtschaft und unsere Bedürfnisse dem Schutz der Umwelt unterzuordnen."[54] Von Kernkraft war da, nur drei Jahre nach Tschernobyl, kein Wort.

Die Umweltbewegung im Osten konnte anders als in der Bundesrepublik nie das tun, was man retrospektiv als die größte Leistung der Partei der Grünen ansehen muss: Fragezeichen hinter Formen des Lebens und Wirtschaftens setzen, die die Politik als alternativlos bezeichnete. Umweltschutzpositionen waren geächtet und hatten in der offiziellen Rhetorik keinen Platz: Sie hätten die mangelnde Innovationskraft der Wirtschaft aufs Tapet gebracht, die auf Kosten der Natur ging. Und doch meldeten sich nicht nur im Umfeld der Kirchen oder in unserem Schülerkreis „Junge Ornithologen" Stimmen zu Wort, die mit der Umweltzerstörung in der DDR hart ins Gericht gingen. Sie wurden ermutigt durch das, was sie im Fernsehen an Signalen aus dem Westen empfingen. Auch im Osten war die Zeit reif für eine grüne Bewegung. Jeder, der die Region Bitterfeld einmal besuct hat, wusste das.

Einer der Kritiker war der Vater eines Schulfreundes. Er arbeitete bei Minol, der Öl- und Kraftstoffagentur der DDR, die nach der Wende an Elf Aquitaine verkauft wurde, und war ein beflissener Techniker. Aber er zweifelte an der Richtigkeit eines Wirtschaftspfades, der Kohle, Öl und Gas in immer größeren Mengen brauchte und hemmungslos die Umwelt verpestete. Er erzählte uns von den Leuna-Werken, der wichtigsten Raffinerie des Landes, von der Pipeline und den Tanklagern im Wald. Eines davon lag auch in unserer Gegend. Inmitten einer Landschaft, in der es sonst nur Kolchose gab, wie er sagte.

Und doch kamen solche Mahnungen nur sporadisch durch. Obwohl die DDR bereits seit Beginn der siebziger Jahre ein Umweltministerium besaß, führte es eine Phantomexistenz. Die Gleichgültigkeit oder Machtlosigkeit gegenüber den Umweltsünden scheint im Nachhinein noch größer gewesen zu sein als damals angenommen.[55] Die Rekultivierungen der gigantischen Braunkohletagebaue der Lausitz, mit denen man in der DDR begann, waren da Lichtblick und Ausnahme.

Die Erde im Winter

Wenn wir an Natur denken, denken wir an Landschaften ohne menschliche Spuren. Auch gänzlich unfrommen Menschen ist der Gedanke nicht fremd, dass nur der ursprüngliche Zustand von Ebenen, Wäldern, Bergen und Gewässern wirklich der Natur entspricht. Der Anblick von Tagebauen hinterlässt darum ein Gefühl

SCHWARZE PUMPE

der Ratlosigkeit, wie viele dieser Löcher es bereits geben mag und wie viele hinzukommen werden, um den Rohstoffbedarf zu stillen. Es ist ein Gefühl der Schuld: dass hier ein ohne den Menschen entstandenes Gefüge durch menschliche Bedürfnisse zerstört wird. Denn Tagebaue sind unnatürliche Krater, die von Eingriffen zeugen. Wie Einschüsse oder kreisrunde Einstiche in die *Skin of the Earth*. So haben Wissenschaftler den Boden getauft, eine, vielleicht die wichtigste Ressource der kommenden Jahre.

Begeben wir uns für einen Moment von der Lausitz an den Polarkreis. Es gibt ein Foto der kanadischen Ekati-Mine, das die Gruben wie Meteoriteneinschläge aussehen lässt, die mit Straßen für tonnenschwere Lastkraftwagen verbunden sind. Alles ist weiß und wirkt dadurch friedlich. So wie auch Bilder von Kriegsschauplätzen des Zweiten Weltkriegs mit den Gesichtern erfrorener Leichen oder Pferden, die mit Schnee bedeckt sind, wirken, als sei jeder Schmerz aus ihnen gewichen. Oder die großflächigen Fotografien des kanadischen Künstlers Edward Burtynsky, der die Rohstoffkreisläufe zwischen Natur und Mensch durch stillgelegte Ölfelder, gigantische Müllhalden von Autoreifen und Friedhöfe alter Flugzeuge der US Air Force auf bizarre Weise ästhetisiert und zugleich den Albtraum der ungebremsten fossilen Rohstoffnutzung dokumentiert.

So kann auch das Bild der Ekati-Mine eine gewisse Anmut nicht unterdrücken. Sie entsteht im Auge des Betrachters und ist von fast architektonischer Schönheit. Denn das, was man sieht, erinnert an ein antikes Amphitheater: Wie auf der Innenseite eines auf dem Kopf stehenden Kegels winden sich die immer kleiner werdenden Bahnen zum Grund der Mine. So, als seien sie nicht gemacht, damit Kipper die Bahnen hinunterfahren, sondern damit Menschen auf den Rängen sitzen können, um das Geschehen beobachten zu können.

Hier kommt zum Tragen, dass die Natur ihre ästhetische Faszination auch dann behalten kann, wenn sie bereits tiefgreifenden Veränderungen unterliegt. Es gibt keine Zwangsläufigkeit, dass uns allein das anspricht, was wir mit einer unveränderten Natur assoziieren. Die Veränderung der Natur kann wie am täglich erfahrenen Beispiel von Stadtparks und Grünanlagen ohne Auswirkung auf unseren Sinn bleiben. Bei ihnen handelt es sich nicht mehr um „Natur", doch solange uns das Schöne anspricht, ist es egal, ob es natürlichen Ursprungs ist. Wir können geradezu blind dafür werden, den Grad der Veränderung zu erkennen: bis zur Zerstörung. Nur eine zerstörbare Natur kann – so paradox es erscheinen mag – zugleich etwas auslösen in uns. Denn ihre sichtbare Veränderung erst ermöglicht es uns, dass wir uns anders als zum theoretischen und objektivierbaren Naturbegriff der Naturwissenschaften in ein sehr persönliches Verhältnis zu ihr setzen: dass wir sie direkt auf uns und unsere Lebensweise beziehen.[56]

Auch wer sich dem Tagebau Welzow Süd nähert, hat zunächst den Eindruck einer Mondlandschaft. Abraumbagger werfen die Erde auf wie der kleine Maulwurf mit seinem Handspaten aus den Lieblingstrickfilmen meines Sohnes. Ich blickte lange auf diese unwirkliche Gegend, in der jede Form von Ursprung verloren gegangen war. Aber was war das, Ursprung? Etwas Neues war entstanden und an dessen Stelle getreten, das mir gefiel.

Die Abraumschicht, die sich farblich unterschied, trug eine Schneedecke. Sie sah damit aus wie der Zuckerguss eines Kuchenstücks, das sich vor mir auftürmte. Ich konnte es erst durch die Technik und den Eingriff in die Landschaft *so* sehen: eine Landschaft, die den Hintergrund für den Videodreh einer kalifornischen Deathmetal-Band abgeben könnte. Glencore, Xstrata oder Anglo American: Schon die Namen großer Minen- und Rohstoffkonzerne, die auch als Label auf turmhohen Bass-Verstärkern prangen könnten, klingen nach einer brachialen Kraft, mit der die Erde bewegt wird.

Von den Fördermengen solcher Konzerne ist man in der Lausitz weit entfernt. Zwanzig Millionen Tonnen Kohle werden in Welzow Süd im Jahr gefördert und ins nahe gelegene Kraftwerk Schwarze Pumpe transportiert. Ebenso viel geht in das benach-

SCHWARZE PUMPE

barte Kraftwerk Boxberg, einstmals eines der größten Kraftwerke der DDR, das mehr Energie als die Muskelkraft der gesamten Bevölkerung des Landes lieferte. Heute wird hier Strom für mehrere Millionen Haushalte produziert.

Schwarze Pumpe gehört zum schwedischen Energieriesen Vattenfall. Nach der Wende, nachdem Unternehmen wie Rheinbraun da waren, hatten die Schweden im Zuge der Marktliberalisierung den Großteil der ostdeutschen Energieversorgung übernommen, der eigentlich nur einen Energieträger kannte: Kohle. Die Leute in der Gegend erzählten sich den Witz, dass es den Schweden trotz der List der Dorfbewohner von 1626, die Pumpe mit schwarzer Farbe anzumalen, um die plündernde und brandschatzende Soldateska abzuschrecken, am Ende doch noch gelungen sei, den wehrhaften Ort einzunehmen.

Weit vor den Ereignissen im Frühjahr 2011 gab es in der Öffentlichkeit Auseinandersetzungen über diesen und andere Standorte. Seit die Auswirkungen von Kohlendioxid auf die Atmosphäre thematisiert werden, steht die Kohleförderung unter einem schlechten Stern. Fukushima verdrängte diese Kritik insofern, als eine andere Bedrohung die Oberhand gewann und die Gefahr des Klimawandels überdeckte. In den Gazetten machte der Satz die Runde, die Kohle sei der heimliche Gewinner von Fukushima. Doch nicht nur das Aus für die Kernkraft in Deutschland hatte zur positiven Entwicklung der Kohle beigetragen, sondern auch der Energiehunger und die Erschließung neuer Förderstätten weltweit.

Die Braunkohle ist heute in Deutschland der wichtigste heimische Energieträger mit Grundlastqualitäten, wofür zwei Zahlen genügen mögen: Ihr Anteil am gesamten Energieverbrauch macht gegenwärtig rund 12 Prozent aus, beim Strom sind es 25 Prozent, also jede vierte in Deutschland verbrauchte Kilowattstunde. 176 Millionen Tonnen Braunkohle wurden 2011 insgesamt gefördert.[57]

Ungeachtet der intensiveren Nutzung erneuerbarer Energiequellen werden die Bagger wie hier in Welzow weiter tonnenweise Abraum heben, werden neue Kohlekraftwerke nicht nur in China,

UNSER BILD DER ENERGIE

das heute bereits über die meisten Windkraftanlagen weltweit verfügt, sondern auch in Deutschland bis Mitte des Jahrhunderts ans Netz gehen müssen. Auch wenn Gas als eine wichtige grundlastfähige Energiequelle betrachtet wird, die die Schwankungen der erneuerbaren Energien ausgleichen soll, wird an der Kohle kein Weg vorbeiführen. Der Grund dafür liegt im Vorhandensein von Kohle nicht weniger als im bestehenden Strommarkt und seinen Anreizsystemen: Kein Energieversorger investiert wie beim Gas in neue milliardenschwere Anlagen, die dann nur zum Ausgleich der per Gesetz vorrangig eingespeisten Wind- und Sonnenkraft gebraucht werden. Dabei stünde Gas durch die Exploration großer Vorkommen außerhalb Deutschlands, etwa in den USA, für viele Jahre zur Verfügung.

Der Begriff der Energiewende, der einen unfreiwilligen Anklang an das Jahr 1989 hat, ist deshalb fragwürdig, weil er einen radikalen Wandel in den zentralen Prämissen der Energieversorgung insinuiert und eben mehr als die Kernenergie meint. So weist es das Energiekonzept aus, das die Bundesregierung bereits vor Fukushima vorgelegt hat. Danach sollen die Treibhausgasemissionen bis zum Jahr 2020 gegenüber dem Basisjahr 1990 um 40 Prozent reduziert werden, bis zur Mitte des Jahrhunderts sogar um bis zu 95 Prozent.

Wenn man den Blick weg vom Strom richtet, der neben dem Mobilitäts- und Gebäudesektor lediglich ein Drittel unseres Energiebedarfs ausmacht, sieht man, warum dies so ambitioniert ist: Der überwiegende Teil, nämlich vier Fünftel, wird heute durch kohlenstoffhaltige Energiequellen gedeckt und noch lange gedeckt werden. Lediglich der Rest verteilt sich zu gleichen Teilen auf Kernkraft und erneuerbare Energiequellen.[58]

Das bekannte Ziel der Bundesregierung ist es, bis zum Ausstieg aus der Kernenergie im Jahr 2022 ein Drittel unseres Stroms aus erneuerbaren Energiequellen zu generieren. Heute sind es 25 Prozent, die aus Windenergie, Biomasse und Photovoltaik kommen, wobei dieser Wert die installierte Kapazität, nicht die tatsächliche

Leistung des ins Netz eingespeisten Stroms beziffert. Eine solche Zahl fiele geringer aus.

Die Gretchenfrage ist zudem, wie wir die restlichen drei Viertel gewinnen werden. Sie ist nicht allein eine technische Frage und eine der Energieeffizienz, sondern auch eine naturphilosophische. Denn erstmals in der Geschichte der modernen Energieversorgung wird nicht die Nachfrage die Menge der zur Verfügung stehenden Energie bestimmen, sondern die Natur und was sie uns zu geben bereit ist. Das Synchronisieren von Energienachfrage und fluktuierenden Energiequellen: Es ist das trotz aller Überlegungen zu „intelligenten" Netzen und Speichermöglichkeiten bis heute ungelöste Problem auch der Energiewende.

Risiko

Ich habe mich nie intensiver als notwendig mit den technischen Abläufen der Stromerzeugung befasst. Und doch empfinde ich wie viele Menschen seit jeher eine Faszination für dieses Thema, weil sich Natur und Technik hier ganz unmittelbar berühren. Im Wort „Energieversorgung" steckt das Wort „Sorgen", Kümmern, die Erwartung, die wir implizit an andere artikulieren – und deshalb gereizt reagieren, wenn etwas aus dem Ruder zu laufen droht. Blackouts und Preisanstiege berühren unser Risikoempfinden nicht minder als der Gedanke an Havarien, weil sie uns verdeutlichen, dass wir Dritten ausgeliefert sind. Dies ist eine entscheidende Note unseres Blicks auf das Thema Energieversorgung.

Energiepolitik kann als Wirtschaftspolitik oder als Umweltpolitik betrieben werden, wobei Anhänger der zweiten immer behaupten würden, auch die erste mit im Auge zu haben. Tatsächlich kommt noch eine dritte, vielleicht entscheidende Komponente hinzu, die mit Akzeptanz quer zu den beiden anderen Politikfeldern zu tun hat: die gegenwärtige Debatte um die Ersetzung einer „zentralen" durch eine stärker „dezentrale" Energieversorgung. Sie

UNSER BILD DER ENERGIE

ist dazu angetan, einige Charakteristika aufzuzeigen, die für unsere Wahrnehmung der Technik im Ganzen gelten.

Unsere Risikowahrnehmung hängt stark davon ab, inwieweit wir selbst die Risiken steuern oder ihnen ausgeliefert sind. Nichts, dies weiß man auch aus der Glücksforschung und der Arbeitsmedizin, betrifft uns im negativen Sinne mehr als das Gefühl der Fremdbestimmtheit, und sei diese objektiv betrachtet auch zu unserem Besseren.[59] Auf die Technik gemünzt heißt das, dass uns jene technischen Risiken wie das Fahrradfahren inmitten der Großstadt, von denen statistisch hohe Gefahren ausgehen, wesentlich beherrschbarer erscheinen als Situationen, in denen wir das Gefühl haben, ausgeliefert zu sein. Viele Menschen dürften sich vor einem Flugzeugabsturz deutlich stärker ängstigen als vor einem Autounfall auf dem Weg zur Arbeit. Die Wissenschaft spricht hierbei von einem „Nahhorizont", den wir gegenüber fremdbestimmten Risiken immer favorisieren, weil wir ihn selbst wählen.

Aus der individuell so angenommenen Beherrschbarkeit von Risiken folgt eine ungleich höhere Akzeptanz „kleiner" Technikeinheiten gegenüber diffusen, weil unübersichtlichen Gefahrenpotenzialen. Die Akzeptabilität einer Technologie ist darum weniger an ihre konkreten Auswirkungen geknüpft als an unser Bild dieser Technik. Gerade weil unser heutiges Naturbild uneingeschränkt die Vorstellung einer guten Natur transportiert, hat auch der Grad der gefühlten Entfremdung von der Natur Auswirkungen auf unser Technikbild: Das Technische birgt per se Risiken, da es im Widerspruch zu einer als stabil und harmonisch interpretierten Natur steht. Und wenn diese Risiken nicht in Form von Unfällen zutage treten, dann wirken sie sich unterbewusst auf eine intakte Seele und gesunde Körperlichkeit des Menschen aus – eine Art Unheilsteleologie, wie sie dem Widerstand gegen Blackberrys und andere Informationsträger als Dauerstressverursacher etwa in der Literatur der Kommunikationswissenschaftlerin Miriam Meckel zugrunde liegt.

SCHWARZE PUMPE

In Deutschland dominiert seit langem eine Technikwahrneh-mung, die sich durch eine besondere Verbindung von Technik und Machtempfinden auszeichnet. Hinter diesem abstrakten Wort steckt der in den zwanziger Jahren erstmals breit nachweisbare Gedanke, dass die Technik von einem Hilfsmedium zu einem Selbstzweck aufgerückt sei, der die Menschen unfrei mache. Aus gutem Grund ist die Großtechnik in Deutschland seit 1945 anders als in west-lichen Industriestaaten, namentlich den USA, Israel, Frankreich oder Schweden, nie „Staatstechnik" gewesen, wie man am Ener-giesektor zeigen kann, sondern immer in der Hand von privaten Unternehmen. Und doch ist der Reflex derselbe: Technik wird in Deutschland abgelehnt, wenn sie gepaart mit Konzerninteressen als „Großkomplex" daherkommt, der die Macht- und Fremd-bestimmungskomponente gewissermaßen ideologisch überhöht. Unter anderem aus diesem Grund funktioniert die Solarenergie von Privatiers und kleinen Stadtwerken in Deutschland bislang so gut, während selbst Windkraftanlagen großer Energieversorger mit demselben Stigma zu kämpfen haben wie die gentechnischen Versuchsflächen von Agrar-Konzernen wie Monsanto: weil das Dezentrale per se vertrauenswürdig erscheint. *Small is beautiful.*

In kaum einem anderen Land ist die semantische Kluft zwi-schen „künstlich" und „natürlich" darum so emotional aufgeladen wie in Deutschland. Je näher eine Technik dem Pol „Natur" zuge-ordnet wird, beispielsweise die Photovoltaik, umso emphatischer wird sie ungeachtet aller ökonomischen Nachteile und techni-schen Ungereimtheiten begrüßt. Je weiter eine Technologie sich von diesem Pol entfernt, je stärker sie die Natur auf den Kopf stellt, wie es die Kernspaltung tut, oder sich unseren Blicken kom-plett entzieht, desto mehr ist sie Ressentiments ausgesetzt. Bei der Photovoltaik handelt es sich in den Augen vieler Menschen um eine „natürliche" Technik, auch weil sie keines der klassischen technischen Attribute Lärm, Schmutz und Geruch aufweist. Als dezentrale Technik produziert sie lokal, dort, wo ihr Produkt ge-braucht wird. Glauben wir zumindest.

Erneuerbar ist nicht gleich dezentral

Tatsächlich verrät ein genauerer Blick auf die Erneuerbaren, dass wir es hier mit einer handfesten Romantisierung zu tun haben. Was einmal ein Nischenprodukt war, das staatliche Unterstützung in Gestalt einer fest vergüteten Umlage durch das Erneuerbare Energien Gesetz (EEG) brauchte, hat sich zu einer Technologie ausgewachsen, die mittlerweile fast ein Viertel des deutschen Strombedarfs deckt.

Jede der großen neuen Anlagen in Mecklenburg-Vorpommern oder Brandenburg ist selbstredend keine dezentrale Anlage mehr – genau wie die Tausenden neuer Solarmodule, die auf Stallungen süddeutscher Bauern montiert wurden und werden. Denn der Strom, den sie produzieren, wird längst nicht mehr am Ort der Erzeugung genutzt, sondern nicht anders als der eines großen Kohle-Erzeugers in das Netz eingespeist und Hunderte von Kilometern weit zu den Verbrauchern geschickt. Gemessen daran ist ein Gaskraftwerk in Nordrhein-Westfalen, das die Schwankungen der Erneuerbaren vor Ort ausgleicht, die „dezentralere" Anlage.

Diese Tendenz wird manifest werden, wenn die Offshore-Windparks in der Nordsee eines Tages wirklich die Industriezentren des Südens versorgen. Als Faustregel gilt, dass der Süden auch in Zukunft kleinteiliger organisiert sein wird als der Norden: Im Norden gibt es viermal so viel installierte Windkraftkapazität wie im Süden, im Süden dafür viermal mehr Solarkraft als im Norden. Zudem kann der bildliche „See" des deutschen Stromnetzes schon heute jederzeit überschwappen: Wenn die Natur es will, ist bereits heute deutlich mehr Ökostrom da, als es das Stromnetz aushält. Er wird dann gegen die Zahlung eines Aufschlags ins Ausland verkauft, damit er überhaupt abgenommen wird, oder man schaltet Windkraftanlagen ab, zahlt aber trotzdem dafür.

Die Frage der Zentralität oder Dezentralität, die in Deutschland sehr emotional und wie eine Staatsangelegenheit diskutiert

SCHWARZE PUMPE

wird, hat also längst nichts mehr mit der Stromart zu tun: Dezentral ist nicht gleichbedeutend mit erneuerbar. Und erneuerbar meint nicht effizient und schonend angesichts der Lebenszyklusbetrachtung von Produkten, die in der Herstellung überaus energieintensiv sind.

Die Kritik am EEG ist insbesondere im Zusammenhang mit der Solarenergie lauter geworden in der vergangenen Zeit, und doch ist dieses Gesetz in der Welt. Und mit ihm die Begehrlichkeiten seiner vielen Nutznießer, sei es ein Großinvestor oder ein privater Haus- oder Scheunendachbesitzer. Die Ironie des EEG will es dabei, dass die Ausgaben für alle Verbraucher in dem Moment steigen, in dem die Sonne scheint und mehr Solarstrom als sonst ins Netz eingespeist wird, auch wenn genügend da ist. Denn der Preis pro Kilowattstunde orientiert sich nicht an Angebot und Nachfrage, sondern ist festgesetzt – auf zwanzig Jahre. Der Börsenpreis für Strom fällt indes, je mehr Strom zur Verfügung steht. Gleichzeitig wächst der Betrag der zu zahlenden Einspeisevergütungen, die garantiert sind. Dies lässt die Differenzkosten – die sogenannte EEG-Umlage – nach oben schnellen. Im vergangenen Jahr um fünfzig Prozent im Vergleich zum Vorjahr.[60] Ungeachtet dessen wird weiter fleißig zugebaut, ob der Strom gebraucht wird oder nicht.

Das Beispiel der Erneuerbaren und der Widerstände gegen ein aus dem Ruder gelaufenes EEG eignet sich mustergültig zur Entkräftung jenes Mythos, dass es vor allem um Natur und eine kohlenstoffarme Stromproduktion ginge. Es geht tatsächlich nicht anders als bei der Verteidigung abgeschriebener Kernkraftwerke durch die großen Energieversorger vor und nach 2011 oder bei Genmaisfeldern transnationaler Saatgutkonzerne im Kleinen um monetäre Dinge, um Renditen, die am Kapitalmarkt heute nicht mehr zu erzielen sind, für die man die Natur und die Zukunftsverantwortlichkeit in Dienst nimmt.

Deutschland beheimatet trotz ungünstiger „natürlicher" Voraussetzungen von unter eintausend Sonnenstunden pro Jahr heute

UNSER BILD DER ENERGIE

mit mehr als einer Million Anlagen die Hälfte aller weltweit installierten Photovoltaikanlagen, die – das wissen auch die Apodikten des grünen Stroms – mittlerweile außerhalb Deutschlands gefertigt werden und abgesehen von Installationsbetrieben nicht der heimischen Industrie im nennenswerten Maßstab zugute kommen. Hinzu kommt, dass die Zusammensetzung des Strompreises, der zur Hälfte aus politisch motivierten Abgaben wie der EEG-Umlage pro Kilowattstunde, der Öko-Steuer und jener für Kraft-Wärme-Kopplung besteht, den wenigsten Deutschen bekannt ist – oder aus dem Eindruck heraus, diesen ohnehin nicht beeinflussen zu können, kaum Interesse erweckt.[61]

Trotz aller Emotionalität, die Themenbereiche wie Energie und Landwirtschaft auch vor diesem Hintergrund begleitet, wird die Gesellschaft angesichts des nicht mehr homöopathischen, sondern industriemäßigen Umbaus des Agrar- und Energiesystems eine Antwort darauf finden müssen, wie sie ihre Sympathien verteilt. Wird sie weiter von dezentralen Lösungen träumen, wenngleich die Effektivität großer Anlagen sowohl in der Landwirtschaft als auch in der Energiewirtschaft aufgrund höherer physikalischer Wirkungsgrade quasi naturgesetzmäßig die größere ist?[62]

Die großen Offshore-Projekte in Nord- und Ostsee, die maßgeblich für die auch von staatlicher Seite prognostizierten Zuwachsraten im Stromsektor verantwortlich sein werden, sind in der Hand der großen Energieversorger oder entsprechender Konsortien. Niemand anders kann trotz des ambitionierten Engagements einiger Stadtwerke entsprechende Investitionen tätigen. Und selbst die Eigenmittel der großen EVU reichen angesichts der notwendigen Kapazitäten im Milliardenbereich nicht aus: Um das entsprechende Fremdkapital bei Anlegern zu akquirieren, sind Renditen unerlässlich. Auch aus diesem Grund wird die Energiezukunft wie jede Zukunft vor ihr auch von ökonomischen Interessen geleitet sein, was sich nicht zuletzt an der allgemeinen Begeisterung für die Photovoltaik ablesen lässt. Ob „Baltic I", „Baltic II", „Alpha Ventus", „Amrumbank" oder „Nordsee Ost": Die Gesich-

SCHWARZE PUMPE

ter der alten werden im Verbund mit anderen, etwa Stadtwerken, auch die der neuen Energiewelt sein.

Indes gewinnen Konzepte von Autarkie und Selbstversorgung Oberwasser, nicht zuletzt auch deshalb, weil es noch immer einen Zusammenhang zwischen lokaler Stromproduktion und Industrieansiedlung gibt. Das haben auch jene Bundesländer erkannt, die bis 2022 nukleare Kraftwerkskapazitäten verlieren. Die „16 Energiewenden", wie sie der Vorsitzende der Deutschen Energie-Agentur, Stephan Kohler, ausmacht und kritisiert – die vielen parallelen Lösungen auf Länderebene, die nicht ineinandergreifen –, sind zugleich Ausdruck eines tief verwurzelten Glaubens: daran, dass kleinteilige Lösungen besser sind, auch weil sie Gewinne für Länder und Kommunen versprechen. Von Wüstenstromprojekten wie Desertec ist kaum noch die Rede.

Tatsächlich befinden wir uns längst in einem europäischen Strommarkt. Autonomiegedanken sind einer sich weiter vernetzenden Energie-Welt nicht mehr zuträglich. Und gerade Gas, auf das die Befürworter der Erneuerbaren so viel Hoffnung setzen, bedeutet das Gegenteil von Autarkie. Deutschland ist hier abhängiger als bei jeder anderen Energiequelle, zumal einige Versorger an Langzeitverträge mit Russland gebunden waren und das „Fracking" heimischer Gasvorräte – also das Einpressen eines Gemisches aus Wasser, Sand und Chemikalien in tiefes Gestein, um Risse zu erzeugen – von der Bevölkerung ebenso abgelehnt wird wie die Kohle- oder Kernkraft.

Ohne Zweifel: Die Energieversorgung wird auch in Deutschland vielschichtiger und dezentraler werden. Aber es wäre naiv zu glauben, dass sich alles in diese Richtung entwickelt. Dezentral wird die Energie- und Wasserversorgung vor allem in jenen Teilen der Welt sein, in denen keine intakten Strukturen und Versorgungsnetze wie bei uns existieren. Genau das war einmal die Idee, als man in den neunziger Jahren begann, Solarzellen herzustellen: Man wollte helfen, Menschen in Afrika oder Asien zu versorgen, die ansonsten keine Chance auf Strom und warmes Wasser haben.

UNSER BILD DER ENERGIE

Für die Entwicklungs- und Schwellenländer, wo die Sonne häufiger scheint als bei uns, wird die Solarenergie aufgrund des Preisverfalls der Technik zu einer wichtigen Technologie ganz ohne staatliche Subventionen werden und die Lebensverhältnisse vielleicht nicht revolutionieren, aber verbessern.

Wenn Klima- und Naturschutz kollidieren

Der Rationalität von Begriffen wie „Grundlast", „Netzausbau", „Speichertechnik" und „Dekarbonisierung" zum Trotz reagieren die Menschen beim Thema Energie so emotional, weil sich die große Frage des Umgangs mit der Natur täglich aufs Neue stellt. Man kann das Bild einer Sanduhr bemühen, die auf dem Kopf steht: Wir zehren das, was uns die Natur in kaum vorstellbaren Zeiträumen überlassen hat, Stück um Stück auf, wenn wir Kohle verbrennen oder Rohstoffe abbauen, um sie dann in Sonnenkollektoren zu verwenden. Und doch werden Energie und viele Rohstoffe streng genommen nicht verbraucht, sondern unterliegen dank der Gesetze der Natur energetischen und stofflichen Wandlungsprozessen beziehungsweise werden durch Recycling unter Hinzufügung von Energie wieder brauchbar gemacht. Das Abbauen von Kohle wie hier in der Lausitz kann darum eigentlich nur dann als eine Geschichte des irreversiblen Eingriffs erzählt werden, wenn man orthodox und eben nicht „ganzheitlich" auf die Natur blickt.

Dies ist auch insofern von Bedeutung, als wir große Hoffnungen mit den erneuerbaren Energiequellen verbinden und dafür bereit sind, Eingriffe in die Natur zu akzeptieren. Anders als bei Abbaugebieten wie Welzow Süd sind es keine klar definierten Räume, sondern die Landschaften selbst, die sich sprunghaft verändern. Aus Erinnerungslandschaften werden industrielle Produktionslandschaften. Deshalb lässt es aufmerken, dass die breite Öffentlichkeit beim Stichwort „Naturschutz" mittlerweile nicht

SCHWARZE PUMPE

mehr vorrangig an den Erhalt von Landschaften denkt, sondern an das Ziel einer Dezimierung atmosphärischen Kohlendioxids, dem sich alle anderen Facetten des Komplexes „Natur" unterordnen.

Im Kollidieren von Klima- und Naturschutz zeigt sich daher eine wichtige Facette der Reflexion über die Natur: die Inanspruchnahme von Teilaspekten der Natur für ganz unterschiedliche Ziele. Im Grunde sehen wir nicht *die Natur* als einen Komplex, mit dem wir uns zwar in seiner Gesamtheit solidarisieren, aus dem wir uns jeweils aber das aussuchen, was wir unter Natur verstehen wollen. Umso leichter fällt es uns, Ungereimtheiten unseres Naturbilds zu akzeptieren. Stattdessen setzen wir *uns* in ein Verhältnis zu unserer Umwelt, und dies mit jeweils anderen Fragestellungen, nennen diese dann aber „Natur". Wir brauchen das Gespräch über die Natur als ein Spiegelbild unseres Selbst, das neben aller Rationalität eben auch mitfühlende Seiten hat. Insofern ist der Erhalt der Natur auch ein wichtiger Selbstzweck. Heute, da sich die Welt zunehmend technischer anfühlt, hat diese Bedeutung zugenommen.

In dieser Zeit, als ich mich nach Welzow Süd aufmachte, fielen die Temperaturen von einem auf den anderen Tag tief in den Minusbereich. Die Schornsteine über den Dächern Berlins dampften wie die Schmelzöfen des Ruhrgebiets zur Zeit der Stahlbarone. Die Spree war vereist, Züge und Straßenbahnen blieben aufgrund von Gleisschäden in den Depots, die Kälte fraß sich durch meine Sachen. Es war ein sonniger, klarer Tag. Aber er ließ auch erahnen, wie Großstädte ganz „natürlich" in Unruhe geraten können. Auf einmal war sie da, die Natur, und mit ihr die bereits zu den Akten gelegten Fragen, welche Kompromisse wir bei der Energieversorgung für eine Natur zu machen bereit sind, die nicht unsere eigene ist. Was die energie- und klimapolitische Rationalität nicht bewirken konnte, das tat der Frost.

Beim Frühstück hatte ich in einem *SZ-Magazin* geblättert und war bei einer Anzeige der Firma Louis Vuitton hängen geblieben.

UNSER BILD DER ENERGIE

Zu sehen war die berühmte amerikanische Fotografin Annie Leibovitz in ihrem New Yorker Atelier. Gestützt auf eine der typischen Taschen, die das Bild unserer Städte mittlerweile tausendfach prägen, schaute sie den russischen Balletttänzer Mikhail Baryshnikov gedankenversunken an. Neben dem Label las ich den Satz: „Louis Vuitton unterstützt The Climate Project". Gemeint war eine Initiative, die auf den früheren US-Vizepräsidenten Al Gore zurückgeht und seit 2010 *The Climate Reality Project* heißt. Es bedurfte keiner Erklärung, warum dieser Hinweis zur Bewerbung einer Luxustasche verwendet wurde. Der Klimaschutz war zu einer selbsterklärenden Botschaft geworden, der über jeden Kontext erhaben war.

Welzow Süd und das benachbarte Kraftwerk Schwarze Pumpe lagen mit anderen Worten genau im Zentrum eines Themas, bei dem man nur selten raus vor die Tür geht, dorthin, wo der Strom und die Wärme produziert werden. Ich traf auf eine schwedische Reisegruppe, die auf Einladung des Betreiberkonzerns Vattenfall in der Lausitz war. Es war in der Vorweihnachtszeit, jemand erzählte noch einmal die Geschichte vom Dreißigjährigen Krieg und alle sangen zusammen *Du kära gran, Oh Tannenbaum*. Und man sprach über die Möglichkeiten der Energieversorgung daheim in Schweden.

Ungeachtet des Vorfalls im Kernkraftwerk Forsmark hatte Schweden – das vielen Deutschen nicht nur als ein Musterland des Designs und individualistischer Marken wie Saab, Volvo oder Fjällräven gilt, sondern auch des Lebens im Einklang mit der Natur – seinen Ausstiegsbeschluss aus der Kernenergie wieder rückgängig gemacht. Gut die Hälfte des Stroms gewinnen die Schweden bis zum heutigen Tag aus Kernenergie, und sie rüsten die Kraftwerke mit leistungssteigernden Komponenten nach. Die andere Hälfte kommt aus Wasserkraft, jener im Vergleich zur Windkraft so kostbaren, weil grundlastfähigen erneuerbaren Energiequelle, die auch in Norwegen, in Österreich und der Schweiz genutzt wird, in Deutschland aber kaum zur Verfügung steht.

83

Wie sehr sich der Umgang mit der Natur gewandelt hatte, wie Nutzdenken etwa am Beispiel der Holz- und Möbelindustrie die mythische und Identität stiftende Dimension der Natur längst verdrängt hatte, erfuhr ich durch den Hinweis auf ein Buch, das die schwedische Schriftstellerin Kerstin Ekman schrieb. Es hieß *Der Wald* und musste auch für die Deutschen von Interesse sein.

In der Lausitz hatte es diesen Blick auf die Natur immer schon gegeben. Seit Ende des 19. Jahrhunderts wurde hier Kohle abgebaut. Die meisten der Tagebaue existieren heute nicht mehr, sie wurden nach ihrer Nutzung rekultiviert. Es gibt nur noch eine Handvoll dieser Gruben, von denen Welzow Süd eine der besonders beeindruckenden ist: 750 Millionen Tonnen Kohle sollen allein hier lagern, 1,3 Milliarden Tonnen sind es in der gesamten Lausitz. Bis zu 80 Milliarden Tonnen werden deutschlandweit von Wissenschaftlern vermutet. Sie könnten der Rohstoff für eine Nation sein, die unabhängiger vom Import werden will, die europaweit zugleich an zweiter Stelle beim Emittieren von Kohlendioxid liegt.

„Uns erreichen viele Anfragen", hatte der Betreuer der Reisegruppe mit dem kantigen Gesicht gesagt, als ich mit Dreck an den Stiefeln zurück in den Bus stieg, der uns vom Tagebau zum Besucherzentrum brachte. „Vor allem zum Klimaschutz oder der Umsiedlung ganzer Dörfer." Er meinte die Gemeinde Horno, ein sorbisches Dorf, das dem Bagger weichen musste. Und er meinte eine neue Technologie, gegen die sich überall in Deutschland Widerstand formierte.

Ganz tief im Boden

Dass Kraftwerke sich optisch verjüngen, sagt noch nichts über das ramponierte Image von Anlagen aus. Es ist eine Frage des Designs. Nicht anders als die Auspuffrohre und Zylinder alter Motorräder verbirgt man das Innere heute vollständig vor dem Auge des Be-

trachters, und das nicht einmal aus Gründen der Industriespio-
nage. Früher sah man beim Blick auf die Werke, dass hier gearbeitet wurde, dass beim Hobeln im sprichwörtlichen Sinne auch
Späne fielen. Es rauchte und zischte, Werkssirenen tönten, Laut-
sprecher waren zu hören, man erkannte Schornsteine und Öfen.
Heutzutage ist alles verkapselt und in weiße oder aluminiumfar-
bene Behälter verkleidet. Permanent werden Daten während der
Prozesse gemessen. Die Technik hat sich dem Blick entzogen und
sich ein freundliches Antlitz gegeben.

Auch das Braunkohlekraftwerk Schwarze Pumpe sah darum
mittlerweile wie eine Hightech-Anlage aus. Und in gewisser Weise
war sie das auch, denn Vattenfall hatte Ernst gemacht mit dem
Kürzel „CCS" und ausgerechnet im vermeintlich hinterwäldlerischen Brandenburg das erste experimentelle Kraftwerk mit CO_2-
Abscheidung gebaut: *Carbon Capture and Storage*. Schwarze Pumpe
war neben dem unweit nordwestlich von Berlin gelegenen Ketzin,
wo das verflüssigte Gas zu Forschungszwecken 700 Meter tief in
die Erde verpresst wird, eines der Versuchslabore dieser neuen
Technik, die bei den Deutschen nie auf Gegenliebe gestoßen ist.
Bei ihr ging es nicht nur um den Beweis der technischen Möglichkeit einer Abspaltung, sondern auch um einen Schritt in einer
vielleicht lang reichenden Technologiekette: So soll CCS für Pro-
zessemissionen etwa in der chemischen Industrie eingesetzt und
Kohlendioxid als Rohstoff genutzt werden können.

Anlass, entsprechende Versuche zu unternehmen, gibt es zuhauf. Weltweit, dies unterstreicht der letzte World Energy Outlook, ist die Kohle wie erwähnt auf dem Vormarsch. In Indien und
China wachsen die Kohleimporte aufgrund der rasant gestiegenen
Energienachfrage jährlich im zweistelligen Bereich. 2035 wird der
Anteil der Fossilen noch drei Viertel an der weltweiten Energieversorgung betragen, ein nur leichter Rückgang im Vergleich zu
2009.[63] Der Grund dafür mag im Gesicht all jener, die für eine
Reduzierung des Verbrauchs fossiler Energieträger kämpfen, wie
eine Ohrfeige wirken: Der Ölpreis ist stärker als der Kohlepreis

SCHWARZE PUMPE

gestiegen, was mit der Exploration neuer Lagerstätten zu tun hat. Obwohl also mehr Kohle verbraucht wird und sie sowohl verstromt als auch verflüssigt wird, ist der Preis nicht nach oben gegangen.

Der gegenwärtige Blick auf die Welt lehrt vor diesem Hintergrund, dass die grünen Ideen aus Deutschland auch aus ökonomischen Gründen noch keine konsequenten Nachahmer gefunden haben. Die niederländische Shell ist mit über 330 Mrd. Dollar Umsatz im Jahr 2011 der größte Konzern der Welt gewesen, gefolgt von Exxon, Sinopec, BP, Petro China, Chevron und anderen „Big Oils".[64] Während US-Präsident Obama den Klimawandel anfangs noch als ein Leitthema seiner ersten Präsidentschaft bezeichnete und mit Steven Chu einen Klimaschützer und Anhänger des Climate-Engineering zum Energieminister machte, nimmt die politische Klasse das Wort Klima heute nur noch selten in den Mund. Stattdessen fördern die USA, die laut IEA 2017 der größte Öl-Produzent der Welt sein werden, so viel Öl wie nie zuvor und haben mit der Shale-Gas-Revolution den Weg in Richtung neofossiles Zeitalter eingeleitet. Wirtschaftlichkeit, Wettbewerbsfähigkeit und Versorgungssicherheit sind die alten und neuen Eckpfeiler der amerikanischen Politik.

Es ist wie alles eine Frage der Geschichte (im Sinne von *Story*) und wie man sie erzählt. Ob als eine rasante Utopie à la Jeremy Rifkins dritter industrieller Revolution oder als Möglichkeit einer größeren strategischen Unabhängigkeit von anderen Ländern und dem Besinnen auf heimische Stärken: Die erneuerbaren Energien werden zumindest regional in den USA zunehmend Unterstützer finden, da sie die Importabhängigkeit nicht anders als heimische fossile Energieträger verringern und man wie beim Gas zudem keine Ermahnungen durch internationale Abkommen zum CO_2 fürchten muss. Kohle, Gas und Ölsande sind aufgrund des Preisverfalls infolge der Erschließung neuer Vorkommen aber in greifbarer Nähe, und solange dies so ist, dürfte sich an der Haltung grundlegend kaum etwas ändern. Peak Oil und Peak Coal sind zumindest gegenwärtig kein Thema.

UNSER BILD DER ENERGIE

Tatsächlich ist der Erdgaspreis in den USA um achtzig Prozent gefallen, er beträgt in etwa ein Drittel des Preises, den man in Deutschland zahlt. Über den Energiesektor haben die Vereinigten Staaten eine Re-Industrialisierung eingeleitet, während die Lasten für die Industrie in Deutschland in Summe größer geworden sind und die Investitionsbereitschaft der Unternehmen am Standort sinkt. Dies gilt vor allem für energieintensive Prozesse. Schon heute sind die Industriestrompreise in Deutschland die zweithöchsten in Europa. Gegenüber den USA oder China ist der Abstand deutlich größer.

Ob die USA, die 2015 der weltweit größte Gas-Produzent sein werden, langfristig besser damit fahren werden, das bestehende System auszubauen, wird sich zeigen. Zu niedrige Energiepreise können nicht minder schädlich sein als zu hohe. Denn sie verhindern Richtungsentscheidungen, die angesichts des Wunsches von immer mehr Menschen, den westlichen Lebensstandard zu erreichen, notwendig sind. Anders als bei den Wegen zur Ressourceneffizienz kann an ihrer Notwendigkeit kein Zweifel bestehen.

Die USA sind für die Ankurbelung der Wirtschaft weiter bereit, Umweltgefahren wie jene beim Öl-Fördern im Golf von Mexiko in Kauf zu nehmen. Doch sie sind in punkto fossile Revolution kein Einzelfall: Auch Kanada, das große Vorkommen an Kohle erschließen wird, wobei die *First Nations* eine Schlüsselrolle spielen werden, ist aus dem Kyoto-Abkommen ausgetreten. China ist ihm nie beigetreten. Dabei wäre ein Engagement Chinas angesichts der Tatsache, dass Deutschland für drei und Europa für fünfzehn Prozent der weltweiten Emissionen verantwortlich ist, während China und die USA zusammen fast die Hälfte ausmachen, die einzige Chance.

Renommierte Klima-Ökonomen wie Ottmar Edenhofer vom Potsdam-Institut für Klimafolgenforschung (PIK) weisen mittlerweile in aller Unmissverständlichkeit darauf hin, dass die in Deutschland hochgehaltene Green-Growth-Strategie allein – also der schlichte Zuwachs grüner Technologien – ohne internationale

SCHWARZE PUMPE

Klimaschutzabkommen ins Leere läuft. Im Gegenteil ist nicht aus-
zuschließen, dass das grüne Wachstum den Klimaschutz blockiert,
weil es den Preisanstieg der fossilen Energieträger bremst. Die
Chancen für ein internationales Klimaabkommen und einen weltweiten Emissionshandel schwinden mittlerweile massiv. In dem
Augenblick, so erwarten Experten, in dem ein Scheitern entsprechender Bemühungen ein für alle Mal offenbar wird, wird es zu
einer Abkehr von der Dominanz des Klimathemas in der Energieversorgung kommen.

Allein das zeigt, dass wir nicht *autark* handeln können, sondern
unsere Maßnahmen andernorts Auswirkungen zeitigen. Beim
Thema Nachhaltigkeit gibt es sie eben nicht, die Summe der einzelnen Teile, die zum gewünschten Ergebnis führt, sondern statt
der Befriedigung vieler kleiner Gewissen vielmehr eine Notwendigkeit zu strategischen Weichenstellungen.

Vor allem aber zeigt sich im Bekenntnis zur Green Economy ein
Phänomen, das im Zusammenhang der Bio-Nahrung noch zur
Sprache kommen wird: Wir *wollen* daran glauben, dass grünes
Wachstum dazu führt, dass wir den Klimawandel in den Griff
kriegen und dennoch über genug Energie verfügen werden. Unabhängig davon, was wir über die Widersprüche und Probleme grüner Technologie wissen. Das Bekenntnis zu ihr erfüllt eine entlas-
tende Funktion.

Das Ende von CCS

Ich war noch nie in Südafrika, das ebenfalls ein großer Kohle-
förderer ist, auch nicht in Mosambik, das nach neuen Funden zu
einem der größten Kohleproduzenten der Welt werden könnte.
Aber ich sprach am Ende eines Australienurlaubs, der mir die biblische Weite des Outbacks offenbarte, mit einem Experten über
das sogenannte *Otway Project*. Es handelt sich dabei um die erste
CCS-Demonstrationsanlage in einem Land, das 75 Prozent seiner

UNSER BILD DER ENERGIE

Energie aus heimischer Kohle gewinnt, weltweit einer der größten Kohleexporteure ist und mittlerweile auch eine CO_2-Steuer eingeführt hat.

Neben einer Pilotanlage wollte man seinerzeit auch in der Lausitz eine Demonstrationsanlage im Industriemaßstab errichten. Ich war vor Ort, als die Tests schon eine ganze Weile liefen und CCS längst kein Geheimtipp mehr war. Und doch hatte ich das Gefühl, etwas in Augenschein zu nehmen, das vielen Menschen noch unbekannt war. Ich fühlte mich wie auf einer Expedition, die einen völlig neuen Zugang zur Natur mit Nutzen für die Gesellschaft eröffnen würde.

Die Geschichte von CCS ist bekannt, sie füllt mittlerweile Bücherregale von Zeitungsartikeln. Sie beginnt mit dem missglückten Versuch von RWE, Kohlendioxid in einer Pipeline nach Schleswig-Holstein zu transportieren und unter die Erde zu bringen. Sie führt weiter über eine ablehnende Haltung etwa aus agrarisch geprägten Kreisen der CSU vor der Bundestagswahl 2009. Weil ein Gesetz der EU indessen drängte, gab es später noch einmal den Versuch, der breiten Erprobung der Technik mit vielen Auflagen zum Durchbruch zu verhelfen.

Im Herbst 2011 zog sich Vattenfall dann aus dem Vorhaben zurück, für einen Milliardenbetrag eine Demonstrationsanlage zu errichten. Die kleine Pilotanlage ließ man indes weiterlaufen und tut dies auch heute noch. Man habe die Unterstützung der Bundesregierung vermisst, wurde Vattenfall-Chef Tuomo Hatakka zitiert. Das Problem war aber die Haltung der Bundesländer, welche die Anwendung von CCS über den Bundesrat blockierten. Die entsprechende Gesetzesvorlage der Bundesregierung, unterirdische Kohlendioxidspeicher zu errichten, fand in der Länderkammer keine Mehrheit.

Im Juni 2012 gab es im Vermittlungsausschuss des Parlaments eine Einigung. CCS wurde zumindest in Demonstrationsanlagen zugelassen. Unter dem Strich musste man aber anerkennen, dass niemand in Deutschland die Technologie haben will. Das hohe

SCHWARZE PUMPE

Klimabewusstsein der Deutschen hat nicht automatisch zu einer Bejahung von CCS geführt. Auf Umfragen basierende Studien zeigen, dass die CCS-Speicherproblematik bei vielen Menschen gedankliche Assoziationen zu nuklearen Endlagern wie Asse und damit ein entsprechendes Misstrauen gegenüber den politischen Entscheidungsprozessen geweckt hat. Dagegen, so scheint es, helfen keine Argumente.[65]

Vielleicht ist es das, was am schwersten wiegt: dass wir bei der ablehnenden Haltung hinsichtlich neuer Technologien nicht nur wirtschaftliches Engagement zum Erliegen bringen – das im Falle der Kohle- oder Schiefergasforschung angesichts des internationalen Bedarfs zu einem größeren Technologievorsprung als bei den erneuerbaren Energien führen könnte –, sondern damit verbunden auch das wissenschaftliche Engagement infrage stellen. Denn der Glaube, ein genaues Zukunftsschema zu besitzen und Technologiepfade daher auch wissenschaftlich zu beerdigen, kann trügerisch sein, wie viele Beispiele zeigen.

Die CCS-Technologie wird nun andernorts weiterentwickelt und genutzt. Die weltweit größte Erprobungsanlage für die Abtrennung von CO_2 aus Industrieabgasen wurde im Mai 2012 eröffnet. Sie steht in Mongstad in Norwegen, obwohl dort anders als in Brandenburg die unterirdischen Speichermöglichkeiten fehlen. Und doch sieht man das Projekt als eine Art „Mondlandung". Auch in China gehen die Versuche mit hohen Investitionen weiter. Es sind Liebeserklärungen der ganz anderen als uns Deutschen vertrauten Art an Technik.

Zurück nach Berlin

Ich habe seit diesem Tag noch häufiger an unseren Führer im Lausitzer Tagebau denken müssen, einen Typ wie aus Volker Brauns Roman *Machwerk oder das Schichtbuch des Flick von Lauchhammer*. Für ihn war die Natur kein Ort des Rückzugs und der Besinnung. In ihm lebte der alte Plan fort, die Natur als einen Steinbruch menschlicher Bedürfnisse zu begreifen. Er sagte leise, dass Leute wie ich immer mit einer bestimmten Meinung kämen, meistens keiner guten. Er wirkte wie in der Defensive. Dabei rückte er seinen gelben Helm mit dem Logo seines Unternehmens zurecht, als wäre er ein Ritter, der das Visier für den nächsten Lanzengang richtet.

Ich weiß nicht, ob ich alles von dem, was er mir sagte, verstand. Ich lauschte einfach dem Klang seiner Stimme und sah auf seine linke Hand, die er beim Reden die ganze Zeit in der Tasche versteckte, als wäre sie nicht echt, während die rechte mitsprach. Wir gingen noch ein Stück zur Kantine der Arbeiter, einem jener typischen Industrieflachbauten mit Glasmosaik. Es war eine Kulisse wie aus dem DEFA-Film *Spur der Steine*. Man konnte sich das Gesicht des jungen Manfred Krug vorstellen, von Hannes Balla, jenem aufmüpfigen Zimmermann auf einer Großbaustelle des Sozialismus, der sich seine eigene Ordnung schafft und sich am Ende wegen der Liebe zu einer Frau doch dem neuen Dreischichtensystem des Parteisekretärs fügt. Der Film beginnt und endet mit einer Aussprache in einer solchen Baracke.

Die Schweden saßen bereits im Bus. Der Tagebau-Mann zog an seiner Zigarette und sagte mit ernstem Gesicht, dass die Menschen in dieser Gegend seit zweihundert Jahren mit der Kohle lebten und dass, wenn die Kohle nicht mehr sei, es hier gar nichts mehr gebe. Die Hornoer hätten das Umsiedlungsangebot darum gern angenommen, zumindest einige. Moderne Wohnungen hätten sie bekommen und eine Abfindung. Mehr als zwanzigtausend Menschen, schätzt man, mussten den Kohlebaggern insgesamt weichen. Die Szene hätte auch irgendwo anders spielen können, im Saarland oder im Ruhrgebiet, denn sie gehört zur Geschichte einer evolutionären Technik und des Sterbens vieler Branchen.

Ich stieg ins Auto und schloss die Tür. Im Radio lief ein Lied aus den achtziger Jahren, das ich aus der ersten Generation des Musikfernsehens kannte. Es fügte sich zur vorbeiziehenden Landschaft

SCHWARZE PUMPE

wie ein Videoclip. Natur und Technik waren im Einklang. Der aufgeweichte Weg war in eine Landstraße gemündet, die irgendwann zur Bundesstraße wurde. Und dann zur Autobahn in Richtung Norden, in Richtung Berlin. Nach Hause.

Ich sah Hochspannungsleitungen und Windparks und dachte daran, dass man die Kraftwerksblöcke in Schwarze Pumpe und Jänschwalde herunterfahren musste, wenn der Wind blies, auch jetzt im Winter. Irgendwann würde das Frühjahr kommen und mit ihm das Licht und die Wärme. Vielleicht konnte man nirgendwo besser beobachten als in Brandenburg, wie der Mensch die Natur verändert hatte, ohne ihren Gesetzen zu entkommen. Man stieß allerorten auf Artefakte und die Insignien einer Landnahme. Der menschenleere Naturraum: Er war immer schon ein Experimentierfeld der Technik. Im Guten wie im Schlechten.

Von Rheinsberg nach
Philippsburg – oder:
Das kurze lange Ende der Kernkraft

Es war im April, und die Straße lag noch im Schlummer. Nie konnte ich vor Tagen wie diesen durchschlafen. Die Ungeduld ließ mich vor der Zeit wach werden. Ich blickte hoch zu den Fenstern, ob jemand das Tuckern des Motors hörte. Dann kurbelte ich das Schiebedach auf und legte den Gang ein. Die Leute neben mir an der Ampel starrten mit leeren Gesichtern auf die Fahrbahn. Wer jetzt unterwegs war, kam aus der Nacht oder fuhr zur Arbeit. Aber ich hatte mit solchen Dingen nichts mehr zu tun. Nicht für die nächsten zwei Tage.

Die Heerstraße wurde irgendwann groß und breit wie ein Flussdelta. Es ging vorbei an ocker gestrichenen Kasernen der ehemaligen Roten Armee, die noch immer leerstanden. Ein Maklerbüro aus Falkensee warb mit komfortablen Wohnungen. Aber wer wollte hier leben? Vor Nauen sah ich wieder Hochspannungsleitungen und einen der vielen Windparks. Dann kam das Dorf Ribbeck.

Als Kind hatte ich das Fontane-Gedicht des *Herrn Ribbeck auf Ribbeck im Havelland* gehört. Es gibt hier noch einen Birnenbaum, der auf den Ahnen zurückgehen soll. Doch die Zeit hat ihre Spuren auch in Ribbeck hinterlassen: Die Straßen waren so breit, dass sie bis an die Häuser heranreichten. Reklameschilder, die für

VON RHEINSBERG NACH PHILIPPSBURG

Supermärkte oder Diskotheken warben, hatten das Antlitz des Dorfes auseinanderbrechen lassen. Farben und Proportionen passten nicht zueinander. Jede Harmonie war zerstört.

Dann kam Kampehl, in dessen Kirche die lederne Mumie des Ritters Kalebuz aus dem 17. Jahrhundert aufbewahrt wird. Der Sage nach soll er nie verwest sein, weil er durch den Mord am Mann einer von ihm verehrten Magd Schuld auf sich geladen hatte. Es war ein dunstiger Morgen, der mich an die Angeltage im Schilf mit meinem Vater erinnerte. Ich hielt an, um zu rauchen, und starrte auf einen Graben, der sich durch das Dickicht schlängelte. Er sah aus wie jener, an dem ich meine ersten Wurfversuche gemacht und geglaubt hatte, eine Forelle oder einen Rapfen im dunklen Wasser zu entdecken. So ging es in östliche Richtung in die Grafschaft Ruppin, an das Ufer des Stechlin, eines der klarsten und tiefsten Seen Deutschlands.

„Rheinsberg von Berlin aus zu erreichen ist nicht leicht", resümierte Fontane, der Rheinsberg im ersten Band seiner *Wanderungen durch die Mark Brandenburg* nicht ohne Emphase erwähnt. „Die Eisenbahn zieht sich auf sechs Meilen Entfernung daran vorüber, und nur eine geschickt zu benutzende Verbindung von Hauderer und Fahrpost führt schließlich an das ersehnte Ziel. Dies mag es erklären, warum ein Punkt ziemlich unbesucht bleibt, dessen Naturschönheiten nicht verächtlich und dessen historische Erinnerungen ersten Ranges sind."[66]

Wie in anderen Dörfern mit den Namen Lentzke, Manker oder Protzen, die in der Gegend des Rhins lagen, säumten Häuser aus der Fontanezeit und gestutzte Kopfweiden den Weg durch das Dorf Menz. Das märkische Junkertum, oder was ich mir unter einem Instetten oder Schach von Wuthenow vorstellte, musste einst so gelebt haben. Vor hundert Jahren sind hier vielleicht Kutschen mit Holzrädern über das Kopfsteinpflaster gerauscht, dachte ich, und die darin sitzenden Junker haben die Burschen und Mädchen, die Kastanien am Straßenrand auflasen, keines Blickes gewürdigt.

Auf einem Straßenschild las ich, dass es bis zum Buddhistischen Institut nur noch wenige Hundert Meter seien. Ich ließ diese Ausfahrt rechts liegen. Denn die Geschichte Rheinsbergs hat noch eine andere Seite, die vielleicht mehr über den deutschen Blick auf die Natur erzählt, als es die Begeisterung für Reisebilder des 19. Jahrhunderts kann. Deswegen war ich hier.

Kernkraft – eine deutsche Hassliebe

Atom: Dieses Wort klingt wie ein Schuss. Weit mehr als jede Technologie weckt die Kernkraft in Deutschland Ahnungen der Nachtseiten von Wissenschaft und Technik, lässt die Frage nach der Berechtigung dessen aufkommen, was technisch möglich ist. Vor dem März 2011 lag der Anteil der Kernenergie am deutschen Strommix bei 23 Prozent, nach dem Abschalten ging er auf 15 Prozent runter. Noch immer zu viel, meinen manche.

Philosophen wie Günter Anders, Hans Jonas, dessen Klassiker *Verantwortungsethik* nicht zufällig Ende der siebziger Jahre erschien, oder Robert Spaemann haben ihr Schaffen seit dieser Zeit ebenso in den Dienst einer Verhinderung atomarer Gefahren gestellt wie die Pädagogin Gudrun Pausewang, deren Bücher zur geistigen Nahrung der Schulkinder wurden. Aber auch deren Eltern und die Lehrer selbst lasen *Die Wolke*: eine ganze Generation, von der nicht wenige später selbst zu schreiben begannen und heute die Leitartikel von Magazinen und Tageszeitungen verantworten. Mehr als 1,5 Millionen Exemplare des Buchs, das wie kein anderes das Bild der Deutschen von der Kernkraft prägte, sind bis heute verkauft worden.

Nach dem Krieg sah die Situation zunächst anders aus. Der Kampf um ein deutsches *„Man on the Moon*-Projekt" war entbrannt. Staatliche Macht mit Hilfe moderner Technik zur Schau zu tragen war durchaus State of the Art. Wenn heute die Potenziale, aber auch die Notwendigkeit einer Förderung der erneuer-

VON RHEINSBERG NACH PHILIPPSBURG

baren Energien diskutiert werden, so galt dies in den fünfziger und
sechziger Jahren nicht anders für die Kernkraft. Die Ängste der
Menschen richteten sich ungeachtet des Atombombenabwurfs
vom 6. August 1945 weniger auf ein atomares Inferno als auf die
Chancen, die in den „Atoms for Peace" steckten, wie Präsident
Eisenhower die friedliche Nutzung der Kernkraft 1953 beschrieb.
Das atomare Zeitalter war, kurios genug, eines, das dem Frieden
und dem Wohlstand dienen sollte. Und es faszinierte, weil die
Kerntechnik wie jede neue Technik ein Zukunftsversprechen war.
Sie verhieß, den wirtschaftlichen Aufschwung Deutschlands anzu-
kurbeln. „Der Anteil der Kernenergie an der Gesamtstromerzeu-
gung wird sich in der Zukunft sehr vergrößern", schrieb mein
Großvater zu Beginn der sechziger Jahre in einem Manuskript. „Es
bedeutet doch eine unverantwortliche Vergeudung, Kohle chemisch zu verbrennen, wenn eine inneratomare Verbrennung eine
millionenfache Energie liefert."

Nachdem das Verbot des Alliierten-Kontrollrats zur Erforschung der Kernspaltung mit den Pariser Verträgen 1955 offiziell
gefallen war, starteten die Vorbereitungen für das, was die SPD im
Jahr 1956 als „Atomplan" veröffentlichte. Zunächst ging es darum, die Technik zu beherrschen und den Vorsprung aufzuholen,
den andere Länder nicht zuletzt in Folge der Emigration namhaf-
ter Wissenschaftler – nur wenige wie etwa Werner Heisenberg,
Otto Hahn oder Max von der Laue lebten noch in deutschen Lan-
den – aufgebaut hatten. Die neu gegründete Max-Planck-Gesell-
schaft, die Erbin der auf gefährliche Weise in das politische Geschehen nach 1933 verstrickten Kaiser-Wilhelm-Gesellschaft,
wurde für sie zur wissenschaftlichen Heimat.

1955 wurde ein Bundesministerium für Atomfragen gegründet,
das zunächst von Franz Josef Strauß geführt wurde. 1961 ging das
erste deutsche Kernkraftwerk in Kahl am Main ans Netz. Zur Geschichte des ersten Atomprogramms und der Folgejahre zählte
dabei die zögerliche Haltung der Energieversorgungsunterneh-
men, die sich den gesellschaftlichen Erwartungen an die Kernkraft

nicht anschließen wollten, weil sie das finanzielle Risiko scheuten. Anders als in Frankreich oder den USA konnte man weder auf direkte Unterstützung noch entsprechende Infrastruktur in Form nationaler Forschungszentren zurückgreifen. Zudem war die Steinkohle im alten Bundesgebiet zu Genüge vorhanden. Dennoch führten der steigende Energiebedarf und die von allen politischen Lagern bejahten Fortschritte in der Technologie zu einem sukzessiven Ausbau der Kernkraft. Vor allem in Folge der Ölkrise im Jahr 1972 entschloss sich die SPD-geführte Bundesregierung zur Verdopplung der Kapazitäten binnen eines Jahrzehnts.

Proteste im Westen – und der Einstieg im Osten

Nach der Verabschiedung des Atomgesetzes 1959 wurde erstmals 1975 im Bundestag über Kernenergie debattiert. Aus heutiger Sicht nehmen sich die damaligen Argumente geradezu bukolisch aus, sie waren allesamt nicht „weltpolitischer" oder umweltpolitischer Natur, sondern von lokalen Zwängen bestimmt. Während die ersten Proteste sich am Beispiel des Kraftwerks Wyhl 1975 noch um die Befürchtungen drehten, dass die Nebelschwaden der Kühltürme negative Auswirkungen auf die Weinernte haben könnten, kam die wachstumskritische und damit politisch relevante Dimension der Proteste erst allmählich zum Vorschein. Man kann sagen, dass nicht allein die Kernkraft die Proteste schuf, sondern sich die emotionale Reaktion auf den allgemeinen Wandel der Zeit in dieser Technologie entlud. Auf die Regionen übertragen bedeutete das, dass man die Kernkraft immer auch als Vorbotin einer weiterführenden Industrialisierung ländlicher Landstriche ansah und sie auch deshalb verhindern wollte, und nicht unbedingt aus Angst vor den Folgen eines Unfalls.

Die siebziger Jahre waren eine Zeit der Konfrontation. Während man in Wyhl noch friedlich demonstrierte und sich das

VON RHEINSBERG NACH PHILIPPSBURG

Spektrum der Demonstranten über alle Schichten erstreckte, kam es in Brokdorf 1976 bereits zu heftigen Zusammenstößen. Aus Sicht der Kritiker gab es dabei eine gedankliche Brücke zwischen der Atomkraft und einem anderen das Land in Atem haltenden Phänomen, das nichts mit Umweltfragen zu tun hatte: Das Thema Sicherheit war vor Harrisburg und Tschernobyl eines, das seit den Studentenrevolten der ausgehenden sechziger Jahre nicht energie-politisch, sondern vor allem außen- und innenpolitisch diskutiert wurde.

Der Vietnam-Krieg und die Studentenproteste in den USA hat-ten auch in Deutschland zu einer neuen Form der Organisation von Widerstand geführt. Anschläge auf westdeutsche Militärbasen, Kaufhäuser und den Axel-Springer-Verlag hinterließen ebenso ein angekratztes Sicherheitsgefühl wie das Attentat von München oder der Stadtguerillakrieg der Rote-Armee-Fraktion. War der Staat gegen diese neue Art der Bedrohung gewappnet? Lag sie etwa in seiner Beschaffenheit begründet?

Der deutsche Herbst des Jahres 1977, die Erschießung von Repräsentanten von Justiz und Wirtschaft, Stammheim und die Erstürmung der *Landshut* in Mogadischu fielen nicht nur zeit-lich mit der Umsetzung neuer Kernkraftwerksbauten zusammen. Welch tragende Rolle die RAF in der Diskussion über die Kern-kraft spielte, wird daran deutlich, dass neben den bekannten Feindbildern des Staats auch die Wirtschaft betroffen war. Es war möglich, dass spaltbares Material in die falschen Hände geriet. Erstmals wurden terroristische Angriffe auf kerntechnische An-lagen nicht mehr ausgeschlossen.[67]

Längst ging es zu diesem Zeitpunkt nicht mehr darum, der Natur die Geheimnisse der Kernspaltung zu entlocken, wie in den fünfziger Jahren, oder sie mit Hilfe moderner Technik zu nutzen. Die Kernkraft stand für Werte, die zunehmend in die Kritik gerie-ten: expansives ökonomisches Wachstum, Staatsnähe (auch wenn die Kraftwerke nicht in staatlichem Besitz waren), Risiken für Mensch und Natur. Während die Proteste in Frankreich zwar ebenfalls zunahmen, entfalteten sie dort nicht dieselbe Wirkung auf das staatliche Handeln wie in Deutschland. Sie blieben eine Fortsetzung der Maiproteste unter anderen Vorzeichen. Die vergleichsweise aktive Rolle des Staates und seiner Organe beim Aufbau und der Durchsetzung der Kernkraft, ein Konsens bei den Regierungsparteien, verhinderte in Frankreich eine Schwächung der Kernkraft im öffentlichen Meinungsbild.

In Deutschland war das anders. Die Positionen der einzelnen Parteien wichen voneinander ab, die Haltung von Lokalpolitikern stand oftmals im Widerspruch zur Parteiräson. Man kann anders als in Frankreich von einem Machtvakuum sprechen, das dazu einlud, Formen des zivilen Ungehorsames am Beispiel der Kernkraft zu erproben. Hinzu kam, dass auch die Energieversorger vollkommen unterschiedliche Schwerpunkte verfolgten. Wer „reviernah" mit der Kohleverstromung sein Geld verdiente, setzte zunächst weniger auf Kernkraft als die Unternehmen in den entstehenden Industrieschwerpunkten Bayerns und Baden-Württembergs.

Aufgrund der föderativen Struktur der Republik gab es hinreichend Anknüpfungspunkte für außerparlamentarische Einflüsse auf die energiepolitischen Weichenstellungen durch die sich politisierenden Bürgerbewegungen. Nicht anders als bei heutigen Genehmigungsverfahren für Windkraftanlagen prägte die dezentrale Entscheidungsstruktur auch die Planungszeiträume. Doch auch die Sicherheitsfrage, die nach dem Harrisburg-Unfall 1979 in Deutschland stärker diskutiert wurde und zur Einberufung der Enquete-Kommission *Zukünftige Kernenergie-Politik* führte, verstärkte die Erklärungsbedürftigkeit der Kernenergie aus der Sicht vieler Menschen.

Und in der DDR? Nach einem Ministerratsbeschluss in den fünfziger Jahren stieg auch Ost-Berlin in die Erforschung der Kernenergie ein, obwohl der politische Rückhalt selbst in der Regierung Ulbricht und später Honecker nie das Ausmaß wie im Westen erreichen konnte. Solange der Staat Braunkohle im Über-

VON RHEINSBERG NACH PHILIPPSBURG

fluss besaß und von der Sowjetunion Öl bekam, musste er sich nicht auf technologische Wagnisse einlassen, zumal Tschernobyl allen offiziellen Verlautbarungen zum Trotz auch in der DDR Spuren hinterließ und Zweifel an neuen Projekten aufkommen ließ.[68]

Massiv unterstützt von der Sowjetunion, hielt dies die DDR zunächst nicht davon ab, der Bundesrepublik nachzueifern. Deutschland wurde zum Schauplatz eines Wettlaufs um die Technologieführerschaft, der sich nicht im Weltall, sondern auf der Erde abspielte, was wesentlich zum Kernenergie-Diskurs deutscher Prägung beigetragen hat. Für einen kurzen Moment, so hatte es den Anschein, war man technologisch auf Augenhöhe. Aber die DDR verlor dieses Rennen, was insbesondere beim Ausbau der Kapazitäten nach der Ölkrise vollends deutlich wurde: Die alte Bundesrepublik lag bei der Elektrostromproduktion ungefähr bei einem Drittel des Gesamtstroms, in der DDR erreichte man nur zehn Prozent – und auch die waren schwer zu halten angesichts der immensen Kraftanstrengungen mit vielen Tausenden Bauarbeitern.

Die konkreten technischen Planungen für das erste Kernkraftwerk auf ostdeutschem Boden hatten in den frühen sechziger Jahren begonnen. 1966 ging es dann ans Netz und lieferte bis zu seiner Abschaltung im Jahr 1990 Strom: das Kernkraftwerk Rheinsberg. Zwar gab es auch im Osten anfangs den ehrgeizigen Plan, mehr als zehn Kraftwerke zu bauen. Doch daraus wurde nichts. So gab es in der DDR bis zur Wende nur noch ein zweites Kraftwerk, Lubmin bei Greifswald.[69] Ein drittes und besonders leistungsstarkes in Arneburg bei Stendal, trotz umfangreicher Sicherheitsmaßnahmen in Folge der Havarie von Tschernobyl bereits zu einem Gutteil fertiggestellt, ging nicht mehr in den kommerziellen Betrieb. Es hatte das größte der DDR werden sollen, und gemessen an seiner Leistung das größte deutsch-deutsche Kernkraftwerk überhaupt.

Alle drei Standorte hatten unter „natürlichen", sprich landschaftlichen Gesichtspunkten etwas gemeinsam, und es verbindet sie mit den Kraftwerken im Westen und überall auf der Welt: Sie lagen fern von konventionellen Rohstoffen zur Stromerzeugung, und sie wiesen eine direkte Nähe zum Wasser auf, das man zum Kühlen braucht. Das KKW Greifswald lag am Bodden, Stendal an der Elbe und Rheinsberg auf einer Landzunge zwischen dem magisch-schönen Stechlinsee und dem Nehmitzsee – inmitten einer Natur, die das Technische vor den Augen der Menschen verbirgt wie die Verkleidungen des Kraftwerks Schwarze Pumpe.

Die Natur war hier wie dort eine Bedingung des Technischen, indem sie ihm einen Raum gab, sich zu entfalten: in einem dünn besiedelten Gebiet.

Inmitten der Natur – und nahe der Technik

Grün, soweit das Auge reicht. Der Wald hinter Menz ist so dicht, dass man kaum hindurchsehen kann. Minutenlang fahre ich durch die Kiefern, die Betonplatten des Weges hinterlassen gleichmäßige Schläge in meinen Beinen.

Als ich am Morgen aus Berlin in Richtung Norden losgefahren war, hatte ich einen amerikanischen Sender im Radio erwischt, der wie das Programm der BBC auch in Deutschland zu empfangen ist: das National Public Radio mit Sitz in Washington. Am Ende von *Market Place* lief ein Trailer, der die Hörer darüber informierte, dass die Sendung vom Nuclear Energy Institute gesponsert sei – ein in Deutschland undenkbarer Vorgang. Minuten später hörte ich mit derselben Selbstverständlichkeit, dass ein anderer Programmpunkt von der Poetry Foundation unterstützt wurde.

Es ist mittags, und die Sonne hat bereits Kraft. Die Straße erinnert an den Weg zu einem Militärobjekt im Wald. Man hat keinerlei Gefühl für die Zeit, zumal der Betonweg von seiner Substanz her historisch wirkt. Es könnte auch der Weg in die Wolfsschanze in Rastenburg in Ostpreußen sein, wie ich ihn aus einem

VON RHEINSBERG NACH PHILIPPSBURG

Spielfilm über den 20. Juli in Erinnerung habe. Ausgerechnet Tom Cruise spielt darin eine Ikone des deutschen Widerstands. Ich merke, wie ich aufs Gas trete.

Irgendwann sieht man die typischen tropfenartigen Straßenlaternen im Aluminiumdesign, wie ich sie vom Bahnhofsgelände in Rostock vor 1989 kenne. Es geht vorbei an der ersten Kamera. Hinter dem Tor begrüßt mich Jörg Möller, der das Rückbauprojekt in Rheinsberg koordiniert. „Jahrelang haben wir hier draußen ruhig gelebt", sagt er. „Seit Fukushima hat das Interesse wieder zugenommen."

Wir gehen in eine Baracke, die jener in Welzow Süd ähnlich ist, und setzen uns an einen Tisch. An der Wand hängt ein Gemälde aus den Aufbautagen des Kraftwerks, eines der typischen Realismus-Bilder dieser Zeit. Ich denke an meinen Großvater, und Möller beginnt zu erzählen.

Rheinsberg, das wusste ich, wird seit der Wende zurückgebaut. Die Kosten dafür trägt das Finanzministerium in Berlin. Anders als westdeutsche Kraftwerksbetreiber, die für den Tag der Abschaltung entsprechende Rückstellungen bilden müssen, hatte man in der DDR nicht vorgesorgt. Alle zahlten in einen Topf, und alle entnahmen aus einem Topf. Auf gut 560 Millionen Euro werden die Kosten geschätzt, die zum vollständigen Rückbau anfallen und vom Bund übernommen werden. Mit Lubmin sind es an die vier Milliarden. Ein gefundenes Fressen für Kernkraftgegner und Steuerschützer. Zusammen mit dem ehemaligen KKW Lubmin findet in den Wäldern nahe Rheinsberg das größte Rückbauprojekt der Welt statt, für das es 1990 kein historisches Vorbild gab. Man betrat Neuland. Mittlerweile ist daraus eine Kompetenz geworden, die auch andere nachfragen. „Wir haben den Zuschlag bekommen, 120 Atom-U-Boote stillzulegen", sagt Möller, und es klingt ein wenig nach Kaltem Krieg und der *Jagd auf Roter Oktober*.

1956 schloss man einen geheimen Vertrag zwischen den Regierungen der DDR und der Sowjetunion, für den man das Codewort „Kontrakt 903" fand. Nach dem Vorbild des zeitgleich gebauten Kraftwerks in Nowoworonesch am Don entstand im Zauberwald nahe Rheinsberg ein Kraftwerk, das zwar nur 70 Megawatt Strom produzierte – ein Spielzeug verglichen mit Kraftwerksblöcken, wie sie seit den siebziger Jahren in Biblis, Gundremmingen oder Philippsburg gebaut wurden. Aber es gab inmitten der brandenburgischen Provinz erstmals Strom – ohne rauchende Schornsteine, ohne Ruß, ohne Schwefeldioxid, ohne Heizer und ohne Lastkraftwagen, um die Kohle zu transportieren.

Dies kann man auch bei der Berliner Schriftstellerin Annett Gröschner nachlesen, die in ihrer Zeit als Stadtschreiberin ein bemerkenswertes Buch über das Kraftwerk verfasste, eine Collage aus Dokumenten, Zitaten und persönlichen Eindrücken.[70] Während es am Anfang der fünfziger Jahre in neun Gemeinden Brandenburgs keinen Strom gab, sollen es in Mecklenburg 46 gewesen sein.

Man kann sich die Hoffnung, die mit einer sauberen Stromproduktion verbunden war, heute nicht mehr recht vorstellen. In gewisser Weise kann man sagen, dass die positiven Eigenschaften, die wir heute mit Solarstrom hinsichtlich seiner Sauberkeit und Geräuschlosigkeit verbinden, einmal für Kernstrom galten. Die von Gröschner zitierte „Traktorenlyrikerin" dichtet denn auch:

> „Atom wird Helfer, und du siehst das Morgen
> den hohen, hellen Schornstein, der nicht raucht.
> Du wirst von deinem Zauber nichts verlieren,
> nützt du dem kühnen Kraftwerk, das dich braucht."[71]

Die Technik für den Bau des Kraftwerks, berichtet Möller, bekam man damals ebenso wie die Brennelemente aus der UdSSR geliefert. Vertraglich geregelt war auch die Rücknahme des hochradioaktiven Materials, während die schwach- und mittelstark strahlenden Abfälle vor Ort auf einem „Friedhof" zwischengelagert wurden und dann ins Endlager Morsleben kamen, ein ehemaliges Kali-

VON RHEINSBERG NACH PHILIPPSBURG

und Steinsalzbergwerk. Kaum zu glauben, denke ich, während mein Gesprächspartner weiterredet, aber die Züge mit Abfall fuhren bis nach Brest an die sowjetische Grenze. Dort tauschte man die Lokomotive und ein paar Papiere. Und fort fuhr der Zug ins Nirgendwo.

Entstanden war auch eine Stadt in der Stadt mit mehr als eintausend neuen Bürgern. 670 festangestellte Mitarbeiter waren hier bis zur Wende beschäftigt, allein 130 Wissenschaftler. Sie verwandelten Rheinsberg, ein Städtchen märkischer Ackerbauern, in dem Friedrich der Große einige Jahre seiner Jugend verbracht hatte, in einen Ort der Wissenschaft und Technik. Möller, der sich im hiesigen Verein für Stadtgeschichte als Vorsitzender engagiert, zog als Kind nach Rheinsberg, weil sein Vater als Physiker das Kraftwerk mit aufbauen sollte. Nach Abitur und Maschinenbaustudium fing auch er im späteren „VEB Kernkraftwerke Bruno Leuschner" an, doch er wurde bald darauf delegiert, ein Zweitstudium in Kerntechnik zu absolvieren.

Der Mann mit Bart und Brille macht kein Geheimnis daraus, dass er die deutsche Entscheidung nach dem März 2011 für einen Sonderweg, ja für einen Irrweg mit fatalen Konsequenzen für die Versorgungssicherheit, die Strompreisentwicklung und den Klimaschutz hält. In nunmehr zehn Jahren wird Deutschland aus der Kernkraft per Gesetz aussteigen, sagt er. Aber Abschalten allein sei keine Kunst. „Wenn man sich ansieht, dass alte fossile Kraftwerke wieder angeschmissen werden müssen, dann kann das nicht richtig sein."

Tatsächlich ist auch anderswo in der Welt entweder ein Rückzug oder ein Stillstand in Bezug auf die Kernenergie zu beobachten. Alle wesentlichen Zuwachsraten im Energiesektor werden wie oben beschrieben vor allem durch fossile Energieträger wie jene aus der nur 200 Kilometer entfernten Lausitz erreicht. Dass Möller diesen Weg für den falschen hält, verwundert nicht.

Umso mehr bin ich überrascht, wie wenig Wehmut in seinen Worten liegt, als er vom Rückbau erzählt, den er vor allem als eine technische Aufgabe sieht. Der Kampf der Technologien sei nach mehreren durchaus euphorischen Jahrzehnten entschieden, sagt er und lacht verschmitzt, nun zuungunsten der Kernkraft. Es geht ihm nicht um Lebensbewältigung: „Der Rückbau kam für uns nicht überraschend." Und dann erzählt er, dass das Kraftwerk für zwanzig Jahre genehmigt gewesen sei, die 1986 um waren. Man gab Rheinsberg noch fünf weitere Jahre, bis 1991. Dann kam die Wende und mit ihr das vorzeitige Aus. Seitdem baue man eben zurück. Ich nicke und schaue hoch, während ein Video läuft, auf dem der Abtransport von vier Castoren zu sehen ist, so gut wie das gesamte radioaktive Material. Das war im Jahr 2001. Der Reaktor selbst, der 120 Tonnen Gewicht hat, wurde 2007 von Rheinsberg nach Greifswald transportiert. Dort lagert er, damit die Strahlungsintensität von Jahr zu Jahr abnimmt. Ganz natürlich sozusagen.

Zurück zum Parkplatz

Es ist 16 Uhr, aus dem Verwaltungsgebäude strömen Mitarbeiter wie Schulkinder zum Ferienstart aus den Klassenräumen. 130 festangestellte Mitarbeiter gibt es hier noch. Möller und ich gehen zwischen den Menschen hindurch und bleiben im Treppenhaus stehen, das auf einmal leer ist. Auch hier ist die Zeit stehen geblieben. Der Boden ist grün wie ein Billardtisch, die Wände sind braun, die Säulen gelb und blau gekachelt. Es ist das Flair der sechziger Jahre. Der Bau ist mittlerweile denkmalgeschützt.

Wir laufen die Treppen hoch und passieren die Sicherheitssperre, eine massive Drehtür aus Stahlrohren. Und dann stehen wir inmitten der originalgetreu erhaltenen Schaltwarte mit unzähligen Diagrammen, Schreibern und technischen Zeichnungen, die jeweils auf Deutsch und Russisch verfasst sind. An der Wand hängt ein Kalender, der von meinem Großvater stammen könnte. Im Stillen wünsche ich es mir, als ich ihn nach Initialen absuche.

VON RHEINSBERG NACH PHILIPPSBURG

Doch ich finde keine. „Kernenergie", steht da geschrieben. „Für eine friedliche Zukunft."

Wie unumwunden das Bild der Kernkraft vor 1989 ein positives war, wird auch an der bräunlichen Zehn-Mark-Geldnote der DDR deutlich. Sie liegt in einer Glasvitrine. Wo in der alten Bundesrepublik Carl Friedrich Gauß abgebildet war, ist es in der DDR Clara Zetkin gewesen. Auf der Rückseite des Scheins aber ist eben jene Schaltwarte zu sehen, in der ich jetzt stehe. Am Pult sitzt eine Ingenieurin mit dunklen Haaren und Kittel. „Es gab diese Frau hier wirklich", sagt Möller und nickt.

Dann verabschieden wir uns. Im Schnitt bin ich einer von zwei Besuchern, die jeden Tag ins ehemalige KKW Rheinsberg kommen. Andernorts sind es viel mehr, er wisse das, sagt Möller, da er sich regelmäßig mit den Verantwortlichen für Öffentlichkeitsarbeit aller deutschen Kernkraftwerke treffe. Aber warum soll man sich auch für ein Kraftwerk interessieren, das seit zwanzig Jahren zurückgebaut wird?

Als ich von der Baracke zum Tor gehe, bleibe ich stehen. Die Stille ist so groß, dass sie auffällt. Man hört von Ferne ein Flugzeug und ein Auto, das über Betonplatten fährt, sonst nur das Zwitschern der Vögel. Ich blicke auf den Boden: Hunderte, vielleicht Tausende großer roter Waldameisen bedecken den Beton wie mit einer vibrierenden Farbschicht, laufen in verschränkten Strömen zwischen meinen Schuhen und über sie hinweg. Wie in einem militärischen Sperrgebiet hat die Drohung der Technik einen Raum geschaffen, in dem sich die Natur entfalten konnte. Und wenn es eine Analogie zum Rückbau des Kraftwerks gibt, dann die, dass sich die Tiere zurückerobern, was der Mensch hier einst gestört haben mag.

Ich starte den Motor und passiere das schmiedeeiserne Tor, in dessen Mitte noch immer das Atomsymbol mit einer Friedenstaube erhalten ist. Ich blicke in den Rückspiegel, bis ich die Konturen nicht mehr erkenne. Ein Fuchs läuft die Straße parallel zu mir, wir sehen uns ein paar Mal an. Und dann bin ich mitten im

Wald und sehe ein anderes Symbol am Rand: Es ist das Natur-
schutzzeichen, eine schwarze Eule auf gelbem Grund. Die Farben
der Kernkraft, welche Ironie.

Am Rand der Straße blühen Anemonen, die hell leuchten und
der Natur etwas Unschuldiges geben. Wieder höre ich Musik,
diesmal ist es ein Lied von Katharina Franck. Früher war sie die
Sängerin der Rainbirds, und ich war ein wenig verknallt in sie.
Einmal sah ich sie auf dem Berliner U-Bahnhof Alexanderplatz,
brachte aber kein Wort raus. Sie hat nie an diesen einen großen
Erfolg anknüpfen können, spielte in Formationen wie dem *Club
der toten Dichter*, wo man Texte von Rilke vertonte, zumeist bei
kleineren Events in der Provinz. Auch hier in Brandenburg östlich
von Rheinsberg.

Manchmal kommt in einem einzigen Lied alles zusammen, was
man Zeitgeist nennt, um selbigen später weit zu verfehlen. Das
Lied war mir lange peinlich. Doch für mich holt *Blueprint* die
Zeit der Wende zurück, die ersten Fahrten nach Kleinmachnow
und Westberlin, den Grenzübergang Treptow, das Hämmern der
Mauerspechte, die vielen selbst entwickelten Fotos. Dann kamen
der Grunge und das neue Berlin, Techno und Drum'n Bass, Musik,
die souveräner war und weltläufiger. Aber nicht so optimistisch.

Ich verlor Katharina Franck aus den Augen. Irgendwann sah ich
ein Foto von ihr in der Zeitung und kaufte mir diese CD, eine Art
Alterswerk. Es war noch immer dieselbe Energie, die von ihrer
Stimme ausging, dasselbe Vorpreschen. Und es passte hierher wie
nichts sonst.

Siebenhundert Kilometer südwestlich

Als der Tsunami die Stadt Minamisanriku auslöschte und Tausende Menschen starben, brach nur für sehr kurze Zeit ein Fach-
gespräch über die unterschiedlichen Kühlkreisläufe aus – die Diesel-
generatoren, die das geordnete Runterfahren des Reaktors sicher-

VON RHEINSBERG NACH PHILIPPSBURG

stellen sollten, waren durch eine zweite Welle überflutet worden. Der Rest des Landes diskutierte da längst die generellen Risiken der Technologie.

Auch die Ethikkommission unter Vorsitz von Klaus Töpfer und Matthias Kleiner, der als Ingenieur und damaliger Chef der Deutschen Forschungsgemeinschaft (DFG) keinen Zweifel am endgültigen Verlust des Vertrauens in die Kerntechnik aufkommen ließ, sprach sich für einen vollständigen Ausstieg aus, obwohl man wie die Reaktorsicherheitskommission keine relevanten Mängel am Kraftwerkspark vorzubringen hatte.[72] Stattdessen war nun das „Gemeinschaftswerk Energiewende" in aller Munde. Es sollte verdeutlichen, dass die Regierungsparteien einen Beschluss getroffen hatten, dessen Umsetzung alle einbezog. Der verstaubte, bestenfalls noch in der Humangenetik und beim gleichnamigen Rat verwendete Begriff der Ethik war auf einmal wieder präsent. Im Zweifelsfall obsiegten in Deutschland noch immer ethische Kriterien über technische, sollte das heißen. Es war ein eigenwilliges Bild: Eine Gesellschaft, die sich ansonsten darin überbot, von Innovationen, Herausforderungen und Potenzialen zu reden, griff auf einmal zum Begriffsinventar der Moral.

Während Rheinsberg durch seine mythische Geschichte und den besonderen Ort an Fontanes Stechlin zu einem Denkmal der Industriekultur wurde, stand das Kernkraftwerk Philippsburg nördlich von Karlsruhe inmitten der aktuellen Debatten um Fukushima und die Folgen. Denn es war direkt von der Entscheidung im März 2011 betroffen: Der 1979 in Betrieb genommene Block Eins mit 926 Megawatt elektrischer Leistung wurde sofort vom Netz genommen. Als die Bundesregierung ein Moratorium verhängte, entschied sie anhand des Stichjahrs 1980.

Der Block hätte, so sagt man hier, unter technischen Gesichtspunkten gut und gern länger laufen können, zumal in den USA Laufzeiten von vierzig bis sechzig Jahren keine Seltenheit sind. Nur wenige Monate vorher hatte man das in Berlin auch so gesehen: Als der Bundestag im Oktober 2010 eine Novelle des Atom-

DAS KURZE LANGE ENDE DER KERNKRAFT

gesetzes beschloss, regelte er eine Laufzeitverlängerung auch für Block Eins. Die vor 1980 in Betrieb gegangenen Anlagen erhielten für acht zusätzliche Betriebsjahre eine Genehmigung, die anderen Kraftwerke beziehungsweise Blöcke für 14 Jahre.

Zu diesem Zeitpunkt gehörte Philippsburg mit einer Leistung von insgesamt knapp 2400 Megawatt noch zu den stärksten Kernkraftwerken in Deutschland, gelegen zwischen den Lastzentren Karlsruhe und Mannheim-Ludwigshafen: Dreißigmal so viel Strom wie der sowjetische Druckwasserreaktor WWER-2 in Rheinsberg produzierte es – etwas mehr als das größte Braunkohlekraftwerk der Welt, das im August 2012 im rheinischen Grevenbroich-Neurath eröffnet wurde.

Den Standort Philippsburg hatte man damals unter denselben Gesichtspunkten ausgewählt wie bei den anderen deutschen KKWs. Mit Ausnahme einiger Zentren wie Hamburg waren sie alle in Hessen, Bayern und Baden-Württemberg entstanden: in Bundesländern, die sich nach dem Zweiten Weltkrieg stark industrialisierten. Sie waren „revierfern", weitab von Kohlekraftwerken und Anlandemöglichkeiten in großen Binnenhäfen. Wie das KKW Rheinsberg war auch Philippsburg direkt am Wasser gelegen. 13 Jahre nach Rheinsberg ging Block Eins ans Netz, ein von der AEG und der Firma Telefunken gebauter Siedewasserreaktor. 1984 folgte Block Zwei, ein Druckwasserreaktor, den Siemens baute.

Block Eins ist jetzt in der sogenannten Nachbetriebsphase, das heißt: Er produziert keinen Strom mehr, und es laufen die Vorbereitungen für die Stilllegung und den Abbau. Im Jahr 2019 soll dann auch Block Zwei vom Netz und in die Nachbetriebsphase gehen. Anschließend wird mit dem Stilllegungsprozess wie in Rheinsberg begonnen. So zumindest sieht es der Plan für die gegenwärtig 800 Angestellten vor.

VON RHEINSBERG NACH PHILIPPSBURG

Im Reaktorraum

Minuten vorher war ich an einem großen Reifenwerk der Firma Goodyear vorbeigefahren, in dem heute niemand arbeitete. Und an Frauen, die auf dem Feld linkerhand den ersten Spargel dieses Frühjahrs stachen. Nun sah ich Wasservögel und ein altes Fachwerkhaus an einer Schleuse. Rheinschanzinsel lautet der historisch geprägte Name dieses Ortes, an dem man ein Kraftwerk errichtet hatte. Er gehörte einst zur Reichsfestung Philippsburg, bis Napoleon I. im Jahr 1801 den Befehl zur Zerstörung der Festungsanlagen gab.

Anders als beim KKW Rheinsberg, das durch einen Wald versteckt wird, kann man die zwei gewaltigen Kühltürme schon von weitem erkennen. Nur einer von beiden stößt heute Wasserdampf aus, der andere, so werde ich später erfahren, ist seit März 2011 parallel mit Block Eins zum Architekturdenkmal geworden, das von innen beim Blick in den Himmel wie das Pantheon aussieht. Nur größer. Die Natur, genauer gesagt die Physik, hat den Baufirmen seinerzeit die Hand geführt, um einen möglichst guten Kamineffekt zu haben.

Vor dem Tor sieht man die Hochspannungsleitungen, die den Strom vom Transformator über viele Kilometer zum nächsten Verteiler bringen. Und die typische Kuppel, in deren Innerem sich der Reaktorblock Zwei verbirgt. Ich gebe Christian Milker die Hand, es ist noch früh am Morgen. Die Vorlaufzeit für Besucher liegt bei einem Dreivierteljahr. In Rheinsberg war alles viel schneller gegangen.

Milker, der Mitte vierzig ist und sich mit seinen Kollegen um die Öffentlichkeit vor Ort kümmert, beginnt wie Jörg Möller mit Informationen zur Sicherheit und der Geschichte des Werkes. Ich merke meine Ungeduld und schütte den Automatenkaffee stoßweise in mich hinein. Die Entscheidung über die Abschaltung habe wie ein Schock gewirkt, sagt er und klickt durch seine Präsentation. Mittlerweile habe man sich damit arrangiert und sehe es

DAS KURZE LANGE ENDE DER KERNKRAFT

als neue und anspruchsvolle Herausforderung. Es sind dieselben Worte, die ich aus Rheinsberg kenne. Stärker als dort wundert mich hier, dass es keine psychologische Barriere gibt und dass Fachleute, die ein Kraftwerk aufgebaut und betrieben haben, es von einem Tag auf den anderen gedanklich zurückbauen können. Vielleicht kommt hierin zum Tragen, dass man jede Aufgabe aus dem großen Ganzen isolieren kann und möglichst gut zu Ende führt. Ein sehr deutscher Zug, zumindest wurde er im Zusammenhang mit historischem Unheil als ein solcher thematisiert.

Dann gehen wir endlich nach draußen, und ich höre ein Geräusch wie beim Überbrücken einer Autobatterie. Es ist der Ladungsüberschlag an den Leitungen, der je nach Wetter lauter oder leiser ausfällt. Heute ist er besonders laut, weil es geregnet hat. Die Sicherheitskontrollen führen direkt zur Schaltwarte, wo die Stimmung entspannt ist an diesem Sonntagmorgen.

Es gibt wenige andere Orte in Deutschland, die so streng gesichert sind wie das Reaktorgebäude eines Kernkraftwerks. Mehr Schleusen und dickere Türen können es selbst im Hauptquartier der CIA oder im Keller einer Schweizer Bank nicht sein. Und dann, nachdem man sich einen Anzug angezogen hat, der an das Video *Sabotage* der Beastie Boys erinnert, nachdem man Treppen gestiegen ist und die Wärme des Raums gespürt hat, steht man am Becken mit den Brennelementen, das die von Fotografien her bekannte kristallblaue Farbe hat. Es ist gewissermaßen der Höhepunkt des Besuchs, denn hieran, an jenen wenigen Quadratmetern Technologie und Natur, hängt sich eine gesellschaftliche Debatte auf; weitaus mehr als an der Endlagerung, die trotz aller Ausstiegsbeschlüsse weder geklärt noch jemals zum Anlass genommen wurde, von heute auf morgen auszusteigen.

Also sprechen wir über die Risiken und über die Entdeckung der Kernspaltung. Vielleicht ist es das letzte Mal in meinem Leben, dass ich mich dieser Technologie so unmittelbar nähern werde. Ich merke, wie meine Arme am Geländer schwer werden und ich gedanklich in das blaue Wasser eintauche.

VON RHEINSBERG NACH PHILIPPSBURG

Die Unsichtbarkeit der Atome

Die unvorstellbare Energie der Natur und ihrer Elemente, die sich unseren Blicken entzieht, wird schon seit langem genutzt. Entdeckt wurde die Strahlung des Urans durch Henri Becquerel und weiter erforscht durch Pierre und Marie Curie. Später waren es deutsche Wissenschaftler, namentlich Otto Hahn und Fritz Straßmann, denen erstmals die Kernspaltung gelang. Sie machten die Entdeckung, dass der Kern des Elements Uran-235 durch Beschuss mit Neutronen, also ladungsfreien Teilchen, auseinanderfällt. Bei der eigentlichen Spaltung verschmilzt ein Neutron mit dem Kern des Uran-235 zu einem Kern des Isotops namens Uran-236, der nach kurzer Zeit wiederum in zwei Teile zerfällt und neue Kerne bildet. Diese Kerne stoßen sich ab und erzeugen die immense Bewegungsenergie, die man in geordnete Bahnen lenkt.

Diese Energie ist so unvorstellbar groß, dass Milker Vergleiche bemühen muss, um sie auszudrücken: Der Reaktorkern des Blocks Zwei enthält 193 Brennelemente, wovon jedes aus 236 Brennstäben besteht, die mit Uran-Dioxid-Tabletten gefüllt sind. Eine einzige Tablette hat die Energiedichte von knapp einer Tonne Steinkohle und von rund zweieinhalb Tonnen Braunkohle. In einem westdeutschen Kinderbuch der populären „Was ist was"-Reihe aus den achtziger Jahren, das meine Frau mit in den Haushalt gebracht hat, lese ich einen anderen Vergleich: Aus einem Kilogramm Uran-235 kann man danach eine Energiemenge gewinnen, zu deren Erzeugung 67 Kesselwagen mit je 30 Tonnen Heizöl notwendig wären.[73]

Dieses Faszinosum der Natur einmal außen vor gelassen, ist ein Kernkraftwerk ansonsten nichts anderes als ein Kohlekraftwerk: eine simple physikalische Angelegenheit. Eine Energiequelle erhitzt Wasser bis zum Sieden, und in dem geschlossenen System entsteht Dampf mit hohem Druck. Dieser treibt eine Turbine mit dem Generator an, der den Strom produziert – das ist alles. Verglichen mit den Fortschritten in der modernen Chemie oder Biotechnologie ist dies hier eine verständliche Technik. Sie rüttelt nicht in derselben Weise an den gedanklichen Grundfesten unseres Naturbilds, wie es künstliche Zellteilungen und -duplizierungen vermögen.

Dann sehe ich nach unten: In acht Metern Wassertiefe lagern die Gestelle mit den Brennelementen. Man kann anhand der dunklen Oberflächen gut erkennen, welche Elemente schon in Betrieb waren und welche frischmetallisch glänzend auf ihren Einsatz warten. Das Wasser ist ganz still, keine Regung ist zu erkennen. Immer wieder schaue ich auf mein Strahlungsmessgerät, ob sich der angezeigte Dosiswert erhöht hat. Ich bin geneigt, Milker nach der Funktionstüchtigkeit der Geräte zu fragen.

Stattdessen sagt er von selbst: „Die persönliche Begegnung mit der Technik ist das Faszinierende." Und ich gebe ihm intuitiv recht. Umgekehrt trägt die Unmöglichkeit einer gefühlsmäßigen Begegnung dazu bei, eine emotionale Abwehr zu erzeugen oder zu verstärken. Die Angst vor dem Unbekannten ist zwangsläufig größer. Es ist kein Zufall, dass nukleare Strahlung nicht anders als CO_2 oder die genetische Veränderung von Pflanzen in einen ebenso pauschalen wie einsichtigen Kontext der Gefahr gestellt wird. Trotz oder gerade wegen der Modernität und Arbeitsteiligkeit unseres Lebens sehnen wir uns nach einer empirischen Erfassbarkeit der Dinge, um ihnen vertrauen zu können.

Dies geht weit über das Kraftwerk hinaus. Wenn Kartoffeln heute mit angetrockneter Erde verkauft werden, so zeigt dies den Wunsch, Prozesse und Herkünfte in Einklang mit unseren Erfahrungen und Bildern zu bringen. Wir bewegen uns auf der Ebene von Phänomenen, sind Sinnesmenschen geblieben. Das macht verständlich, wie sich Distanz verringern lässt. Niemand gibt dies zu, aber die Technik als „Nachbar" ist – wenn einmal in der Welt und ohne negative Auswirkungen – eben weitaus weniger von Anfeindungen betroffen als die Technik als Idee. Dies gilt für Braunkohlekraftwerke in derselben Weise wie für die erneuerbaren Energien. Oder eben die Kernkraft.

VON RHEINSBERG NACH PHILIPPSBURG

Diese Annäherung ist durch die „Vermenschlichung" der Technik begründet. Denn wir können Technik durch unsere Alltagserfahrungen – Bilder wie den täglichen Weg zur Arbeit, die Beziehungen der dort arbeitenden Bekannten und Verwandten, die eine Kindheit prägende Gegenwart eines Schornsteins oder Hochspannungsmastes beim Blick aus dem Fenster – an uns heranlassen wie alles andere auch. Sie wird dann ein Teil des eigenen Lebens. Bereits die französischen Kernkraftwerksbetreiber, dies kann man Milkers Magisterarbeit entnehmen, haben daher in den siebziger Jahren verstärkt auf die Erfahrung vor Ort mit Besuchergruppen gesetzt.[74]

Die Begegnung mit einem Kraftwerk, das so alt ist wie man selbst, ist auch ein Rundgang durch die Technikgeschichte. Man kann diese Erfahrung nur noch selten machen, wenn man moderne Büros oder Technologien gewohnt ist, die schnell und dann in einem Stück in die Welt kommen. Manchmal, etwa in Schleswig-Holstein, kann man zwei oder drei Generationen von Windturbinen nebeneinander entdecken. Aber das ist nicht das Gleiche wie hier: Überall an den Anlagenteilen sind Schilder von Spezialfirmen zu sehen, zumeist Mittelständler aus dem süddeutschen Raum, ich habe die Namen noch nie gehört. Eine Firma Noell aus Würzburg etwa hat die meterdicke Sicherheitsschleuse in das Reaktorgebäude gebaut, die aussieht wie der Einstieg in einen Safe tief unter der Erde. Der 1824 gegründete kleine Schmiedebetrieb heißt heute Babcock Noell.

Beim Hinausgehen muss man durch eine Monitor-Kabine mit klar umgrenzten Fußflächen, wie man sie aus vielen Weltraum-Filmen kennt. Nachdem sich die Glastür geschlossen hat, zählt eine Frauenstimme die Zahlen von zehn bis eins und ermahnt einen mit „Bitte näherkommen", sobald man den Kopf vor lauter Verwunderung gedreht hat. In der Zwischenzeit stecken beide Hände und Arme in einem Geigerzähler-Metallkäfig, der an die *Bocca de la Verita* in Rom erinnert. Man hofft, dass man sie sicher wieder herausziehen kann. Die grüne Turbine im Gebäude nebenan, sie ist von Siemens, hat eine Schwungmasse von eintausend Tonnen. Es vibriert in den Knochen, während man sich am Geländer festhält. Dies ist Maschinenkraft in ihrer ursprünglichen, der mechanischen Bedeutung. Man bekommt eine Ahnung von dem, was sie antreibt.

Und dann stehen wir auch schon inmitten des stillgelegten Kühlturms und reden über die Natur und die auf dem Gelände gelagerten gebrauchten Brennelemente. Seit der rot-grünen Koalition, genauer gesagt seit der Änderung des Atomgesetzes im Jahr 2000, dürfen sie nicht mehr zu Wiederaufbereitungsanlagen nach Frankreich und Großbritannien, nach Le Hague und Sellafield transportiert werden. Denn die Semantik des Wortes „Wiederaufbereitung" legte nahe, dass noch etwas mit den abklingenden Brennstäben geschehen könne. So belässt man sie auf dem eigenen Gelände, setzt auf das Abklingen, den natürlichen Zerfall, der endlos lange dauert, bis sie irgendwann einmal in ein Endlager transportiert werden können. Wenn es dieses dann gibt. Der Bedarf an radioaktivem Material, schätzen Ingenieure, könnte verringert werden, wenn man das alte aufbereiten würde.

In der Folge entsteht nun mehr Abfall, der in Zwischenlagern aufbewahrt wird. Auch das aber ist, wenn man die Kerntechnik im Ganzen betrachtet, letztlich eine Spitzfindigkeit gemessen am Entsorgungsproblem bei uns und weltweit. Vielleicht hat man zeitlebens unterschätzt, welche Gefahr für die Akzeptanz der Technologie durch die Hinauszögerung auch politischer Entscheidungen entstehen würde.

Nachdenken über Artenvielfalt

Milker erzählt mir, dass am Auslauf des Kraftwerks in den Rhein manchmal Angler zu sehen seien. Ich kenne dieses Bild von den Brücken Berlins und von Industrieanlagen, die Flüssen warmes und nährstoffreiches Wasser zuführen. Im Niehler Hafen in Köln,

VON RHEINSBERG NACH PHILIPPSBURG

einer absurden Kulisse, soll man gute Zander fangen. Es ist eine Umkehrung unseres üblichen Blicks auf die Natur, der Fische vor allem in „schönen" Landschaften wie der Prignitz am Rhin vermutet.

Tatsächlich ging ich als Angler oft leer aus, wenn die Gewässer nicht bewirtschaftet wurden und besonders „naturbelassen" waren. Mein Vater hat darüber gewitzelt und gefragt, wann ich endlich mit ihm an die Petribrücke kommen würde, wo er jedes Mal große Barsche fing und direkt an der Angelstelle parken konnte. Ich wollte nie so angeln, aber ich musste anerkennen, dass etwas an meiner Vorstellung von Natur weitergehende Fragen auch für andere, größere Themen als das Angeln aufwarf. Einer der Zeugen der Stadtschreiberin Annett Gröschner hatte davon berichtet, dass es einer Attraktion gleichkam, zu Silvester mit den Skiern zum Kernkraftwerk Rheinsberg zu fahren, um dann im 18 Grad warmen Wasser des Auslaufkanals zu baden.

Vielleicht hängen wir bei unserer Bestandsaufnahme der Welt Täuschungen an. Das Verschwinden mancher Tierarten nehmen wir als weiteres Indiz für die in uns wachsende Ahnung, dass der Mensch seine Umwelt sukzessive zugrunde richtet. Nicht anders als beim Klimawandel gebrauchen wir diese Vermutung mit Vehemenz gegen uns selbst.

Dass wir Spuren hinterlassen haben und jede nur denkbare natürliche Dynamik gewissermaßen katalysieren, ist unbestreitbar. Ich kenne die Erzählungen vom Fischreichtum der Ostsee vor vierzig Jahren. Sie sind empirisch belegbar, so wie ich das Vorhandensein großer Flusskrebse in unserem See empirisch belegen kann. Und doch gibt es Einflüsse und Veränderungen, denen wir mit einer permanenten Überprüfung des vermeintlichen *Status quo ante* nicht auf die Spur kommen.

Die institutionelle Flankierung der Biodiversität durch Fachgruppen, Kommissionen, Abteilungen ist in ihrer Größe durchaus vergleichbar mit jener Armada vom Weltklimarat bis zu den lokalen Verantwortlichen in Kommunen für die Umsetzung von Klimaschutzmaßnahmen. Diesem Aufgebot an Schutzbemühungen liegt vordergründig der Gedanke zugrunde, das in die Welt gebrachte Tableau der Arten, das wir aus der Rückschau immer als unveränderlich betrachten, in dieser Formation zu erhalten. Tatsächlich wird die Natur hier spiegelbildlich für die Angst vor Zerstörung und Verlust herangezogen, die uns zu eigen ist und die sich durch die technische Beschleunigung vergrößert. Was uns dabei streng genommen entgeht, bringt der Münchner Ökologe Joseph R. Reichholf in sehr drastischen Worten auf den Punkt: „Die Natur verliert nichts, weil sie keine Person im Sinne des Menschen ist."[75]

Neben Reichholf hat der Journalist Cord Riechelmann in einem Buch mit dem Titel *Wilde Tiere in der Großstadt* auf der phänomenologischen Ebene gezeigt, wie wandelbar der Begriff der Arten und ihrer angestammten Umgebungen ist. Inmitten der vom Menschen geprägten Umwelt ist die Artenvielfalt bekanntlich oftmals höher als in den dafür vorgesehenen Räumen einer „ursprünglichen" Natur. Es mag unser angestammtes, an Darwin und den Historismus des 19. Jahrhunderts angelehntes Bild der Natur stören. Wer eine vergangene Welt konservieren will, kann sich vielleicht schwerer an Marder unter Autos, Waschbären und Füchse in Mülltonnen, Wildschweine auf Fußballplätzen oder Falken und Felsenbrüter in Hochhausnischen gewöhnen. Und doch ist in dieser Wanderungsbewegung ein tröstlicher Gedanke der Adaption an Lebenswelten enthalten: Wo Wildtiere aufgrund von Flurbegradigungen oder des Pestizideinsatzes in der Landwirtschaft keinen Unterschlupf oder keine Nahrung mehr finden, ziehen sie weiter. Ökologen wie Reichholf stellen die Konzeption des Naturschutzes deshalb in Frage, weil diese das Konservieren zur einzigen Prämisse macht.

Natur aber verändert sich, auch unter menschlichem Einfluss. Unsere Wälder werden möglicherweise wieder Gefahren bergen, wie man sie über Jahrhunderte, vielleicht Jahrtausende mit Wäldern in Deutschland verband. In einigen Regionen des Nord-

VON RHEINSBERG NACH PHILIPPSBURG

ostens ist Kot von Wölfen gefunden worden, die man einst ausgesetzt hatte, um sie wieder anzusiedeln. Nun haben Eltern Angst, abends mit ihren Kindern im Wald zu spazieren oder diese in den Wald zum Spielen zu schicken. „In Berlin kann man so viel erleben", textet Rainald Grebe in seinem tragikomischen Lied *Brandenburg*. „In Brandenburg soll es wieder Wölfe geben."

Manchmal liegen den Wanderungen jedoch auch Überpopulationen zugrunde, die viele Füchse zwingen, ihr Heil in den Städten zu suchen. Die urbanen Gegebenheiten dienen dann geradezu als Schutz vor den schädlichen Einwirkungen der Natur, nicht des Menschen. Es mag kurios klingen, aber es ist der scheinbar unberührte Naturraum, der für Tiere eine Gefahr bedeuten kann, in dem sie anderen Tieren und Seuchen ausgesetzt sind, nichts zu fressen finden oder erfrieren, während die vom Menschen veränderte Natur komfortable und vor allem vom Wetter und den Jahreszeiten vollkommen unabhängige Lebensbedingungen bietet. Hierin stecken durchaus Parallelen zum menschlichen Verhalten: „Für Menschen ist Landflucht seit Jahrhunderten eine Möglichkeit, Lebensverhältnissen auszuweichen, die als ungesund oder rigide empfunden werden", schreibt Riechelmann. „Pflanzen und Tiere folgten diesem Beispiel erst spät."[76]

Diese Entwicklung kann man überall auf der Welt beobachten, wo Parks zu neuen Habitaten werden. Die Temperatur der Städte ist oftmals höher, die Wachstumsperioden der Pflanzen dauern länger. Auf dem Meer bilden Offshore-Windparks, die nicht von Fischerbooten durchfahren werden dürfen, mittlerweile Heimstätten für Muscheln, die an den riesigen Betonfundamenten Kolonien bilden, was wiederum Auswirkungen auf die Fischpopulation hat. Die Technik wird so zur Nische der Natur, auch wenn mit ihr negative Auswirkungen wie das Ausbessern von Betonfundamenten am Meeresboden durch moderne Baustoffe verbunden sind. Alles hängt mit allem zusammen, könnte man geradezu buddhistisch antworten. Die Biodiversität ist hier oftmals größer als in freien Gewässerabschnitten.

DAS KURZE LANGE ENDE DER KERNKRAFT

Ist also alles in Ordnung am Gedanken, die Natur nach unseren Bedürfnissen zu nutzen und damit zu verändern? Nein. Fraglos hat die Düngung mit Phosphaten und Stickstoff dazu geführt, pflanzliche Monokulturen entstehen zu lassen, was verheerende Folgen für bestimmte Insekten und Vögel hat und angesichts der Leistungsorientierung in der Landwirtschaft tendenziell weitergehen wird. Boden- und Wiesenbrüter finden in den hochgezüchteten landwirtschaftlichen Produktionsflächen nicht mehr die Nahrung, die sie zur Aufzucht ihrer Jungen brauchen. In einem Gespräch zum Thema Biodiversität, das ich einmal mit Guido Puhlmann, dem Vorstandsvorsitzenden der Nationalen Naturlandschaften (Europarc), dem Zusammenschluss der Biosphärenreservate, Nationalparks und Naturparks, führte, hörte ich den Vergleich, dass ein unter Ertragsgesichtspunkten korrekt bestelltes Rapsfeld im Sommer so tot sei wie eine Betonfläche.[77]

Noch gravierender, sagen manche Umweltschützer, seien die Auswirkungen des Mais, einer Pflanze, die viel Wasser und Stickstoff braucht und andere Pflanzen verdrängt. Über sie ist in letzter Zeit viel gesprochen worden, vor allem im Zusammenhang mit der Welternährung.

Im Zeichen des Klimaschutzes sind nennenswerte Monokulturen dieser Energiepflanzen entstanden, von denen Teile auch in den Futtermittelbereich gehen. Dennoch schärft sich der Blick nicht zuletzt unter Nachhaltigkeitsgesichtspunkten hier notwendigerweise neu. Auch deshalb, weil Biomasse nicht in Anlagen wächst, sondern Hänger für Hänger mit dieselbetriebenen Traktoren in selbige gefahren werden muss. Biogasanlagen wie jene in Penkun zwischen Pasewalk und Schwedt – die größte ihrer Art weltweit –, haben nichts mit Ökologie oder biologischem Landbau zu tun, sondern sind Teil einer hochindustrialisierten und auf Gewinne ausgerichteten Landwirtschaft, die sich die Gesellschaft einiges kosten lässt. Denn die Einspeisung von Strom, den man aus der Umwandlung von Biogas gewinnt, wird wie Sonnen- und Windstrom auf viele Jahre fest vergütet, was dazu geführt hat, dass

119

VON RHEINSBERG NACH PHILIPPSBURG

in Deutschland rund 8000 Biogasanlagen mit einer entsprechenden Wertschöpfung entstanden sind.

Bereits vor der endgültigen Energiewende 2011 hat die Förderung von Biomasse diese Entwicklung über das EEG der Bundesregierung begünstigt. Mehr als zwei Drittel der erneuerbaren Energie werden aus Biomasse gewonnen. Gerade in der Wärme- und Kraftstoffversorgung ist Biomasse die wichtigste erneuerbare Energiequelle. Die Bioenergie wird bei der Transformation des Energiesystems daher ohne Zweifel einen wichtigen Anteil leisten. Nach Plänen der Bundesregierung soll ihr Anteil aber auch beim Strom trotz mancher Warnungen hinsichtlich Nutzen und Umweltverträglichkeit von derzeit acht auf über zwanzig Prozent im Jahr 2050 klettern.

Weissensee – oder:
Zwischen Hausgeburt und
Impfverweigerung

Christian Milker hatte mir die Hand gegeben, als ich Philippsburg verließ. Wie zum Beweis unseres Gesprächs über die Wanderung der Arten sah ich auf dem Weg zum Ausgang des Kernkraftwerks einen Fasan, der im Dickicht zwischen Straße und Zaun stand. Ich trat auf die Bremse, denn er schien mich anzusehen. Die Schönheit dieser Tiere hatte mich schon immer fasziniert. Es war ein männliches Tier. Unverkennbar leuchtete das dunkelrote Gefieder des Kopfes vor dem Hintergrund des noch graubraunen Frühlingsbodens.

Draußen vor dem Tor kreuzte eine Gruppe Radfahrer die Straße zur Rheinschanzinsel, ältere Männer mit Bierbäuchen, wie man sie sonntags häufiger auf Rennrädern antrifft. Der Weg führte auf eine Bundesstraße, die irgendwann zur Autobahn wurde. Es war der 22. April. Im Radio lief eine Sendung zum hundertsten Geburtstag der englischen Altistin Kathleen Ferrier, die in den romantischen Liedern von Robert Burns ebenso zu Hause war wie in der Musik Bachs, eine Frau von Ironie, Volkstümlichkeit und Geistigkeit. Sie vertonte das deutsche Liedgut von Schubert und Brahms wie auch Gustav Mahlers *Lied von der Erde*, das ihr Abschiedswerk werden sollte. Kathleen Ferrier starb 1953 nach einer kurzen Karriere im Alter von nur 42 Jahren an Krebs. Sie unterlag gewissermaßen dem Willen der Natur, nachdem sie sich einer Strahlenbehandlung unterzogen hatte.

Ebenfalls im Radio gespielt wurde an jenem Apriltag Mahlers Zyklus der *Kindertotenlieder*, der mir früher, als ich die schwarzweiß gestaltete Platte im Wohnzimmerschrank fand, immer Angst gemacht hatte. Was mochte das sein, ein Kindertotenlied? Eines, vielleicht das schönste, ging so:

> *„In diesem Wetter, in diesem Braus,*
> *Nie hätt' ich gesendet die Kinder hinaus;*
> *Man hat sie getragen hinaus,*
> *Ich durfte nichts dazu sagen!*
>
> *In diesem Wetter, in diesem Saus,*
> *Nie hätt' ich gelassen die Kinder hinaus,*
> *Ich fürchtete sie erkranken;*
> *Das sind nun eitle Gedanken."*

Im Angesicht des jähen Todes der Sängerin Kathleen Ferrier nahmen sich diese Zeilen wie eine Warnung aus: Die Natur wird nicht anders als in Goethes Ballade vom Erlkönig als eine schicksalhafte Gefahr geschildert, in der die Schutzbedürftigen umzukommen drohen. Gustav Mahler hatte sich in seinem Liederzyklus an Gedichte Friedrich Rückerts angelehnt, die dieser nach dem Tod zweier seiner Kinder verfasst hatte. Er selbst hatte elf Geschwister. Sechs von ihnen starben im Kindesalter. Woran, das kann man nur erahnen, bei zweien weiß man es genauer: an Hepatitis oder Gelbsucht – einer Viruserkrankung, die damals infolge der Verunreinigungen von Wasser häufig vorkam.

Die meisten Deutschen meiner Generation, die in anderen hygienischen Verhältnissen aufgewachsen und Vorsorgeimpfungen gegen Hepatitis B gewöhnt sind, dürften mit Gelbsucht das letzte Mal bestenfalls als Leser des Romans *Der Vorleser* von Bernhard Schlink in Berührung gekommen sein. Vielleicht auch als Kinozuschauer: Mit der Gelbsucht des fünfzehnjährigen Michael Berg, die das Drehbuch kurzerhand zu Scharlach macht, beginnt die Liebesbeziehung zur ehemaligen Lageraufseherin Hanna Schmitz.

Risse im Fortschrittsbild

Beim Betrachten der Entwürfe meines Großvaters, unter denen der „Ärztekalender" der DDR einer der beeindruckenden ist, lebt die alte Welt der Medizin in all ihrer Autorität auf: Man sieht Schwestern mit Häubchen und universitäre Honoratioren. Aus den Bildern spricht ein Wunsch, die Natur zu bezwingen, und gleichzeitig die Einsicht in ihre Überlegenheit. Fast will es scheinen, dass ein Zusammenhang zwischen der würdevollen weißen Erscheinung und dem Tod besteht, dass die gestärkten Kragen und Hauben nicht nur die Fortsetzung eines anderen Kleidungsstils sind, wie es ihn in jedem anderen Bereich des gesellschaftlichen Lebens auch gab. Sie verleihen ihren Trägern Haltung, als müssten sie jemanden vor der Nähe des Todes schützen.

Man kann sich darüber streiten, ob wir dank des Fortschritts der Medizin glücklicher geworden sind. Wohl aber ist die Sterblichkeit messbar gesunken, die Hygiene gestiegen, sind die Krankheiten zurückgegangen. Es bedarf keiner Beweise, dass das Zurückdrängen der Natur in wenigen anderen Bereichen historisch betrachtet zu einem so starken Anstieg der Lebensqualität geführt hat wie in der Medizin und Hygiene, wenngleich dieser Punkt wie gemacht ist für Widerspruch. Kann man Lebensqualität an der Länge des Lebens festmachen? Das hohe Publikumsinteresse an Romanen, Geschichtsdokumentationen und Spielfilmen über das Mittelalter etwa sieht gänzlich über die unvorstellbaren Härten des damaligen Lebens hinweg. Das Mittelalter erscheint uns nicht als eine lange Epoche der Geschichte, sondern als ein Gefühl. Und dieses ist archaisch und damit irgendwie verlockend, zumindest aus der sicheren Distanz.

WEISSENSEE

Der medizinische Fortschritt in Diagnose, Behandlung, Hygiene und Prävention ist in gewisser Weise ein historischer Spätzünder. Noch in den fünfziger Jahren gab es in jedem Winter Diphtherie-Epidemien. In den USA löste man das Problem fehlender Respiratoren dergestalt, dass man Nothospitäler in Turnhallen einrichtete und Medizin-Studenten die erkrankten Kinder mit Handbeuteln beatmen ließ.

Nicht anders als der technische Fortschritt im Ganzen, hat auch der medizinische Fortschritt in der Wahrnehmung vieler Menschen in den vergangenen Jahren Risse erhalten. Er ist ungeachtet aller Erfolge, die sich in jeder Familie von Generation zu Generation aufzeigen lassen und die in Gestalt von Arzt-Serien im Fernsehen oder in Magazinen noch immer eine Mythosbildung der ganz eigenen Art darstellen, zum Sinnbild einer seelenlosen Optimierungsmaschinerie geworden, die eben nicht „ganzheitlich" im Sinne etwa der chinesischen Medizin angelegt ist, sondern nach Einzelfaktoren fragt.

Daran sind nach einer Zeit des verstärkten Einsatzes von Pharmaka, der in die Nachkriegsjahrzehnte fällt und in der bundesrepublikanischen Geschichte mit Skandalen wie Contergan assoziiert wird, aber nicht die Zunahme des Verwaltungsaufwands oder die Rationalisierungsmaßnahmen schuld. Auch wenn die Patientenklagen über ärztliche Behandlungsfehler zugenommen haben, die zum Tod oder bleibenden Behinderungen führen, dürfte das Misstrauen kaum daraus erklärbar sein. Es stellt sich deshalb die Frage, gegen welchen Fortschritt wir eigentlich rebellieren oder besser: welche Natur wir dabei meinen.

Naturheilpraxen, spirituelle, oft an die asiatische Heilkunst angelehnte Verfahren, aber auch außerklinische Geburten, die man der bis vor wenigen Jahren noch sehr steril und aseptisch anmutenden Kreißsaal-Atmosphäre vorzieht, haben Konjunktur. Neben rationalen, gewissermaßen medizinisch begründbaren hat dies auch gefühlsmäßige Gründe: Patienten sehnen sich nach Zuspruch und einem permanenten Kontakt mit den behandelnden

ZWISCHEN HAUSGEBURT UND IMPFVERWEIGERUNG

Ärzten, aus einem nachvollziehbaren Kontroll- und „Monitoring"-Bedürfnis heraus, das die Medizin und der Habitus der planmäßigen Abarbeitung von Geburten befördert haben. Sie deuten auf einen Wertewandel, der sich auch im Umgang mit der eigenen, der Natur des Menschen offenbart. Der Satz vieler Großeltern, sie seien seit zwanzig Jahren nicht mehr beim Arzt gewesen: Er ist in mehrfacher Hinsicht heute unvorstellbar. Dahinter steckt aber auch ein sozialer Wandel.

Zudem gibt es eine „politische" Dimension des Gesundheitsthemas, die mit einer besonderen Prägung der Deutschen aufgrund der überdurchschnittlich hohen Sozialstandards zu tun hat. Während die Ideologie des grünen Gewissens eine der Mittel- und Oberschicht sein mag, ist der Anspruch, einen Arzt zu jeder Zeit egal weswegen sehen zu können, tief in der Bevölkerung verankert – und unabhängig vom Einkommen und Bildungsgrad. Während die Menschen in den USA für eine Krebstherapie Hypotheken auf ihre Häuser aufnehmen und das Prinzip der Notärzte nicht kennen, glauben wir an unser unverbrüchliches Recht auf kostenlose Behandlung, und das sofort. Ich weiß aus dem eigenen Bekanntenkreis, dass selbst erhöhte Temperaturen von Kindern ein Grund sein können, sich am Wochenende an einen Arzt zu wenden oder einen Rettungswagen zu rufen, anstatt das eigene Auto oder ein Taxi zu nehmen.

Die vielzitierte „Vollkasko-Mentalität", die freilich vor allem als eine Diskussion um gesunkene Leistungen und die Zweiklassenmedizin geführt wird, hat einen ähnlichen Ausgangspunkt wie andere Phänomene des grünen Denkens auch. Nicht anders als die Beurteilung von Risiken im Energie-, Verkehrs- oder Lebensmittelbereich hängt sie mit dem immens gestiegenen Kontrollbedürfnis zusammen, jede Unsicherheit und Schicksalhaftigkeit der Natur von vornherein ausschließen und sich eben nicht ihrem Willen anvertrauen zu wollen. Wie gehen wir, denen die Natur doch so sehr am Herzen liegt, mit dem Alter und dem Tod um, mit den Launen des Natürlichen?

Die Abnahme der Säuglingssterblichkeit

Wer es früher schaffte, alt zu werden, der erreichte bisweilen ein Lebensalter, das sich nicht stark von heutigen unterscheidet. Der Anstieg der Kurven rührt von einer anderen Größe her: Kinder sind der neuralgische Punkt in der Statistik, und nicht zuletzt am Umgang mit ihnen ist zu beobachten, welche gesellschaftlichen Werte auch im Hinblick auf das „Natürliche" damals und heute zählen. Exemplarisch lässt sich dies am Schicksal einer Frau namens Anna durchbuchstabieren, die am Ende des 18. Jahrhunderts geboren wurde und mit der mich etwas Persönliches verbindet:

In den Zeiten, als ihr Leben beginnt, überziehen schwere Hungersnöte das Land. Die Chroniken und Kirchenbücher berichten, dass die Menschen Gras und Mäuse gegessen hätten. Mit fünfzehn erfährt sie zum ersten Mal, was Krieg bedeutet, denn die Franzosen sind von Westen her ins Allgäu eingedrungen, ihre Heimat.

Als sie zwanzig Jahre alt ist, wird das Allgäu noch einmal zum Kriegsgebiet, Soldaten des deutschen Kaisers versuchen, die eingefallenen Franzosen zurückzuwerfen, dabei liegen Orte mit Namen wie Petersthal, Moosbach, Ottacker zwischen den verfeindeten Lagern. Es ist die Zeit, in der Napoleon beginnt, nicht nur Deutschland, sondern Europa zu erobern.

In dieser Zeit, in der das Kaiserreich versinkt und sich die politische Landkarte Mitteleuropas verändert, heiratet Anna im Alter von 21 Jahren ihren Mann. Knapp zehn Monate nach der Hochzeit kommt das erste Kind auf die Welt, das zweite 1804, dann 1806, dann 1807, und es geht immer so weiter. Das elfte Kind kommt 1817, es wird auf den Namen Kaspar getauft – er ist der Urururgroßvater meiner Kinder.

Nach 23 Ehejahren gebiert sie das sechzehnte Kind, es ist ihr letztes. Sie ist 44 Jahre alt, und sechs Jahre später ist sie tot. Mit fünfzig Jahren und zwei Monaten hat sie nicht nur 16 Kinder ge-

ZWISCHEN HAUSGEBURT UND IMPFVERWEIGERUNG

boren, sondern auch mit angesehen, dass acht davon entweder bei der Geburt oder bevor sie das Alter von drei Jahren erreichen konnten gestorben sind. Wäre sie zwei Jahre älter geworden, hätte sie zudem erleben müssen, dass zwei ihrer erwachsenen Töchter mit 23 und 27 Jahren innerhalb eines Monats sterben.

Annas Leben läuft dabei nicht unter der Rubrik Tragödie oder unermessliches Leid. Ihr Name erscheint nirgendwo auf einem Stein. Sie erduldet das ganz alltägliche Landleben des frühen 19. Jahrhunderts, ein gleichförmig bäuerlich geprägtes Leben ohne nennenswerte Veränderungen wie all die Jahrzehnte und Jahrhunderte davor. Die medizinische Versorgung, die Ernährung, das Wort Hygiene, all das ist ohne jedwede Bedeutung.

Wenn man Kindern heute eine speziell auf ihre Lebensphase abgestimmte medizinische Versorgung zuteilwerden lässt, so ist dies nicht immer so gewesen. Erst seit einem guten Jahrhundert gibt es die Kinderheilkunde, wie wir sie heute kennen. Sie war ausschließlich von den Ergebnissen der Naturwissenschaften dominiert: Kinder galten lange Zeit als „kleine Erwachsene". Folglich reichte es aus, sie wie diese behandeln zu lassen. Ein tieferes Verständnis insbesondere von den Empfindungen von Säuglingen gab es dabei über weite Strecken nicht. Im Gegenteil, Säuglinge und Kinder waren „Mängelwesen", die es nicht nur unter dem Einfluss der Pädagogik des Kaiserreichs zu disziplinieren galt, sondern lange bis in unsere Zeit. Ein individuelles Schmerzempfinden sprach man Säuglingen ab. Bis in die achtziger Jahre operierte man sie oft ohne Anästhesie.

Tatsächlich ist dank einer verbesserten medizinischen Versorgung, dank umfassender Erhebungen von Daten für Vorsorge und Früherkennung, aber auch aufgrund einer Verfügbarkeit qualitativ hochwertiger Nahrungsmittel das durchschnittliche Lebensalter in Deutschland und den westlichen Ländern spürbar gestiegen. Dies ist nicht zuletzt der gesunkenen Säuglingssterblichkeit zu verdanken. In den sechziger Jahren lag sie in Deutschland über jener der meisten anderen westlichen Industrieländern, und sie nahm

WEISSENSEE

erst ab, als Mutterschaftsvorsorgeuntersuchungen, die Betreuung
von Risikoschwangerschaften und Untersuchungen zur Früherkennung von Krankheiten im Säuglingsalter eingeführt wurden.
Ende der achtziger Jahre war Deutschland in die Gruppe der Länder mit den weltweit niedrigsten Werten aufgerückt. 1950 starben
von 1000 Neugeborenen noch 55. 1990 lag die Zahl bereits bei
unter zehn. Heute sind es nur noch vier von 1000 Neugeborenen,
die das erste Lebensjahr nicht erreichen.[78]

Wer die Dimensionen und Auswirkungen der modernen Ge-
burtsmedizin verstehen will, muss bis zur Jahrhundertwende, der
Entstehungszeit der *Kindertotenlieder* zurückgehen. Jedes fünfte
Neugeborene erlebte den ersten Geburtstag nicht. Kaum vorstellbar, aber um 1900 starben im Deutschen Reich jedes Jahr etwa
400 000 Kinder, wobei ein Gutteil auch auf Unter- und Fehl-
ernährung zurückzuführen war. Ihren Höhepunkt hatte die Kin-
dersterblichkeit in Deutschland zur Zeit der Reichseinigung, also
um 1870.[79] Bei gestillten Säuglingen betrug die Sterblichkeit sechs
Prozent, bei nicht gestillten 46 Prozent. Dass sich dieses Verhältnis
im Laufe der folgenden Jahrzehnte ausgleichen sollte, spricht Bände
hinsichtlich der gewonnenen Möglichkeit, Muttermilch zu kom-
pensieren.

Zwischen 1900 und 1960 war es nicht nur zu einer sukzessiven
Verbesserung der Geburtshilfe gekommen, sondern zur Verbesserung der Medizin im Ganzen, aber auch der sozialen Bedingungen. Bei komplizierten Geburten wurden etwa Kaiserschnitte zur
Routine. Auch das Ausgleichen der sozialen Härten sowie Aufklä-
rungskampagnen am Anfang des 20. Jahrhunderts, in deren Folge
Pflege- und Ernährungsfehler vermieden wurden, dürften dazu
beigetragen haben. So wurden in dieser Zeit zahlreiche Wöchne-
rinnen-Asyle, Milchküchen, Säuglingsheime und Entbindungsstationen eingerichtet.

Impfen als Religion

Zu den Bildern meiner eigenen Kindheit gehören kurze Lederhosen und aufgeschlagene Knie. Beim Fußball rannten wir über den Schotterplatz und schlugen hin, in den Schürfwunden blieben kleine Steinchen stecken. Man desinfizierte die Wunden später mit Betaisodona. Ich mochte nicht nur den Namen, sondern auch die Konsistenz und dunkle Farbe, die wie flüssiger Schorf aussah.

Gegen Tetanus ist bis heute kein Kraut außer einer Impfung gewachsen, da nicht das Bakterium krank macht, sondern die Toxine, die es produziert. In Afrika ist Tetanus bei Neugeborenen infolge schlechter hygienischer Bedingungen eine häufige Todesursache nach der Geburt. 180 000 Neugeborene sterben laut WHO jährlich vor allem in Afrika und Asien, Eintrittspforte ist dabei zumeist der Nabel nach Durchtrennung der Nabelschnur.

Tetanus ist das eine. Wer heute seine Facharztprüfung als Kinderarzt ablegt, muss damit rechnen, von der zuständigen Prüfungskommission wieder zur Tuberkulose gefragt zu werden – jener Krankheit, an der ausgerechnet ein Vorreiter und in Deutschland beliebter Stichwortgeber heutiger Aussteiger im Alter von 44 Jahren starb, der am Ende dieses Buches noch gebührend gewürdigt wird: Henry D. Thoreau. Dieses Prüfungsthema ist insofern bemerkenswert, als in Prüfungen in der Regel nur im klinischen Alltag relevante Krankheitsbilder für den angehenden Pädiater abgefragt werden.

Ist dies ein Zeichen dafür, dass in der Pädiatrie in Deutschland immer mehr Tuberkulosefälle wahrgenommen werden? Tatsächlich ist die Zahl der Tuberkulose-Erkrankungen in Deutschland seit Jahren nicht gestiegen, wenn sich die Anzahl der Betroffenen auch nur langsam verringert beziehungsweise ein Plateau mit besonders resistenten Stämmen erreicht hat. Die Gesamtzahl der Erkrankungen ist seit mehreren Jahren nahezu konstant, während in

WEISSENSEE

früheren Jahren jährlich ein deutlicher Rückgang zu verzeichnen war.

Für die Kinderheilkunde ist das Thema Tuberkulose wie manches Impfthema aber deshalb von so entscheidender Bedeutung, weil Kinder hinsichtlich der hohen Ansteckungsgefahr und der Symptome besonders gefährdet sind. Und hier ist der Trend ein gegenläufiger: Die Ansteckungen bei Kindern nehmen nach Angaben des Robert-Koch-Instituts (RKI), der zentralen Einrichtung der Bundesregierung auf dem Gebiet der Krankheitsüberwachung und Prävention, zu. Aufgrund der Schnelle der Infektionen bei Kindern ist dies möglicherweise ein Indikator für das aktuelle Infektionsgeschehen in Deutschland. „Dies könnten erste Hinweise auf eine mögliche Stagnation oder sogar einen Wiederanstieg der Erkrankungszahlen in den kommenden Jahren sein, wie dies in einzelnen Ballungsräumen in Deutschland bereits beobachtet werden kann", heißt es dazu in einem RKI-Pressetext vom Frühjahr 2012.[80]

Kinder als Indikator von Krankheiten und gesellschaftlichen Trends? Wenn dem so ist, dann sollte die Haltung vieler Eltern bedenklich stimmen, die auch in Bezug auf andere Erkrankungen insbesondere in deutschen Großstädten zu beobachten ist. Krankheiten wie Keuchhusten, die für Neugeborene ein in der Sprache der Mediziner „vitales Risiko" darstellen, sind ebenso zurückgekehrt wie Masern. Denn in manchen Kindertagesstätten überwiegt die Zahl der bewusst nicht geimpften Kinder heute die der anderen, wenngleich dies keinesfalls für ganz Deutschland gilt. Und wenngleich „mehrheitlich geimpft" noch lange nicht „genug geimpft" heißt.

„Hamburg ist einer der Hotspots für Masern", sagt Jacob Cramer. Der Internist und Tropenmediziner vom Universitätsklinikum Hamburg-Eppendorf leitet am renommierten Bernhard-Nocht-Institut (BNI) eine Arbeitsgruppe zu Impfstudien, beschäftigt sich aber auch mit anderen Infektionserregern in Deutschland und in Afrika. Sein Institut liegt in einem Backsteinbau in der Nähe der Landungsbrücken in Hamburg, unweit des

ZWISCHEN HAUSGEBURT UND IMPFVERWEIGERUNG

neuen Empire Riverside Hotels, das der britische Architekt David Shipperfield entworfen hat und von dem man einen imposanten Blick auf den Hafen und die Elbe hat. Es ist eine der Ecken von St. Pauli, in denen die Mietpreise bereits oben sind und der Kiez sein altes Gesicht verloren hat. Gentrifizierung nennt man das in den schönen Gesellschaftsmagazinen, die beim benachbarten Gruner + Jahr Verlag entstehen.

Mehrfach im Jahr ist Cramer zu Studienzwecken in Ghana, um Kinder mit schwerer Malaria über längere Zeiträume zu untersuchen. Er hat dadurch einen vergleichenden Blick auf den Umgang mit lebensbedrohlichen Krankheiten, wie sie schwere Infektionen darstellen. Die Reise-Medizin, ein Orchideenfach, liefert in Zeiten sozialer Mobilität wichtige Ergebnisse über die Ausbreitung von Krankheiten außerhalb Deutschlands und nach Deutschland hinein. Die grüne deutsche Insel: Bei der Ausbreitung von Epidemien wie Schweinegrippe oder Ehec wird klar, wie sehr diese Vorstellung einer eigenständigen, abgeschlossenen Umwelt nicht mehr mit der Lebensrealität in einer hoch vernetzten globalen Welt zusammenpasst. Sie macht auch vor den Hochburgen des Bio-Bewusstseins nicht halt. Ganz im Gegenteil.

Nicht wegen seiner Forschungsergebnisse zur Malaria, sondern wegen der öffentlichen Aufregung um die Schweinegrippe war Cramer 2009 häufig in den Medien. Er hält die damalige Empfehlung der WHO zur Entwicklung von Impfstoffen gegen die Schweinegrippe für alternativlos. Ihn beunruhigt eher ein Phänomen, das über den konkreten Fall hinausgeht: Sobald eine akute Gefahrensituation vorhanden ist, reißen sich die Menschen um den Impfstoff, während die Impfbereitschaft ansonsten in bedrohlichem Maße abnimmt. „Besonders bei den vermeintlich aufgeklärten Städtern nimmt sie ab. Anderswo, etwa auf dem Land, wird hingegen einfach durchgeimpft." Mehr als der Umgang mit der Schweinegrippe, glaubt Cramer, sei die Zahl der Masern-Infektionen ein handfester Beleg für den Zusammenhang von gestiegenen Infektionen und Impfgegnerschaft in den Städten.

WEISSENSEE

„Man muss hier Klartext reden und darf nichts beschönigen", sagt auch Volker ter Meulen. Der emeritierte Virologe der Universität Würzburg war Gründungspräsident der Nationalen Akademie der Wissenschaften – Leopoldina, und, wenn man so will, einer der wichtigsten wissenschaftlichen Politikberater in Deutschland im Bereich der Naturwissenschaften und Medizin. Sein Nachfolger ist Jörg Hacker, der zuvor das Robert-Koch-Institut leitete.

Zu den Argumenten der Impfverweigerung zählt dabei aus seiner Sicht auch ein besonders problematisches: Man nimmt die Tatsache, dass es anders als bei der Schweinegrippe bei manchen Infektionen nicht zum Ausbruch gekommen ist, im Nachhinein als Argument dafür, richtig gehandelt zu haben. Hier kommt sie zum Tragen, die „rückwärts gekehrte Prophetie". Dabei vergisst man, dass andere den passiven Impfschutz mitgeliefert haben, auf dem man sich ausruht.

„Es ist unverantwortlich, wenn junge Eltern heute aus ideologischen Gründen glauben, sie müssten nicht mehr impfen. Denn sie leben vom geliehenen Impfschutz anderer", sagt ter Meulen. Und die Statistiken scheinen ihn zu bestätigen: Anders als noch vor zwanzig oder dreißig Jahren sind vor allem die Masern zurück in deutschen Städten, die zu hundert Prozent hoch ansteckend sind und bei denen man eine „Durchimpfungsrate" von 95 Prozent für einen wirksamen Schutz insbesondere von Kindern braucht. Dies schließt zumindest eine Epidemie aus, Einzelfälle kann es immer geben. „Die moderne Gesellschaft betrachtet den medizinischen Fortschritt auf dem Gebiet der viralen Infektionskrankheiten als selbstverständlich, ohne selbst Vorsorge zu betreiben", resümiert ter Meulen.

Die Rückkehr der Masern

In Deutschland werden die Empfehlungen zum Impfen von der beim RKI ansässigen Ständigen Impfkommission, kurz STIKO,

ZWISCHEN HAUSGEBURT UND IMPFVERWEIGERUNG

erarbeitet. Sie ist so etwas wie das zentrale Feindbild der Impfgeg-
ner, eine Art Atomforum für Kernkraftgegner. Zusammengesetzt
ist sie aus ehrenamtlichen Experten der Wissenschaft, der Ärzte-
schaft, aber auch aus den großen Gesundheitsämtern der Städte.
Zu den Empfehlungen der STIKO zählen etwa die Influenza-
Schutzimpfung für alle Schwangeren und eine generelle Masern-
Schutzimpfung für junge Erwachsene. Neben der Ausrottung der
Poliomyelitis, der Kinderlähmung, ist die Eliminierung der Ma-
sern das Ziel nationaler Gesundheitspolitik. Bei der Polio ist dieses
Ziel heute in Deutschland erreicht, während Kinderlähmung in
Ländern wie Indien weit verbreitet ist.

Im Jahr 2010 erweiterte die STIKO ihre Masern-Impfempfeh-
lung aufgrund der häufiger auftretenden Ausbrüche in Deutschland ebenso wie der zunehmenden Impflücken vor allem in der
Gruppe der jüngeren Erwachsenen.[81] Laut Kommission haben die
übermittelten Masernfälle deutlich zugenommen. Nach 571 Fällen im Jahr 2009 und 780 Fällen 2010 wurden dem RKI 1607
Fälle im Jahr 2011 gemeldet. Dies entspricht einem Anstieg von 10
auf 20 Fälle pro eine Million Einwohner. Kein Grund zur Beunru-
higung, denkt man. Als Ziel für die angestrebte Eliminierung der
Masern gibt die Weltgesundheitsorganisation allerdings das Auftreten von weniger als einem Fall pro eine Million Einwohner an.
Bei Masern hat mit Mecklenburg-Vorpommern das erste Bundes-
land die von der WHO geforderte Impfquote von 95 Prozent für
beide Masernimpfungen geschafft – auch ein Erbe der Impfmen-
talität in den neuen Bundesländern.

„Um zu verstehen, woher die Sorge der Mediziner kommt,
muss man sich die statistische Größe der Kontagiosität der Masern ansehen", sagt Cramer, also das Maß der Übertragbarkeit des
Krankheitserregers. Sie wird mit einer Basisreproduktionszahl R_0
ausgedrückt, die beschreibt, wie viele Menschen im Schnitt theo-
retisch in einer vollkommen empfänglichen, also nicht immunen
Population von einer infizierten Person angesteckt werden könnten. Aus dieser Zahl R_0 wiederum kann abgeschätzt werden, wie

WEISSENSEE

viele Menschen um einen Infizierten herum geimpft sein müssten, damit es innerhalb dieser Population nicht zu einer epidemieartigen Ausbreitung eines Infektionserregers kommt.

Während diese Basisreproduktionszahl bei der Influenza bei ungefähr 2 liegt, kommt man bei Masern auf 17. Entsprechend müsste ein Drittel einer Bevölkerung gegen Influenza geimpft sein, um eine relevante Epidemie zu verhindern. Bei Masern hingegen sind es die genannten 95 Prozent. Masern sind mit andern Worten höchst kontagiös und können bei Kleinkindern lebensbedrohliche Folgen durch fieberhafte Lungenentzündungen oder Hirnhautentzündungen auslösen, sogenannte Masernenzephalitiden. Die Häufigkeit liegt bei $1:500$ bis $1:2000$. Wenn sie auftreten, liegt die Sterberate bei zehn bis zwanzig Prozent.[82] Die sogenannte Defektheilungsrate, also die anschließende Behinderung, liegt bei zwanzig bis dreißig Prozent. Jedes vierte Kind bleibt somit behindert.

Nach Einführung der Durchimpfung sind die Masern etwa in Finnland und Großbritannien beinahe eliminiert. In Deutschland hingegen trat aufgrund einer geringeren Durchimpfungsrate zuletzt 1996 eine große Masern-Epidemie mit bis zu 100000 Erkrankungsfällen und zehn Todesfällen auf.[83] Für Volker ter Meulen, der früher selbst als Kinderarzt arbeitete, ist der Impfschutz vor infektiösen Erkrankungen darum nach wie vor die größte Errungenschaft der modernen Medizin, wichtiger noch als die uns heute geläufigen Maßnahmen der Hygiene seit Mitte des vergangenen Jahrhunderts.

Schwangerschaft und Geburt bedeuteten lange nicht nur für die Kinder, sondern auch für die Mütter ein Risiko. Viele starben nach der Geburt am Kindbettfieber. Die Geschichte der Medizin lehrt für ter Meulen aber, dass der Mensch der Natur immer nur hinterherrenne, diese in einem permanenten Evolutionsprozess begriffen sei. Denn die Bakterien- und Virenstämme passen sich an die neuen Gegebenheiten ständig an. Als man das Penicillin erfand, glaubte man, auch die Erreger im Griff zu haben. Das Gegenteil war der Fall, wie man heute an Antibiotika-Resistenzen ablesen kann. Mittlerweile sind die Gefahrenszenarien noch ganz andere: So erlaubt es die Synthetische Biologie, entsprechende Erreger – seien sie auch nicht mehr auffindbar – jederzeit in vitro herzustellen. Wollen wir uns dieser Gefahr mit Hinweis auf die Natur wirklich aussetzen? Anscheinend sehen wir andere Gefahren mit wacherem Auge.

Auch naturphilosophisch gesprochen ist dieses „Festhalten" an einem statischen Naturzustand der Erreger ein irritierender Gedanke, weil gerade die Gegner des Impfens von sich sagen würden, im besseren Einklang mit der Natur zu leben. Tatsächlich tun sie das Gegenteil, indem sie nicht anders als die selbstbewussten Naturwissenschaften im 19. Jahrhundert glauben, die Komplexität und Adaptivität der Natur durchschaut zu haben. Allein deshalb, weil der Mensch die Natur in ihren Biotopen nicht respektiert, sondern überall eindringt, ist diese Vorstellung geradezu paradox, wie die Beispiele SARS und auch AIDS zeigen. „Man will das Rad der Geschichte zurückdrehen und denkt, man sei der Herr der Natur", sagt ter Meulen. In Deutschland sieht man heute keine Kinderlähmungen mehr, keine Masern-Epidemien im großen Stil. Dafür wird über Impfschäden berichtet. Das ist das Problem.

Die Argumente der anderen

Die steigenden Zahlen des RKI zeigen, dass die Durchimpfungsrate weiter abnimmt. Und trotzdem geht man bewusst ein Risiko ein, weil man das Impfen für schädlich hält. Freunde aus Lübeck berichten von Pekip-Kursen, in denen zwei Drittel der Frauen angeben, komplett auf das Impfen zu verzichten. Die Gründe dafür reichen von den unerwünschten Folgen wie Diabetes bis hin zu einem generellen Misstrauen gegenüber der modernen Pharmakologie. Auch unter Ärzten gibt es die Angst vor Impfkomplikationen. Aber was sind diese Komplikationen gemessen an den Komplikationen des Nichtimpfens?

WEISSENSEE

In der Bundesrepublik Deutschland bestand bis in die siebziger Jahre für Pocken eine Impfpflicht. Als die Pocken 1979 von der WHO als ausgerottet erklärt wurden, stellte man diese Pflicht ein. In der DDR behielt man die Impfpflicht für Pocken bei, was man in meiner Generation unter anderem an den kleinen kreisförmigen Narben am Oberarm sehen kann, die bei dem einen oder anderen im Sommer zum Vorschein kommen.

Heute gibt es keine Impfpflicht mehr, sondern lediglich die Empfehlung, insbesondere Säuglinge und Kleinkinder in den ersten beiden Lebensjahren gegen die wichtigsten Krankheiten impfen zu lassen beziehungsweise bei Jugendlichen versäumte Impfungen bis zum 18. Lebensjahr nachzuholen. Es ist eine Sisyphosarbeit, aber alles andere wäre mit dem Auftrag der wissenschaftlichen Politikberatung auch nicht vereinbar, sagt ter Meulen zum Abschluss. Den Erfolg der Beratung kann man bei diesem wie vielen anderen Themen nicht an der Umsetzung messen, sondern nur an der Frage, ob die Alternativen den parlamentarischen Entscheidungsträgern rechtzeitig bekannt waren. Entscheiden muss dann der Souverän.

Es erscheint paradox: Wir haben begonnen, die Gefahren der Natur nicht nur zu vergessen, sondern massiv in Frage zu stellen. Überall sind wir darauf bedacht, durch Sport, bessere Ernährung, sichere Technologien Risiken von uns fernzuhalten – hier gehen wir sie bewusst ein. Dieselbe Gesellschaft, die Jugendämter zum Intervenieren in Familien mit vermuteter Verletzung der Fürsorgepflicht, Alkoholismus oder Gewalt anhält, die eine allgemeine Schulpflicht verteidigt und sich den Schutz Heranwachsender vor passivem Rauchen auf die Fahnen geschrieben hat, nimmt die Gefahr für Kleinstkinder in Kauf.

Wer sich indes die Kampagnen von Impfgegnern ansieht, findet dieselben Argumente wie in vielen anderen Technologiefeldern. Immer sind es Feindbilder. So gut wie nie geht es um empirisch erfahrene Komplikationen, sondern um das generelle Misstrauen gegenüber dem technischen Komplex und dessen schädlicher

Wirkung auf das vermeintlich „Natürliche". Und es geht um die Profite der Pharmakonzerne. Der Kreuzzug gegen die Medizin ist ein Vertrauensverlust gegen die moderne Welt, aber auch gegen das Profitstreben, das sich als Topos in nichts von der Wahrnehmung großer Energieversorger oder gentechnisch veränderter Nutzpflanzen unterscheidet.

Am Beispiel der Influenza-Impfungen, aber auch bei der Schweinegrippe kann man zeigen, wie der Vorwurf in beide Richtungen ging. Hätte die Industrie keinen Impfstoff produziert, wäre sie der Vorsorgepflicht nicht nachgekommen. Als sie ihn herstellte und er nicht abgerufen wurde, lautete der Vorwurf, man habe vor allem Geld machen wollen. So kann man es drehen und wenden, wie man will. Am Ende bleiben die Gegenstände der wissenschaftlich-technischen Welt von einem Gefühl des Misstrauens behaftet, und sie können dieses Stigma aus eigener Kraft kaum abschütteln. Die Argumente der Gegner haben einen entscheidenden Vorsprung: Sie setzen auf Gefühlen auf, für die es keine Kategorien wie richtig und falsch gibt.

Vor allem aber ist man geneigt, unsere Maßstäbe, die wir in punkto Umwelt und Natur gern als beispielgebend für die Welt betrachten, im Lichte der Bedingungen anderswo zu prüfen. Die Tuberkulose gehört zu jenen Infektionskrankheiten, die in Afghanistan gesehen werden. Jedes Jahr stirbt in Afrika eine Million Kinder an den Folgen der Malaria. Würden wir den Einsatz von Antibiotika im Sinne eines Gedankenexperiments mit dem Hinweis zurückdrängen, dass wir widernatürlich handeln?

Im Kreißsaal

In seinem 1912 veröffentlichten Gedichtband *Morgue* („Totenhaus") hat der Lyriker Gottfried Benn, bekanntermaßen selbst praktizierender Arzt für Haut- und Geschlechtskrankheiten in Berlin, das Bild eines modernen Heilungs- und Sterbekomplexes gezeichnet. Benns Verse, etwa in *Mann und Frau gehen durch die Krebsbaracke*, gehören bis heute zum Eindringlichsten wie Abstoßendsten, was die deutsche Literatur der Klassischen Moderne hervorgebracht hat. Entsprechend heftig fielen die Reaktionen der Zeitgenossen aus, die sich angewidert abwandten.

Dabei hatte Benn etwas Wesentliches beobachtet und zu Gedichten gemacht. Im ersten Drittel des 20. Jahrhunderts veränderte sich das Gesicht und mit ihm die literarische Wahrnehmung moderner Großstädte in Deutschland wie im Ausland fundamental.

Das lange 19. Jahrhundert, das in seinen letzten Zügen nur noch als eine Epoche der Stagnation und des kulturellen Unbehagens wahrgenommen wurde, mündete in den Expressionismus und eine Dichtung der Sezession und des Verfalls. Städte wie Wien oder Paris galten in einer ähnlichen Weise als symptomatisch für dieses Zeitgefühl, wie Berlin zum Sinnbild der „Roaring Twenties" wurde.

In seinem einzigen Roman *Die Aufzeichnungen des Malte Laurids Brigge* lässt Rainer Maria Rilke seinen Protagonisten, einen jungen dänischen Adligen, durch das Paris der Jahrhundertwende laufen: Es ist voller Geräusche und Gerüche. Brigge denkt über die ersten Sterbehäuser und den anonymen Tod nach. Ihnen stellt er die Erinnerung an seinen Ahnherrn gegenüber, der daheim starb und dessen Ableben das Vieh zu lautem Brüllen im Stall bewegte. Eins zu sein mit seiner Umgebung, ins Leben zu kommen und aus ihm zu gehen an *seinem* Ort: Es ist ein altes Motiv.

Gottfried Benn hat in seinem Gedicht *Saal der kreißenden Frauen* der Industriemäßigkeit des Sterbens jene des Zurweltkommens hinzugefügt. Es ist ein Umfeld der Sterilität, der Aufgabe von Persönlichkeit und Intimsphäre. Schrecken und Faszination liegen beim heutigen Betrachten so dicht beieinander, weil eine vergleichbare Situation kaum vorstellbar erscheint. Dadurch wirkt das Gesagte fast kunstvoll überhöht – als bilde es nicht eine Wirklichkeit ab, wie es sie einmal gab.

ZWISCHEN HAUSGEBURT UND IMPFVERWEIGERUNG

Genau in dieser Zeit wurden in Deutschland tatsächlich die ersten Entbindungsstationen und Säuglingsheime errichtet, die zur Abnahme der Säuglings- und auch Müttersterblichkeit führten. Diese lag in Europa in der Mitte des 19. Jahrhunderts nicht anders als bei Naturvölkern bei über zehn Prozent. Jede sechste bis achte Mutter starb unter der Geburt oder im Wochenbett. 1950 waren es in Deutschland noch 200 Mütter bei 100 000 Entbindungen. Heute sind es nur noch sieben.[84]

Gerade durch das Entbinden in Kliniken, so lässt sich statistisch zeigen, und die entsprechende Überwachung der Kinder in den ersten Lebenstagen wurde die Frühsterblichkeit deutlich gesenkt. Hinzu kam, dass die Behandlung mit Antibiotika die Auswirkungen von Infektionskrankheiten reduzierte. Erst der Aufbau der Neonatologie führte zum heutigen Niveau eines radikalen Rückgangs der Frühgeborenensterblichkeit – doch er schuf auch das Gefühl einer automatisierten Geburt.

Mit der Atmosphäre heutiger Krankenhäuser hat das Benn'sche Szenario nichts mehr zu tun. Der Raum, in dem mein Sohn zur Welt kommen sollte, war nicht weiß gestrichen oder gekachelt, sondern mit furnierten Schränken samt Stereoanlage eingerichtet. Die Musik konnte die Geräusche aus dem Zimmer nebenan nicht verdecken. Ansonsten hatten wir das Gefühl, in Deutschlands größter Geburtsklinik, der Charité, eine private Atmosphäre zu erleben. Der Wehenschreiber lieferte beständig Informationen. Als der Geburtsvorgang zu stocken begann, betrat unsere Hebamme häufiger den Raum. Am Ende, nach mehreren Stunden des Wartens, wurde es ein Kaiserschnitt. Bei meiner Tochter schafften wir es kaum in den Kreißsaal.

Mehr als 30 000 Kinder kommen in Berlin jährlich zur Welt, 3000 davon in der Charité, deren Hauptgebäude nicht weit entfernt sind von der alten Kaiser-Wilhelm-Akademie für das militärärztliche Bildungswesen, an der Gottfried Benn sein Medizin-Studium absolvierte – das ehemalige Regierungs- und Diplomatenkrankenhaus der DDR und heutige Bundeswirtschaftsmi-

WEISSENSEE

nisterium in der Scharnhorststraße. Unter Friedrich dem Großen in der Mitte des 18. Jahrhunderts war es ein Invalidenhaus gewesen.

In Berlin, so schätzt man, werden vier Prozent der Kinder außerhalb von Kliniken auf die Welt gebracht. Berlin liegt damit wie andere deutsche Großstädte oder Lebensorte einer aufgeklärten akademischen Schicht an der Spitze der Statistik mit einem doppelt so hohen Wert wie in den ländlichen Regionen, allein wegen der Dichte der Geburtshäuser, aber auch wegen einer besonderen Haltung der Eltern in der Stadt. Echte „Hausgeburten", also Entbindungen in den eigenen vier Wänden, auf das Nötigste reduziert, sind davon nur die wenigsten. Man spricht in der Regel von außerklinischen Geburten, die den Vorteil besserer Erste-Hilfe-Maßnahmen haben. Beim Berliner Westend-Krankenhaus befindet sich das Geburtshaus für den Fall der Fälle unmittelbar neben der Klinik. Aber auch die Kliniken selbst neigen mittlerweile wieder zum Einsatz von Hebammen in den Kreißsälen.

In Deutschland waren es im Jahr 2010 immerhin 9045 dokumentierte außerklinisch geborene Kinder – ein vergleichsweise geringer Teil von 680 000 Neugeborenen insgesamt. Der Trend aber zeigt nach oben: Während die Geburtenzahlen im letzten Jahrzehnt abgenommen haben, sind die außerklinischen Geburten angestiegen.[85] Insgesamt ist es also noch ein Nischenphänomen, das jedoch sehr viel über unsere Zeit und die Frage verrät, wie wir Verantwortung gegenüber uns und der Natur definieren. Es ist kein Zufall, dass das, was wenige tun, dennoch im Mittelpunkt der Wahrnehmung steht, nicht zuletzt deshalb, weil entsprechende Vorstellungen auch durch die Hebammen transportiert werden.

Vielleicht verhält es sich beim Thema Gebären ein wenig wie mit der Natur im Ganzen: Je weniger sie uns begegnet, je weniger selbstverständlich sie mit unserem Leben verwoben ist, umso mehr Gedanken verwenden wir auf die kostbaren Momente, in denen wir ihr und damit uns selbst nahe sind. In einer Gesellschaft der Erst- und Einziggebärenden sind die Begleitumstände einer Geburt darum längst kein Zufallsprodukt mehr, sondern immer öfter eine bewusste Entscheidung, die nicht zuletzt Ausdruck des eigenen Lebensgefühls ist. Und das wird entsprechend kultiviert, sei es mit Hilfe der Technik in Gestalt von besonderer Musik und Videoaufnahmen, sei es durch das radikale Gegenteil, das Schaffen einer angeblich technikfreien Umgebung.

„Natürlich" gebären

Wer Genaueres über den Wandel des Natürlichkeitsbilds anhand des oftmals rituellen Umgangs mit Geburten erfahren möchte, ist bei Karin Giersig gut aufgehoben. Sie arbeitet als niedergelassene Gynäkologin in Berlin-Weißensee, und doch ist sie alles andere als eine orthodoxe Schulmedizinerin: Bevor sie eine Praxis aufmachte, war sie als Ärztin in der anthroposophischen Klinik Havelhöhe beschäftigt, die als ein Geheimtipp zum Gebären für Paare gilt, die einer sterilen Krankenhausatmosphäre entfliehen wollen und auf die von Hebammen durchgeführte Geburt setzen.

1982 stieg Karin Giersig in die Geburtshilfe ein – in einer Zeit, in der Ärzte gut verdienten und das Eingehen auf die Patientinnen nicht in der Weise im Fokus stand wie heute. Geburten, erinnert sie sich, waren noch weitgehend automatisierte Vorgänge. So gut wie jede Entbindung wurde mit Hormonen eingeleitet. Bisweilen kam es vor, dass ein Schichtwechsel für diesen Schritt genügte oder ein bevorstehender Urlaub des leitenden Gynäkologen. Es war der historische Endpunkt einer Entwicklung, die in der Abgabe der eigenen Verantwortung und Mitbestimmung an den Arzt gipfelte, die jeder vom Hörensagen kennt.

Mein Vater, Jahrgang 1941, ist noch zu Hause zur Welt gekommen, weil es nicht genügend Platz im Krankenhaus gab. Als das Gebären in der Nachkriegszeit in Krankenhäusern zum Standard wurde, wuchs mit dem Komfort auch die Abhängigkeit vom Sys-

WEISSENSEE

tem Klinik. Dass Mütter sich ausruhen mussten von der Geburt, wann sie sich auszuruhen hatten, dass sie in einem strengen Vier-Stunden-Rhythmus zu stillen hatten, wann sie ihr Kind sehen durften: All das war vorgeschrieben – bis in die achtziger Jahre.

Für meine Generation vollkommen unvorstellbar, war es einmal normal, dass die Säuglinge den Müttern nach der Geburt weggenommen wurden und dass die Schwestern sie nur zum Stillen brachten. Dann kam die Frauenbewegung, die sich aus der grün-feministischen Szene speiste – und mit ihr die Idee, sich nicht länger fremdbestimmen zu lassen. Natur und Technik, dies zeigt sich auch in der Frauen- und Kinderheilkunde, waren zu jeder Zeit eine Frage von Macht und Autonomie.

Wer in den siebziger Jahren groß wurde, konnte das Auseinanderfallen entsprechender Orientierungen gewissermaßen erstmals am eigenen Leibe erfahren. Dies gilt auch für die Unterschiede in den ehemaligen deutschen Teilstaaten. Stillen war im Westen nicht nur als Ausdruck der Emanzipationsbewegung der Frauen weitgehend verpönt. Wesentliche Gedanken empfing man dabei aus den libertären Strömungen in den USA oder Frankreichs, das als fortschrittlich galt und wo die Selbstverwirklichung der Frau im Vergleich zur alten Bundesrepublik scheinbar höher war. Was als gesellschaftlich normiert galt, fand seinen Niederschlag folgerichtig in wissenschaftlichen Studien, die von der Schädlichkeit des Stillens etwa durch die Übertragung von Keimen über die Muttermilch berichteten. In meiner Wiegekarte, die den Beginn eines Fotoalbums bildet, ist auf dem Umschlag hingegen eine stillende Mutter zu sehen. Darunter prangt in großen Buchstaben die Aufforderung, zum Stillen zu gehen, für das man mit 10 DDR-Mark lockt. Es gab damals Milch-Küchen, in denen Frauen ihre überschüssige Milch abpumpten, um sie anderen Kindern zu geben. Heute ist dieses Privileg vor allem Frühchen vorbehalten.

Karin Giersig wuchs in der Nähe von Karlsruhe auf. Seit langem arbeitet sie mit Kathleen Günther zusammen, eine Ostberliner Hebamme, die 1992 mit zwei anderen Hebammen das zweite

Geburtshaus Berlins gründete. „Das erste in der ehemaligen DDR", wie sie nicht ohne Stolz sagt. Es heißt *Maja* und liegt am Arnimplatz im Stadtteil Prenzlauer Berg.

Kathleen Günther erinnert sich, dass sie zu Beginn der achtziger Jahre noch mit dem Hörrohr neben den Frauen saß. Zunehmend stieß aber die Medizin in den Kreißsaal vor. Die Ärzte nahmen den Hebammen etwas weg, drängten sie in ihrem Tun zurück, zumindest empfanden es manche so, auch Kathleen Günther. Auch deshalb gründeten sie die ersten Geburtshäuser und Hebammen-Verbände.

Der Wunsch der Hebammen nach mehr Selbstbestimmtheit wuchs parallel zum Wunsch der Frauen nach der Entbindung in einem Umfeld, das ihnen nicht das Gefühl gab, krank zu sein, sondern ein Kind zu bekommen. Und der Zuspruch gab Kathleen Günther recht: In manchen Jahren seit der Gründung gab es bis zu 260 Geburten. Das ist ziemlich viel, wenn man bedenkt, dass dieses Geburtshaus streng genommen eine Geburtswohnung ist.

Seitdem es in den Krankenhäusern weniger nach Krankenhaus riecht und man besser auf die Frauen eingeht, ist auch die Bereitschaft zurückgekehrt, wieder dort sein Kind zu gebären. „Die Dinge haben sich umgedreht", sagt Karin Giersig und gibt zu verstehen, dass sie dies mit gemischten Gefühlen sieht. „Heute sind wir beim anderen Extrem angelangt."

Was sie damit meint, wird schnell klar, wenn man den beiden Frauen zuhört, die ganz unterschiedlich aufgewachsen sind. Es sei nicht nur die mangelnde Empathie der Medizin früher, die den Wunsch nach möglichst „natürlicher" und „ganzheitlicher" Versorgung der Patientinnen befördert hätte, sondern ein allgemeines Klima der Risikovermeidung durch das Zauberwort Natur. Die Mündigkeit der Patientinnen habe wie in allen anderen gesellschaftlichen Bereichen ein Maß erreicht, bei dem die Grenze zwischen Fragen und Fordern verschwimme. So sei es heute in erster Linie ein Statement und durchaus kleidsam, eine außerklinische Geburt zu haben, gerade in Prenzlauer Berg. Die Frauen seien sich

WEISSENSEE

in diesem einen Punkt sehr sicher, wüssten aber zunehmend weniger, was auf sie zukommt – dass Gebären harte Arbeit ist –, und wachten dann auf wie aus einem Traum. Die Anstrengungen der Geburt ohne PDA wie im Krankenhaus würden immer öfter unterschätzt, die Schmerzgrenze liege definitiv niedriger als früher.

„Immer mehr außerklinische Geburten werden vorzeitig abgebrochen", sagt die erfahrene Hebamme und nennt die Zahl von 18 Prozent, während es früher nur jede zehnte Geburt gewesen sei. Jede fünfte außerklinische Geburt findet aus medizinischen oder persönlichen Gründen somit vorzeitig ein Ende. Vielleicht auch, weil die Kinder bei der Geburt größer und schwerer sind als früher, eine Folge der Genussgesellschaft. In jedem Fall seien die Frauen bei der Erstgeburt älter und damit anders konditioniert.

„Im Vordergrund steht immer der undefinierte Wunsch nach Natürlichkeit", ergänzt die Gynäkologin, „der illusionär ist". Und dann erzählt sie von einer Patientin, die sich vor einer Hausgeburt weigern wollte, einen Ultraschall zu machen. Sie hatte gehört, dass das Schallen schädlich sein könne für das Ungeborene. Und dass es eine Berliner Hebamme gebe, die sie auch so zur Geburt genommen habe.

Dass dem nicht so ist, bedarf keiner Hinweise auf die Versicherungsbedingungen der Hebammen. Karin Giersig sieht auf einen alten Apothekerschrank, der ein Blickfang ihrer Praxis ist und auf dem Emailleschilder mit Kräuternamen wie „Walnussblätter", „Tausendgüldenkraut", „Vogelknöterich", „Augentrost" und „Seifenrinde" prangen: Über die Konsequenzen – eine Steißlage des Kindes oder eine vor den Muttermund verschobene Plazenta – hätte die junge Frau, die einen aufgeklärten Eindruck machte, nichts gewusst. Am Ende hätte es Tränen gegeben über die Enttäuschung, dass dieser Weg vielleicht doch nicht der richtige sei. Warum, denkt man unweigerlich, möchte eine Frau, der es um die Reduzierung jeglicher potenziell schädlicher Einflüsse geht, ihr Neugeborenes dann überhaupt im Zentrum einer Großstadt wie Berlin aufwachsen sehen?

ZWISCHEN HAUSGEBURT UND IMPFVERWEIGERUNG

Unter umgekehrten Vorzeichen würden sich die Fehler der Schulmedizin früherer Jahre heute wiederholen, sagt Karin Giersig dann. „Alles muss natürlich sein, ohne Chemie, auch ohne Operation – das ist der Anspruch, der immer konfrontativer artikuliert wird." So gut wie immer gehe es in Wahrheit um Ängste und Misstrauen. Sie als Ärztin sei dabei zunehmend in der Rolle der Dienstleisterin, die diese Ängste auffangen solle. Als fachliche Autorität, die einen begründeten Rat gegen die selbstgesteckten Ziele einzubringen hat, werde sie von manchen Patientinnen leider zunehmend weniger akzeptiert. Das zeigten auch die Internetforen, in denen sie und andere Kolleginnen bewertet würden.

Karin Giersig sagt, dass manche ihrer heutigen Patienten im Gegensatz zu früher nicht in derselben Weise bereit wären, Konsequenzen zu tragen. Gerade solche Frauen, die auf „Natürlichkeit" Wert legten, übertrügen ihr die Kontrolle, wollten mittels der Pränataldiagnostik jede nur denkbare Komplikation und Schicksalhaftigkeit der Natur ausschließen, akzeptierten ihr Urteil als Ärztin dann aber nicht, wenn sie von einer außerklinischen Geburt abrate.

Die hohe Konsequenzbereitschaft, die sie bei den Aktivistinnen der achtziger Jahre bewunderte, fehle heute oft, sagt sie. Statt der Pillengläubigkeit früherer Jahre gebe es den Glauben an Globuli-Effekte, und das im übertragenen wie im eigentlichen Sinne. In Prenzlauer Berg, erfahre ich, gibt es eine Apotheke, wo Frauen Teile der eigenen Plazenta abgeben können, um daraus Creme oder Kügelchen zu machen. Manche Frau sei völlig in ihrem Wunsch gefangen, den Schalter in Richtung Natur umzulegen – alle Risiken auf Knopfdruck zu beseitigen. „Es ist oft keine gelebte Haltung", sagt Giersig, „keine gewachsene Überzeugung, sondern eine aus Lifestyle-Gründen."

Ich habe ein Bild vor mir, es war noch nicht lange her: zwei Mütter auf dem Spielplatz, die ihren gestürzten Kindern nicht über den Kopf strichen und sie trösteten, sondern ihnen eilig Arnika-Globuli in den Mund steckten.

Vertrauen und Misstrauen in Medizin

In den dreißig Berufsjahren hat Kathleen Günther auch mehrere Jahre in Afrika als Hebamme gearbeitet. Sie sagt, es sei eine der besten Entscheidungen ihres Lebens gewesen, nach Ghana zu gehen, dorthin, wo auch Jacob Cramer immer wieder für Studienzwecke ist, dorthin, wo Kayayoo-Frauen große Lasten auf dem Kopf über die Märkte tragen und die Slums inmitten der Stadt liegen.

In Accra habe es nur unzureichend Wasser und Strom gegeben. Die meisten Frauen bekämen aber mittlerweile einen Wehentropf. „Es geht dort ums nackte Überleben, fast jede Frau hat ein totes Kind in der Anamnese", wobei viele Kinder vor der Geburt, aber auch in den ersten fünf Lebensjahren sterben. Ganz so wie in Deutschland vor vielen Jahrzehnten. Anders als in Europa seien die Frauen darum stolz darauf, in ein Krankenhaus zu gehen, und hätten kein Problem damit, dass die Geburten wie bei uns vor dreißig Jahren planmäßig eingeleitet würden. Ein Kaiserschnitt sei sogar so etwas wie ein Ausdruck der Anerkennung für das, was sie durchmachten. Und er gebe Sicherheit. Denn es stürben weniger Kinder infolge der besseren vorgeburtlichen Untersuchungen, die eine geplante Sectio erfordere. Es liege also nicht allein am Krankenhaus.

Dafür gibt es in Afrika zu wenige Hebammen, Frauen wie Kathleen Günther. Die Bezahlung ist zu schlecht, gerade auf dem Land braucht man ein Fahrzeug, um die riesigen Distanzen der „dezentralen" Gebiete zurückzulegen. Manchen deutschen Passanten bekannt geworden ist eine Kampagne der African Medical and Research Foundation (AMREF), einer Organisation, die Gesundheitsprogramme durchführt, wobei der Fokus nach eigenen Angaben auf Frauen und Kindern liegt. Die Kampagne arbeitet mit der unvorstellbaren Zahl von 200 000 Müttern, die jährlich allein in Ostafrika mangels medizinischer Versorgung sterben –

ZWISCHEN HAUSGEBURT UND IMPFVERWEIGERUNG

und mit 1,5 Millionen Kindern, die ohne Mutter zurückbleiben. „1 Hebamme kann jährlich 500 Mütter versorgen!"

Wenn man in Rechnung stellt, dass nicht nur die Zahl der außerklinischen Geburten und der Abbrüche selbiger in Deutschland zugenommen hat, sondern auch deutliche Anstiege der Pränataldiagnostik, der freiwilligen Kaiserschnitte, aber auch der plastischen Chirurgie zu verzeichnen sind, erkennt man, dass vor allem die Extreme zugenommen haben: technisch vermittelte Sicherheit und vermeintliche Natürlichkeit. So hat sich die Zahl der Kaiserschnitte in Deutschland seit 1991 nahezu verdoppelt auf über 200 000, das ist fast ein Drittel aller Geburten in Deutschland.

In beiden Fällen geht es um Kontrolle, die Verweigerung gegenüber einer Fremdbestimmung – sei es durch einen Arzt oder den eigenen Körper, der Todesschmerzen verursacht und entstellt zu werden droht. Der Glaube an die Entscheidungen und die Berechtigung professioneller Instanzen wird – als Reaktion auf die frühere Machtlosigkeit im Behandlungszimmer – immer häufiger in Zweifel gezogen, das eigene Fühlen zur Leitschnur gemacht.

Deutschland ist bei dieser Entwicklung kein Vorreiter, wenn man sich entsprechende Entwicklungen in anderen westlichen Ländern wie den USA und Australien, neuerdings aber auch in aufstrebenden Volkswirtschaften wie Russland ansieht, wo man die Schönheit nicht dem Zufall der Natur überlassen will. Die Planung und Optimierung der Natur werden am eigenen Körper mit rücksichtsloser Härte vollzogen. Sie stehen in krassem Widerspruch zum allseits akzeptierten Wunsch nach Natürlichkeit, wenn es um das Thema Ernährung geht.

Ehingen/Donau – oder:
Biomärkte und der Glaube
an die Nahrung von hier

Beim Fliegen über Deutschland: Der Blick auf die Landschaft verdeutlicht mehr als die Bewegung am Boden die vollkommene Erschließung aller Flächen. Es gibt keinerlei weiße Flecken im Sinne von Wildnis mehr, keine Autonomie von Natur. Selbst die Gebirgszüge und Wälder schmiegen sich an Quadrate und andere geometrische Formen, die sich wie ein Flickenteppich unter den Tragflächen ausbreiten. Dazwischen begradigte Flüsse und Kanäle, hin und wieder ein See. Und Flächen, die blauviolett sind, Solarparks in Hektargröße. Ich blättere durch ein Magazin: Dort sehe ich eine Karte mit Erdgasleitungen und Terminals, die sich wie ein Kapillarsystem durch ganz Europa ziehen und es vernetzen. Und Flugrouten, die mit Nadelpunkten beginnen. Dann setzten wir zur Landung an. Stuttgart Flughafen.

Auf der Fahrt sieht man Wiesen und grünende Maisfelder, die jetzt im Juli, wo der Klatschmohn und die Kornblumen in voller Blüte stehen, durch rote und blaue Punkte verziert werden. Hier und da ist eine Holzmiete zu erkennen, die Bauern am Fuße der Hänge zusammengestellt haben. Es gibt nur wenig Verkehr. Zweimal überhole ich einen alten Traktor mit Hänger, lese im Vorbeifahren die rostigen Markenschilder „Fahr" oder „Deutz" und erinnere mich an die riesigen Mähdrescher von „John Deere" oder

EHINGEN/DONAU

„Fendt" daheim in Mecklenburg und Brandenburg. Über den frisch gemähten Wiesen stehen Falken und eine Rohrweihe in der Luft und spähen nach Nahrung. Der Mensch hilft der Natur beim Überleben, denke ich. Darüber der Himmel, der heute voll ist von Schäfchenwolken. Es ist eine Landschaft wie aus einem Reisekatalog, den man irgendwo in einem Antiquariat gefunden hat, schön und unschuldig.

Wenn man nicht über die Autobahn kommt, sondern die Landstraße von Kirchheim her nimmt, passiert man die Bassgeige und durchfährt die malerische Landschaft der Schwäbischen Alb. Seit einigen Jahren ist sie ein Biosphärenreservat, also eine Modellregion, die den Einklang von Mensch und Natur eingedenk der wirtschaftlichen Nutzung erprobt und nicht von dem Gedanken der Nationalparks ausgeht, dass der Mensch komplett ferngehalten werden müsse. Es ist ein Konzept, das gut auf die Mentalität der Menschen hier abgestimmt zu sein scheint.[86] Die Orte heißen Lenningen, Donnstetten oder Blaubeuren, man sieht neben Gasthäusern und kleinen Metzgereien, an denen sich die enge Straße entlangwindet, auch die Zeugnisse einer alten Industriekultur, die diese Region einst wohlhabend gemacht hat, Papierfabriken, Textil, Baustoffe.

Wie früher die Burgen von Feudalherren erheben sich in Schelklingen und Allmendingen die Betontürme der Zementwerke über die Dächer der Häuser. Die Schwäbische Alb, sie ist ein Kalksteingebirge, in dem es viele Höhlen gibt. Und dann sieht man rechterhand auf dem Plateau Werkhallen und gigantische Krane vom Ausmaß von Offshore-Windrädern. Es ist die Firma Liebherr, die hier den größten Teleskopkran der Welt produziert. Man liefert auch nach China und die USA. Liebherr ist zugleich einer der beiden verbliebenen großen Arbeitgeber am Ort, nachdem ein anderer im Frühjahr 2012 weggebrochen ist: Schlecker.

Schleckerland

Im Frühjahr 2012 wurde der Insolvenzantrag für das Unternehmen gestellt, am 1. Juni die Zerschlagung und mithin die Kündigung der 13 000 Beschäftigten bekannt gegeben. Es waren fast alles Frauen. Auch und gerade aus Ehingen, wo es mehr als eintausend Beschäftigte traf, ein Schlag ins Kontor im strukturstarken Südwesten, in dem solche Hiobsbotschaften bislang die Ausnahme waren. Die Arbeitslosigkeit im Alb-Donau-Kreis liegt bei unter vier Prozent.

Die Kinder von Anton Schlecker, Lars und Meike, in dieser Zeit permanent in den Medien, gingen hier zur Schule. Auch ihr Vater wurde in Ehingen geboren. Er war es, der das Firmenimperium der Schlecker-Drogeriemärkte mit einer ersten Filiale in Kirchheim unter Teck im Jahr 1975 begründete. Dabei hatte er dort nicht als Drogist begonnen, sondern als Metzger, der Fleisch und Wurstwaren, die sogenannte Schlecker-Wurst, billig unter die Menschen brachte. Im Alter von 21 Jahren war er einstmals der jüngste Metzgermeister in Baden-Württemberg.

Anton Schlecker hatte 1966 im hiesigen Verbrauchermarkt als Erster ein „Cash und Carry" eröffnet. Der Slogan lautete: „Alles unter einem Dach". Die Autos stauten sich, und die kleinen Fachgeschäfte profitierten. Bereits Schleckers Vater hatte in Ehingen geschlachtet. Er tat dies oft zusammen mit dem Vater von Paul Götz, einem rüstigen Mann Anfang sechzig, der im Aufsichtsrat der hiesigen Volksbank sitzt und bis 2009 ein angesehenes Fachgeschäft in der vierten Generation führte, zuletzt mit fünfundzwanzig Angestellten. In den besten Zeiten waren es vierzig, wohlgemerkt: in einem Metzgerbetrieb, nicht in einer Kette. Weil er keinen Nachfolger fand, gab Götz den Laden und die dazugehörende Produktion ab. Seine drei Söhne wollten alle etwas anderes machen, studieren, weggehen von hier. Wer mit ihm spricht, sieht einen Handwerker alten Schlages am Ende seines Berufslebens vor sich, der noch voller Elan ist. Und voller Geschichten. „Vor dem Krieg haben der alte Schlecker und mein Vater oft zusammen geschlachtet. Jeder bekam ein halbes Rind pro Woche, mehr wurde nicht verkauft." Man aß nicht jeden Tag Fleisch. Der sprichwörtliche Sonntagsbraten – er war ein Ereignis.

Am Viehmarkt

Wir beginnen unseren Spaziergang am Ehinger Viehmarkt, ein historischer Ort in der Ehinger Altstadt, der heute als Parkplatz genutzt wird. In den siebziger Jahren, erinnert sich Götz, war hier tatsächlich noch „Viehmarkt". Dienstags früh um sieben seien die Bauern mit ihren Schweinen gekommen. Es sei ein Spektakel gewesen, auch für den ältesten Sohn, der an der Hand der Großmutter dem Treiben zugesehen habe, sagt Götz.

Ende der fünfziger Jahre, als er selbst ein Kind war, gab es kaum Kühlschränke. Die Leute kamen täglich in die Metzgerei und holten sich das Fleisch ganz frisch. Er erinnere sich, wie seine Mutter an jedem Sonntag im Geschäft stand, um die Sonntagskundschaft zu bedienen.

Während er dies sagt, muss ich an die Winter zu Beginn der achtziger Jahre denken, in denen wir zum Schlachten in ein kleines Dorf namens Wintzingerode im Eichsfeld fuhren, in jenes Dorf, in dem meine Mutter aufgewachsen war, nachdem meine Großeltern vor den Bomben in Berlin geflüchtet waren. Die Tiere waren dann fett, man hatte Fleisch für die Festtage. Vor allem aber hielt sich Fleisch länger in der Kälte.

Diese Erlebnisse waren faszinierend und verstörend zugleich für ein Stadtkind wie mich. Sie prägten ein ambivalentes Gefühl gegenüber dem Landleben. Das konnte sehr archaisch sein: die Gerüche; die Laute des sich wehrenden Schweins; der dumpfe Schlag des Bolzenschussgeräts; die Farbe des Bluts auf dem schneebedeckten Steinboden; das Dampfen des aufgebrochenen Körpers;

BIOMÄRKTE UND DER GLAUBE AN DIE NAHRUNG VON HIER

auch das Gespräch über eine Schlachtung im Nachbardorf, bei der man mit dem Bolzen nicht weiterkam und einem Ochsen mit dem Schmiedehammer auf den Kopf schlug, worauf dieser zusammensank wie durch den Estoque des Matadors getroffen.

Nach wenigen Schritten stehen wir an der alten Metzgerei, das Urgeschäft des Betriebs. Das Haus in der Hauptstraße 99 ist heute ebenfalls nicht mehr in Götz' Besitz. Die Tür ist vermauert, die Scheiben sind verhangen. Damals, in der goldenen Zeit der Firma, gab es in Ehingen noch 10 000 Einwohner und zwölf Metzgereien. Sie sind mit Ausnahme des alten Geschäfts von Paul Götz und einem weiteren alle verschwunden, obwohl die Einwohnerzahl anders als in vielen ostdeutschen Gemeinden nicht stagnierte oder zurückging, sondern stieg. Auch durch umliegende Gemeinden hat Ehingen heute weit mehr Einwohner als früher.

Wir gehen durch die Ehinger Altstadt, in der beinahe jedes zweite Geschäft leer steht. Man sieht junge Familien und Frauen mit Kopftüchern. Der Strukturwandel, den ich aus anderen Regionen kenne, ist auch hier spürbar. Die Filiale von „Schlecker XXL" hat an diesem Samstag geöffnet. Früher gab es hier neben kleinen Bäckereien und Metzgereien die typischen Insignien deutscher Innenstädte, Feinkostgeschäfte, Lederwarengeschäfte, Schuhgeschäfte, Oberbekleidungsgeschäfte, die einmal die ganze Bevölkerung versorgten. Immerhin, ein altes Hutgeschäft ist noch da.

„Das hier war einmal das führende Kleidungsgeschäft", sagt Götz und zeigt auf den Namenszug „Kaim". Im Jahr 2011, werde ich später nachlesen, gab auch Ehingens traditionsreiches Modehaus auf. In der Presse werden auch hierfür das Erschließen von Handelsflächen am Stadtrand, das man von den Einkaufszentren im Osten kennt oder so manchem Outlet-Center im Westen, sowie die schöne Idee verkehrsberuhigter Fußgängerzonen in den Innenstädten als Gründe genannt. Und doch gibt es andere.

Wie gut Götz' eigenes Geschäft damals funktionierte, mag die Aussage eines Lieferanten für Wurstmaschinen und andere Geräte ausdrücken, der die südwestdeutsche Betriebsstruktur wie seine

EHINGEN/DONAU

Westentasche kannte und über ein halbes Jahrhundert Kontakt auch zur Familie Götz hatte. Er sei sich sicher gewesen, dass es in Süddeutschland keinen zweiten Betrieb gegeben habe, der auf einer so überschaubaren Ladenfläche vergleichbare Umsätze erzielte. Und er hätte, räumt Götz ein, noch mehr aus dem Betrieb rausholen können bei niedrigeren Personalkosten und beim Verzicht auf eine heute kaum vorstellbare Mentalität, jeden Kundenwunsch zu erfüllen und alten Damen die Einkaufstasche im Zweifelsfall auch nach Hause tragen zu lassen. „Es ging uns immer gut, aber wir waren nicht überragend rentabel."

Tiere essen

Wir stehen auf einer kleinen Brücke, die über das Flüsschen Schmiech ragt, dem man auf Schritt und Tritt begegnet. Ich muss mich konzentrieren, da direkt unter uns mehrere Forellen in der Strömung stehen. Götz sagt, für ihn war der Umgang mit den Tieren, überhaupt die ganze Haltung zur Produktion von Lebensmitteln nie eine Sache wie jede andere. Seine Freizeit hat er in den letzten Jahren beim Fischen an der Donau oder in Alaska in abgelegenen Lodges verbracht, wo man noch Lachse fangen und sie danach gleich am Lagerfeuer verspeisen kann. Dasselbe Prinzip.

„Dort drüben", meint er, „war der Bauer, mein Cousin. Das war der Weg, den die Tiere zum Schlachten zurücklegen mussten." Und er wiederholt es wie eine Beschwörung, die pittoresk wirkt und nichts mit den Bedingungen der Großstädte zu tun hat, sondern eben nur hier funktionieren kann, in der Struktur einer ehemaligen Ackerbürgerstadt: „Dort drüben wurden sie gehalten, zwei Gassen weiter wurden sie geschlachtet, wiederum ein paar Gassen weiter verarbeitet und dann an die Kunden verkauft. Das meiste spielte sich binnen weniger Quadratkilometer ab, inmitten der Stadt." Nicht draußen, abgeschirmt von den Blicken der Menschen, heißt das.

BIOMÄRKTE UND DER GLAUBE AN DIE NAHRUNG VON HIER

Es klingt wie ein Märchen aus einer anderen Zeit: Mehrmals in der Woche fuhr Götz hierher oder zu seinen Bauern in die umliegenden Dörfer, wobei er sich nie weiter als in einem Radius von zwanzig Kilometern bewegte. Er kannte jeden von ihnen – und sie kannten jedes ihrer Tiere. Götz suchte sich ein paar Schweine und ein Rind aus, verlud das Vieh auf seinen Transporter und fuhr zum Schlachthof, wo er die Tiere selbst schlachtete. Das war ganz in der Nähe der Stelle, an der wir nun stehen. „Ich habe immer nur solche Höfe genommen, die so hielten und fütterten, wie ich es mir vorstellte", sagt er.

Nachdem die Tiere getötet und zerlegt waren, kam das Fleisch in die Metzgerei, wo man Wurst, Schinken, Braten und anderes daraus machte, das entweder frisch in der Ladentheke landete oder in Konserven mit dem schlichten Etikett „Metzgerei Paul Götz, Hauptstraße 99, 7930 Ehingen/Donau" abgefüllt wurde. Er könne am Fleisch ablesen, ob es den Tieren gut ging oder ob sie nur eine Nummer waren, sagt Götz. „Unsere Kunden wussten das." Deswegen sieht er das Entstehen der Discounter anders als manche Kollegen mit Gelassenheit. Natürlich sei es zu spüren gewesen, als die Supermärkte günstige Angebote hatten. Aber das sei nie von Dauer gewesen, sondern habe eben eine Schnäppchenmentalität befördert, ein Strohfeuer, mehr nicht. Die meisten Kunden kamen irgendwann wieder zurück.

Der Metzger hat eine eigene Erklärung dafür, warum sich der Wunsch nach „Bio" in den vergangen Jahren so stark durchsetzen konnte in Deutschland. Sie hat weniger mit der gestiegenen Verantwortung für die Natur zu tun und mehr mit der Struktur des deutschen Einzelhandels, der Lücken für ein bestimmtes, früher selbstverständliches Sortiment hochwertiger regionaler Produkte geschaffen hat. Der Zusammenbruch des einstigen Mittelstands mit seinen kleinen, aber wirtschaftlich tragfähigen Strukturen sowie die Internationalisierung der Arbeitsprozesse und Warenströme haben den Glauben an „Bio" nach seiner Auffassung groß gemacht. Denn Biomärkte, wie sie heute vor allem in Großstädten zum Erscheinungsbild gehören, sind eine Antwort auf die Discounter – oft mit den Mitteln der Discounter. Deshalb gibt es sie besonders oft dort, wo entsprechende kleinteilige Strukturen nicht mehr oder traditionell nicht in der Dichte existieren wie hier in Süddeutschland.

Götz' Sohn, der in München lebt, gesellt sich zum Gespräch hinzu. Er sagt: „Ich gehöre in diese Generation, der etwas weggebrochen ist und die nun nach Alternativen sucht. Aber ich habe nie wieder dasselbe Vertrauen aufbauen können. Ich kaufe Bio, aber ich habe das Gefühl, dass es nur um Marketing geht. Es zieht mich an und turnt mich zugleich ab."

Paul Götz hat ein Siegel wie „Bio" nie verwendet. Allein deshalb, weil er ein Problem mit Zertifizierungen hat, die er im Grunde schon immer übererfüllte. Wäre ein solches Etikett plötzlich aufgetaucht, hätte es dem Betrieb womöglich eher geschadet, meint er. Denn es hätte bei seinen langjährigen Stammkunden Misstrauen erzeugt, ein bis dato nicht verwendetes Siegel für nötig zu halten, das noch dazu auf immer mehr Lebensmitteln auch in den Supermärkten auftauchte.

Eintritt in den Bio-Kosmos

Seitdem der Journalist Henning Sußebach für einen *ZEIT*-Beitrag im Jahr 2007 den Begriff des „Bionade-Biedermeier" prägte, ist es nicht unüblich, über Viertel wie den Prenzlauer Berg und seine Einwohner zu witzeln.

Man glaube anders zu sein, cooler, offener, unabhängiger, lautete Sußebachs Fazit, lebe aber in Wahrheit genauso spießig wie die eigenen Eltern, die häufig nicht aus Großstädten kämen. Der Öko-Philister habe einen anderen Lifestyle, könne und wolle sich das Gute leisten, die Intoleranz und das Sendungsbewusstsein der Ordnungsfanatiker und Gartenzwergbesitzer seien jedoch geblieben.

BIOMÄRKTE UND DER GLAUBE AN DIE NAHRUNG VON HIER

Tatsächlich geht der Begriff des Biedermeier an einer Stelle nicht fehl, da er wie im 19. Jahrhundert vor allem auf das Refugium der liebevoll eingerichteten eigenen vier Wände, der familiären Umgebung setzt. Der Wunsch nach hochwertigen Produkten treibt dabei bisweilen groteske Blüten. Seit langem ist in bestimmten Vierteln auch anderer deutscher Städte ein Lebensstil en vogue, der mit Schlagworten wie Regionalität und unzähligen „Bio"- und „Öko"-Komposita operiert. Aus dem Lebensgefühl von wenigen Ökoaktivisten ist ein millionenschwerer Markt geworden, der mittlerweile genauso global organisiert ist wie die Automobilindustrie und gegen den sich Energieversorger, die ihre Produkte Strom und Wärme nicht exportieren können, wie Gralshüter des Traums der Regionalität ausnehmen.

Nicht anders als der sanierten Fassaden am Kollwitzplatz hat sich das Geld der guten Ideen bemächtigt und sie zur Marke gemacht. Im Manufactum- und Bionade-Kosmos leben freilich nur wenige. Aber ein gewisses Maß an Bereitschaft, wieder über Werthaltigkeit nachzudenken, halten viele Menschen für zeitgemäß. Und das wollen sie dann auch zeigen.

Betrachtet man die Zahlen zur biologischen Landwirtschaft etwas genauer, stößt man zunächst auf einen ähnlichen Effekt wie beim Verhältnis von Hausgeburten zu klinischen Geburten: In unserer Wahrnehmung ist der Sektor deutlich größer als in Wirklichkeit. Er liegt im einstelligen Prozentbereich aller agrarischen Produkte. So hat sich die ökologische Landwirtschaft in den vergangenen Jahren im Bewusstsein vieler Käufer stärker eingebrannt, als ihre Umsätze wuchsen, obwohl auch die sehr respektabel sind.

Die wesentlichen Unterschiede zu konventionell erzeugten Produkten ergeben sich aus den besonderen Anforderungen an das Saatgut – den Verzicht auf bestimmte Düngemittel, vor allem aber auf gentechnisch verändertes Saatgut – und natürlich dem Preis. Denn Landwirte sind heute wie zu jeder Zeit vor allem Unternehmer. Sie produzieren oder machen das, was sich rechnet, wie man auf Landfesten nach ein paar Bier mit Blick auf die Biomassen-

EHINGEN/DONAU

anlagen schnell raus hat. Düngung und Pflanzenschutz, Treibstoff und Lohnunternehmerkosten sind Betriebsmittelausgaben, die den Gewinn schmälern können, wenn man sie nicht richtig einsetzt.

Bei der Nutztierhaltung liegen die Anforderungen genau auf einer Linie mit dem Metzger aus Ehingen: Neben Auslaufmöglichkeiten und bestimmten Viehmengen pro Stalleinheit verzichtet man weitgehend auf Medikamente und setzt auf ökologisch erzeugte Futtermittel – Attribute, die auch Paul Götz unterschreiben würde. Auch dadurch hat die Nachfrage nach ökologisch erzeugten Lebensmitteln in nur wenigen Jahren im zweistelligen Bereich zugenommen. Aus Sicht der Verbraucher ist dafür neben dem zwar nicht eindeutig nachgewiesenen, aber so wahrgenommenen höheren Gesundheitswert insbesondere der Umgang mit Tieren und Umwelt entscheidend. Die Branche – vertreten durch Bioland, Naturland, Demeter, Biokreis oder Biopark, um die größten Zusammenschlüsse von Mitgliedsbetrieben zu nennen – kann sich alles in allem auf Wachstum einstellen. Nirgendwo in Europa werden mehr Bio-Lebensmittel abgesetzt als in Deutschland, und das mit weitem Abstand: Es sind 71 Euro pro Kopf und Jahr.[87]

Die konventionelle Landwirtschaft

Vor einhundert Jahren – dies kann man im Situationsbericht 2011/2012 des Deutschen Bauernverbands nachlesen – lag der Ertrag aus einer Produktionsfläche von einem Hektar bei Weizen etwa bei 18 Dezitonnen. Heute ist er viermal so hoch. Während es in Deutschland um 1900 noch 5,6 Millionen bäuerliche Betriebe gab, die eine Fläche von 26 Millionen Hektar im ehemaligen Reichsgebiet bewirtschafteten, sind es heute 301 000 Betriebe auf einer kleiner gewordenen Fläche von ca. 17 Millionen Hektar. Hier ist zu beachten, dass die absoluten Zahlen insofern in die Irre

158

führen, als die Grundfläche größer war und Deutschland nach dem Zweiten Weltkrieg vierzig Prozent seiner Fläche verlor. Die Gesamterzeugung auch in der Tierhaltung ist heute dreimal so hoch, weshalb Futtermittelimporte in neuartigen Größenordnungen notwendig sind – sowohl im konventionellen wie im ökologischen Bereich.

Ein Landwirt ernährte am Anfang des 20. Jahrhunderts in Deutschland vier andere Menschen. Heute sind es mehr als 130.[88] Die ausschlaggebenden Gründe dafür sind vor allem der Einsatz von Düngemitteln sowie Züchtungsverbesserungen und ein modernes Landmanagement. Dadurch konnte es etwa beim Getreide zu deutlichen Ertragssteigerungen kommen – und das auf einer sehr viel kleineren Fläche.

Das Prinzip gilt auch in der Milchwirtschaft. Immer weniger Landwirte produzieren immer mehr Nahrung, unterstützt von Informations- und Steuerungselektronik, Melkrobotern und ausgestattet mit großen Maschinen. Eine moderne Milchkuh gibt im Schnitt 20 Liter Milch und versorgt damit 23 Verbraucher. Top-Milchkühe geben sogar 30 und mehr Liter am Tag.

Dies hat auch die Kosten der Landwirtschaft verändert. De facto ermöglichen es niedrige Preise, hochwertige Nahrungsmittel günstig zu erwerben. Während der Anteil der Ausgaben für Nahrungs- und Genussmittel an den Gesamtausgaben vor einhundert Jahren noch bei fünfzig Prozent lag, liegt er heute nur noch bei 14 Prozent.[89] Deutschland bewegt sich damit europaweit im Mittelfeld. Denn die Unterschiede auf europäischer Ebene sind gewaltig. In Drittweltländern beträgt der Anteil der Ausgaben für Lebensmittel sogar bis zu sechzig Prozent am Einkommen und mehr.

In Deutschland sind Lebensmittel in den letzten Jahrzehnten immer erschwinglicher geworden, was zu einer Diskussion über den gegenteiligen Effekt geführt hat – darüber, ob sie zu erschwinglich geworden sind. Vierzig Prozent aller erzeugten Lebensmittel werden weggeschmissen. Wichtiger ist jedoch, dass die deutsche Ernährungsindustrie nach dem Automobilbau, dem Maschinenbau und der chemischen Industrie zum viertgrößten Gewerbezweig mit einer halben Million Beschäftigten geworden ist.[90] Nicht anders als der Automobil- oder Anlagenbau, der einige Dax-Konzerne kennt, in der Regel aber viele Mittelständler, ist auch diese Branche weiterhin stark mittelständisch geprägt. Die zehn größten Unternehmen machen gerade mal 13 Prozent des Branchenumsatzes aus – das gibt es nirgendwo sonst.

Dennoch schreiten die Konzentrationsprozesse sowohl bei Schlachtereien als auch bei Molkereien immer weiter voran. Seit den 1990er Jahren hat sich die durchschnittliche Hofgröße in Deutschland verdoppelt. Wer Milchkühe hält, der hält heute doppelt so viele Tiere wie vor zwanzig Jahren, bei Schweinen ist der Effekt noch größer. Fleisch und Milch kommen mit anderen Worten immer öfter von den ganz Großen – eine Marktkonzentration, die auch bei der Biomasse im globalen Maßstab zu beobachten ist.

Teller oder Tank

Mit der sogenannten Bioökonomie als Konzept soll der an sich richtige Versuch unternommen werden, zu den Anfängen des Wirtschaftens zurückzukehren. Das heißt: weg vom Öl, hin zur Biomasse. Ein Ergebnis ist jedoch, dass die landwirtschaftlichen Flächen – aber auch forstlich genutzte Flächen – immer stärkeren Nutzungskonkurrenzen unterliegen, und das weltweit. Nicht zuletzt geraten auch die Naturschutzflächen und Schutzgebiete zunehmend unter Druck. Der Boden ist zu einer wertvollen Ressource geworden, die in einer Liga mit fossilen Rohstoffen spielt.

„Will Soil become more precious than Oil?" Diese Frage stellen sich Agrarökonomen schon seit Jahren. Die Bodenpreise sind weltweit um das Zwei- bis Dreifache gestiegen. Das Gleiche gilt für die Pachten. Wer heute nicht ausreichend Eigenland hat, kann

BIOMÄRKTE UND DER GLAUBE AN DIE NAHRUNG VON HIER

für den Lebensmittelmarkt nicht mehr wirtschaftlich produzieren. Das Wort Bodenschatz, das zunächst an ein Märchen aus einem Bergwerk im Harz erinnern mag oder an Goldgräber in Nordamerika, bekommt dadurch einen anderen Zungenschlag.

Der Grund für diesen Trend liegt auf der Hand: Die vorhandene Zahl an Bodenflächen ist nicht beliebig vermehrbar. Im Gegenteil: Deutschland ist ein Nettoimporteur an Agrar- und Ernährungsgütern, was insbesondere beim Einsatz von gentechnisch verändertem Soja als Futtermittel zu erbitterten Diskussionen führt. Die verbrauchte „virtuelle Fläche" ist deutlich größer als die real in Deutschland zur Verfügung stehende. Zum Erhalt unseres Lebensstandards nutzen wir also, kurios genug, Weide- und Anbauflächen in anderen Teilen der Welt – nicht nur für Nahrungs- oder Futtermittel, sondern auch für energetisch genutzte Biomasse.

Für die gesellschaftliche Diskussion, welchem Nutzen die Flächen zugeführt werden sollten, hat man die Metapher „Teller oder Tank" gefunden. Heute sind es bereits 19 Prozent der realen Flächen in Deutschland, die für energetische Zwecke genutzt werden, wobei auch Photovoltaikanlagen zunehmend ins Gewicht fallen. Im Jahr 2020 sollen es 35 Prozent sein, denn die Nachfrage für die Steigerung der Energiepflanzenproduktion nimmt aufgrund der Energiewende deutlich zu, und die Ausbauziele der Bundesregierung im Bereich Biomasse sind nicht weniger ambitioniert als bei den anderen erneuerbaren Energieträgern. Alles das, was heimisch nicht erwirtschaftet werden kann, muss deshalb importiert werden. So steht es im Energiekonzept der Bundesregierung von 2010.

Europaweit, vor allem aber in Deutschland, wird die Bedeutung der Biomasse vor diesem Hintergrund weiter steigen, da sie gegenüber allen anderen Erneuerbaren mit Ausnahme der Wasserkraft und der Geothermie einen entscheidenden Vorteil besitzt: Sie ist speicher- und regelbar. Sie liegt anders als die volatile Wind- und Sonnenenergie also genau dann als gebundene Energie vor, wenn die Verbraucher sie benötigen, und weist damit dieselben Eigenschaften wie konventionelle Energieträger auf. Und da wir es mittlerweile gewohnt sind, beim Klima oder der Energie ganz weit in die Zukunft zu schauen, werden Szenarien für die Mitte des Jahrhunderts entworfen: Nach den Vorstellungen der Bundesregierung soll der Biomasseanteil bis zum Jahr 2050 wie erwähnt das Drei- bis Vierfache des heutigen Anteils von acht Prozent betragen, der Energiebedarf durch eine höhere Effizienz und ein anderes Verbraucherbewusstsein gleichzeitig um die Hälfte sinken.[91]

Daraus folgt ein beständig wachsender Bedarf an Biomasse und eine nicht zu leugnende Nutzungskonkurrenz mit Nahrungsmitteln. Man muss angesichts der Größenordnungen der weltweiten Produktionsflächen, die nicht für den Weizenanbau genutzt werden, nicht gleich das Schlimmste befürchten. Ein Fünftel der deutschen Ackerflächen, so ist zu wiederholen, werden jedoch heute bereits nicht für den Anbau von Nahrungsmitteln genutzt, sondern zu einem Gutteil für den Anbau von Raps, aus dem man Diesel macht, sowie von Mais für die Biogaserzeugung. Damit werden aber gerade einmal zwei Prozent des bundesdeutschen Gesamtenergiebedarfes gedeckt.

All das reicht mit anderen Worten nicht aus, um die ehrgeizigen Ziele der Energiewende zu erfüllen. Ein Großteil der bei uns verarbeiteten Biomasse kommt deshalb bereits aus dem Ausland, weshalb man trotz aller Nachhaltigkeitsbemühungen nur eingeschränkt von einer „heimischen Energieform" oder heimischen Ressourcen sprechen kann – und am besten gar nicht erst darüber nachdenkt, aus welchen Regionen und auf welchem Wege etwa Holz zu uns kommt und welche Verwerfungen sich wegen unseres Wunsches nach einer stärker biobasierten Energieversorgung andernorts in der Welt abzeichnen. Wir sind beim Thema Bioenergie langfristig nicht anders als beim Gas oder Öl auf den Zukauf aus dem Ausland angewiesen.

Aufgrund der steigenden Nachfrage nach Lebens- und Futtermitteln werden energiereiche Biomasse und Pflanzen zur Lebens-

BIOMÄRKTE UND DER GLAUBE AN DIE NAHRUNG VON HIER

mittelversorgung vor allem im globalen Maßstab immer stärker um die begrenzten Agrarflächen konkurrieren. Bei den ins Gerede gekommenen Biokraftstoffen wird es unter dem Gesichtspunkt der Nachhaltigkeit umso mehr darauf ankommen, dass Restrohstoffe der Land- und Forstwirtschaft sowie Abwässer und Abgase genutzt werden, um den Konflikt zu entschärfen. Heute nimmt man Öle, Stärke und Zucker – die in erster Linie Lebensmittel sind –, da ihre Umwandlung chemisch und biotechnologisch vergleichsweise einfach ist.[92]

Die Auswirkungen auf das Antlitz der Landschaften in Deutschland werden, das kann man in Schleswig-Holstein, Niedersachsen, Brandenburg oder Mecklenburg-Vorpommern bereits heute sehen, spürbar sein. Und doch ist die Produktion von Biomasse etwas, was es immer gab: die Nutzung der Landschaft und damit ihrer Böden nach den jeweiligen wirtschaftlichen Prämissen. Schwerer als die Sorgen um die Flächennutzung daheim wiegt das, was man Verantwortung im globalen Maßstab nennen könnte, wenn man sich die Steigerung der Bodenpreise, die Verknappung der Flächen und damit die rasante Zunahme ausländischer Landinvestitionen im Energie-, Rohstoff- und Nahrungsmittelbereich ansieht, die etwa zurzeit in Afrika stattfinden. „Landgrabbing" ist hier das Stichwort. Insbesondere bevölkerungsreiche Nationen wie China oder Indien sind dabei besonders engagiert, um es diplomatisch auzudrücken.

Ein offenes Geheimnis ist zudem, dass das eigentliche Ökoproblem nicht die Frage der Biosprit-Produktion in Deutschland ist, die gern für politischen Populismus genutzt wird, sondern der weltweit gestiegene Fleischkonsum. Für ihn wird der Großteil der Bodenflächen auch bei uns genutzt. Deutschland ist dabei ein Durchlauferhitzer: Es importiert Soja, betreibt hier Massenzucht und exportiert das Schweinefleisch anschließend, auch nach China. Das minderwertige Fleisch geht nach Afrika, wo es die heimischen Preise zerstört.

An den Grenzen der Schöpfung: Grüne Gentechnik

Es bleibt anscheinend nur ein Ausweg, um die wachsenden Ansprüche an die vorhandenen Flächen, die überdies zunehmend geschützt werden, zu harmonisieren: „Auf weniger Fläche mehr produzieren", wie das Bundesforschungsministerium anlässlich der Grünen Woche im Januar 2010 als Pressemitteilung herausgab.[93] Nur hat die Bodenfruchtbarkeit ihre Grenzen, weshalb man auf das Thema Züchtung setzt. Man kratzt damit zugleich an den Grenzen der Schöpfung, etwa durch die grüne Gentechnik. Denn die Reaktionen gleichen in Deutschland einem Peitschenknall und rufen ein Aggressionspotenzial ab, das einzig mit dem beim Thema Kernenergie vergleichbar ist. Mehr als jedes andere den Verbraucher unmittelbar betreffende Thema ist sie geeignet, die tiefsten Ängste und damit verbundene Widerstände hervorzurufen, da es hier um das große Ganze geht.

Allen Gegnern der grünen Gentechnik ist bewusst, dass es seit langer Zeit Pflanzenzüchtung gibt, die das Ziel hat, bestimmte Eigenschaften stärker und andere schwächer auszuprägen oder neue zu kreieren. Die Qualität bei den neuen Züchtungsverfahren scheint jedoch eine andere zu sein, weil hier artenübergreifend Gene genutzt werden. Befürchtungen bestehen, dass damit die Büchse der Pandora geöffnet wird. Überdies ist dem Verbraucher nicht einsichtig, welchen Vorteil er durch diese neuen Züchtungsverfahren haben soll. Das ist bei der roten, also pharmazeutischen Gentechnik durchaus anders. Aber auch bei der Produktion von Waschenzymen und anderem sind derlei Vorbehalte längst überwunden; ich komme gleich noch einmal darauf zurück.

Was für den Großteil der Bevölkerung in Deutschland und Europa ein Bedrohungsszenario darstellt, dessen historische Ursachen auch in der Eugenik und anderen Entwicklungen liegen dürften und das bis zur negativen Haltung im Bereich der Stamm-

BIOMÄRKTE UND DER GLAUBE AN DIE NAHRUNG VON HIER

zellforschung und Humangenetik ausstrahlt, sollte in den Augen mancher Wissenschaftler eher ein Grund zur Zuversicht sein. In einem Interview mit der Wochenzeitung *Die ZEIT* sagte einer der führenden deutschen Agrarökonomen, der Bonner Wissenschaftler Joachim von Braun, dass unter den Bedingungen einer globalen Landwirtschaft für immer mehr Menschen langfristig kein Weg an der Gentechnik vorbeiginge.

Bevor er nach Bonn kam, leitete von Braun das renommierte International Food Policy Research Institute (Ifpri) in Washington, das zum weltweiten Forschungs- und Entwicklungsnetzwerk CGIAR gehört, dem Who is Who der Agrarforschung. Er und andere führen ein Argument an, das die deutschen Ambitionen zur Lösung globaler Probleme im konkreten Fall auf Herz und Nieren prüft: die weltweit stark zunehmende Verknappung von Land und Wasser, die eine Erhöhung der Produktivität erfordere. Gerade um die zunehmende Nachfrage nach Qualität und weniger Chemieeinsatz auf dem Acker zu befriedigen, müsse man sich dieser Herausforderung auch mit Gentechnik stellen. Hinzu käme der Mangel an Vitaminen oder Eisen in den Grundnahrungsmitteln für die Ärmsten der Armen.[94] Experten sprechen hierbei von „Food fortification", also der gezielten Anreicherung von Nahrungsmitteln mit Vitamin A und Mineralstoffen. Deren „natürliche" Konzentration etwa in Maisbrei, dem Hauptnahrungsmittel, ist einfach zu gering.

Pflanzen robuster gegen Schädlinge, aber auch gegen die lokalen Auswirkungen der Klimadynamik wie Trockenheit und Hitze zu machen: Diese Idee ist nicht neu, und sie wird heute jenseits der Gentechnik etwa in Afrika vorangetrieben. Zum Beispiel wird der Striga-Befall von Mais- und Getreidepflanzen, der zu großen Ernteausfällen führt, einzudämmen versucht. Dabei wird das Saatgut durch ein „Coating" mit einer Schutzschicht überzogen, die es vor dem Unkraut schützen soll. Gerade im Zusammenhang mit der grünen Gentechnik greifen neben den machtpolitischen Argumenten – dass Kleinbauern in Abhängigkeit von den Saat-

165

EHINGEN/DONAU

gut-Giganten gehalten werden – aber schöpfungsbezogene Argumente. Die Frage nach der Natürlichkeit der Natur und dem Recht zu ihrer Veränderung stellt sich hier fundamental.

Auch jenseits der Agrarökonomie findet das Argument, im Zeichen der Ertragssteigerung solle an der Veredlung von Pflanzen geforscht werden, prominente Fürsprecher, etwa die Direktorin des Tübinger Max-Planck-Instituts für Entwicklungsbiologie und Medizin-Nobelpreisträgerin von 1995, Christiane Nüsslein-Vollhardt. Dabei geht es ihr nicht nur um eine prinzipielle Freiheit der Forschung, die sie durch Denkverbote und eine zunehmende Politisierung der Wissenschaft bedroht sieht. In Vorträgen und Veröffentlichungen weist sie darauf hin, dass neben dem Boden vor allem die Pflanzen zu Schlüsselfaktoren für die Herausforderungen des 21. Jahrhunderts werden müssen, wenn man sie in ihren Eigenschaften an die gestiegenen Bedarfe sowie die klimatischen Bedingungen anpassen will.

Wer die Chemie in Form von Pflanzenschutzmitteln vermeiden wolle, ohne auf die gewohnt hohen Erträge zu verzichten – so ihr zunächst irritierendes Argument –, komme an der genetischen Veränderung etwa der Schädlings- und Trockenheitsresistenz nicht vorbei. So sagte sie im April 2011 auf einer Veranstaltung in der Berliner Akademie der Künste, dass ihr im Zusammenhang mit der grünen Gentechnik ausgerechnet der „Naturschutz" am meisten am Herzen liege. Sie sei davon überzeugt, dass sich die Einsparung von Pflanzenschutzmitteln durch den Anbau von gentechnisch modifizierten Pflanzen positiv auf den Artenreichtum, die Vogelwelt, die „Schönheit unserer Landschaften", auswirken würde.[95]

Ein Problem des Umgangs mit gentechnisch veränderten Pflanzen, auf das Kritiker immer wieder verweisen, liegt zweifellos darin, dass wissenschaftliche Langzeitstudien zu den Folgen fehlen – jene Absicherung durch eine objektive Forschung, die auch bei den positiven Aspekten herangezogen wird. Dennoch ist aufschlussreich für die Debatte um Natur und Natürlichkeit, was

BIOMÄRKTE UND DER GLAUBE AN DIE NAHRUNG VON HIER

Nüsslein-Vollhardt zum Abschluss ihrer Rede sagte, als sie von der spezifischen Akzeptanzproblematik in Deutschland sprach:

> *„Was die Akzeptanz anbetrifft, ist auffallend, dass vieles, was den Deutschen an der modernen industrialisierten Form der Landwirtschaft nicht gefällt, der Gentechnik angekreidet wird, obwohl in Deutschland praktisch keine gentechnisch veränderten Pflanzen angebaut werden. Monokulturen, Großbetriebe, Massentierhaltung, intensive Düngung, Pflanzenschutzmittel, der Unsinn der subventionierten endlosen Felder mit Mais oder Raps für Biokraftstoffe (ein wirklich sehr ärgerlicher Missbrauch des Wortes Bio) – das alles hat doch gar nichts mit Gentechnik zu tun! Sondern damit, dass Menschen in Großstädten, die man ja eigentlich auch als Massenhaltung beschreiben könnte, einfach nicht von Bio-Kleinbauern ernährt werden können, weil diese Verfahren zu arbeitsintensiv und damit teuer sind und zu viel Land brauchen.*
>
> *Das wird wohl nicht genügend gut verstanden und von den Politikern auch nicht genügend gut erklärt. Auch rührt das Unbehagen von einer romantischen realitätsfernen Vorstellung des gesunden Landlebens her, die man zurückholen will, wider alle Vernunft. Und wider die Tatsache, dass unsere Nahrung noch nie so gesund und gut war wie heute."* [96]

Es wäre falsch, den pauschalen Widerstand gegen das Neue als Ursache des Unbehagens an der grünen Gentechnik auszumachen. Der Grund mag weniger darin liegen, dass solche Technologien einen Eingriff in die Natur darstellen; eingegriffen haben die Menschen schon immer in den Naturhaushalt und werden dies auch weiter tun, und zwar weitaus gravierender als bei den Eigenschaften eines Saatkorns.

Ein gutes Beispiel dafür ist die erwähnte Akzeptanz von Pharmaka, die sich seit dem Einsatz von gentechnisch erzeugtem Humaninsulin anstelle von Insulin aus Bauchspeicheldrüsen von Schweinen nachweisen lässt, die man bis zu Beginn der achtziger

167

Jahre dafür verwendete; in der DDR noch länger. Niemand würde daran oder an zukünftig bedeutender werdenden Anwendungen der roten Gentechnik etwa bei der Behandlung von Gelenkarthrosen Anstoß nehmen. Das heißt, dort, wo ein individueller Nutzen aufgrund eines persönlichen Leidensdrucks gesehen wird und ein Kollektivrisiko nicht zur Debatte steht, vertrauen Menschen wissenschaftlich-technischen Innovationen sehr schnell und haben kein Problem damit, die natürliche Ordnung ein bisschen durcheinanderzuwirbeln.

Während viele Anti-Aging-Cremes mittlerweile im Fernsehen damit werben, dass sie direkt „an der DNA" wirken würden, gilt unabhängig von der Aberwitzigkeit solcher Slogans die bloße Erwähnung von erbgutveränderten Inhaltsstoffen im Nahrungsmittelbereich hingegen als Kriegserklärung. Die Technik ist immer dann eine gute Technik, wenn sie die Natur verbessern, ein natürliches Leiden beheben kann, das Kind gewissermaßen schon in den Brunnen gefallen ist und allein nicht wieder hinaus kommt.

Das entscheidende Merkmal für die Akzeptanz ist darum das der *Alternativlosigkeit*. Während die Menschen im Bereich der Humanmedizin wissen, dass auf anderem Wege keinerlei Hoffnung für sie besteht, fehlt die Alternativlosigkeit, man könnte auch sagen: die unbedingte Notwendigkeit, der Leidensdruck im Nahrungsmittelsektor komplett. Warum, so kann man argumentieren, soll man sich einem potenziellen Risiko aussetzen oder einer Form der Landwirtschaft anschließen, wenn es auch anders geht? Der Hinweis auf die globalen Herausforderungen oder den Mehrertrag, der vor allem den Agrarkonzernen zugute kommt, bleiben ein schwacher Trost. Denn so stichhaltig er auch sein mag, er erreicht die emotionale Ebene nicht, die für die Akzeptabilität einer Technologie entscheidend ist.

Zudem denken wir in Assoziationsketten. Technologien, deren Resultate – mit einem Wort aus dem Bereich der Kernkraft gesprochen – nicht rückholbar sind, fordern uns daher in besonderer Weise heraus.

BIOMÄRKTE UND DER GLAUBE AN DIE NAHRUNG VON HIER

Bilder der Natur

Sind es also wie im ersten Satz dieses Buches behauptet vor allem Bilder der Natur, denen wir nachhängen? Romantisieren wir eine bestimmte Landwirtschaft, weil die Befassung mit dynamischen Zuständen und Bewegungen im System mehr Kraft kostet als die Auseinandersetzung mit Bekanntem? Ist es also auch eine Frage von Gewohnheit und Veränderung?

Als Friedrich der Große in der Mitte des 18. Jahrhunderts König geworden war, wurde Preußen von einer starken Hungersnot heimgesucht. Er entschloss sich unter dem Eindruck der Missernten, die bis dahin unbekannte Kartoffel einzuführen, die einen entscheidenden Vorteil besaß: Sie gedieh auch auf den minderwertigen Böden und war im Falle von Regen weniger anfällig gegen Nässe. 1745 erließ er ein Gesetz zum Anbau der Kartoffeln, das in unseren heutigen Worten eine Quotenregelung aufwies: Zehn Prozent der Ackerflächen mussten von den Bauern mit Kartoffeln bestellt werden. Friedrich setzte Kontrollen ein und scheute sich nicht, sich vor Ort selbst ein Bild von der Lage zu machen.

Der Widerstand und das Misstrauen der Bauern waren erheblich, sodass es selbst Jahrzehnte später noch keine durchschlagenden Erfolge zu verbuchen gab. Es gibt ein berühmtes Bild des Malers Robert Warthmüller aus dem Jahr 1886, das man im Deutschen Historischen Museum in Berlin sehen kann und das Friedrich auf Reisen unter dem Titel „Der König überall" festhält. Erst neuerliche Missernten und Hungersnöte verhalfen der Kartoffel zu mehr Akzeptanz.

Über 260 Jahre nach Friedrich diskutieren wir unter dem Vorzeichen der besseren Anpassungsfähigkeit an die klimatischen Bedingungen außerhalb Deutschlands die Veränderung von Futter- und Nahrungspflanzen. Ich erinnere mich an eine Folge der ZDF-Vorabendserie *Forsthaus Falkenau* mit dem Titel „Für und Wider", die auch insofern zu den Ausnahmen in einer sehr be-

EHINGEN/DONAU

stimmten öffentlichen Debatte zählte, als sie das Thema in einem fiktionalen Stoff behandelte. In dieser Folge ging es um die Zerstörung eines Versuchsfelds mit gentechnisch verändertem Mais unter Würdigung der Argumente der globalen Herausforderungen in einfachen Worten.[97]

Versuche wie diese, entsprechende Diskurse in die Öffentlichkeit hinein zu öffnen, sind allerdings selten. Weit häufiger sind Fotos wie das des ehemaligen bayerischen Umweltministers Markus Söder, der vor einigen Transparenten mit Sätzen wie „Kein Patent auf Leben" eine Rede hält. Im Mai 2011 ließ er sich mit Vertretern einiger bayerischer Gemeinden fotografieren, die er mit dem Logo „Gentechnikanbaufreie Kommune" auszeichnete.[98]

Solchen Missverständnissen liegt häufig die Tatsache zugrunde, dass wir die Natur schlichtweg nicht mehr kennen: auch diejenigen, die sich ihre Bewahrung auf die Fahnen geschrieben haben. Man könnte ihnen einmal auf den Zahn fühlen, beispielsweise vor einem Biomarkt in Berlin: geschäftiges Treiben; Eltern mit ihren Kindern; ein Holztisch, darauf urdeutsche Getreidesorten wie Weizen, Roggen und Gerste, einige heimische Pilzsorten, die sich ähneln, Lammellenpilze wie Steinpilze, Maronen, Ziegenlippen. Und vielleicht Fischarten, allesamt aus der Region Berlin-Brandenburg, aus Havel, Spree oder dem Liepnitz-See, dem Lieblingssee der Prenzlauer Berger, wie Zander, Barsch und Hecht; Fleisch, Rind, Schwein, von der Güte, wie sie Paul Götz früher verarbeitete. Auch noch Wild, Rotwild oder Wildschwein, gezielt ohne Einschusslöcher, die, wie mir Jäger berichten, häufig abschreckten, auch wenn sie das beste Indiz dafür sind, frisches Wild vor sich zu haben (wer weiß noch, wie sich das Töten eines Tiers anfühlt?). Man bitte die Einkäufer, erfahren im Umgang mit regionalen Produkten, diese zu bestimmen. – Das Ergebnis wäre genauso ernüchternd wie bei einer ähnlichen Aktion vor einem Aldi-Markt.

Es stimmt optimistisch, dass man dem modernen Erfahrungsdilemma seitens einiger Biomärkte selbst mit Humor begegnet.

BIOMÄRKTE UND DER GLAUBE AN DIE NAHRUNG VON HIER

Damit die Städter nicht vergessen, wie ein glückliches Rind aussieht, hat man vor den „LPG Biomarkt" in der Kollwitzstraße in Prenzlauer Berg – Europas größtem Biomarkt, wenn man dem Eigenmarketing glauben darf – eine lebensgroße Kuhattrappe aufgestellt. Und damit auch die amerikanischen und spanischen Touristen aus den umliegenden Hostels ihr Geld hier lassen, prangt unter dem Schriftzug „LPG" – der in mir aus historischen Gründen Widerstand erzeugt, weil er die Assoziation hemmungslos aufs Plansoll getrimmter Agro-Betriebe der DDR weckt, deren Düngepraxis Jahr für Jahr zur Eutrophierung und auch zum Umkippen unseres Sees führte – noch ein freundliches „Organic Food". Dort gibt es auch laktosefreie Milch für die Latte macchiato, auch wenn Milch ohne Milchzucker, sprich: den Kohlenhydratanteil, in der Natur unnatürlich ist und erst durch einen chemischen Trick entsteht. Den Laktoseintoleranten zumindest freut es.

Auch drinnen begegnet man sehr schnell denselben Vertriebsmechanismen wie in konventionellen Supermärkten, was die Kunden nicht zu stören scheint. „Über 18 000 Bio-Produkte" werden nach Angaben der „LPG" für die Kunden in den nur sechs Berliner Filialen bereitgehalten. „Auch die Getränkeauswahl (allein über 250 Sorten Bio-Weine) ist riesig und braucht sich hinter der eines Getränkemarktes nicht zu verstecken."[99] Der Strom für die „LPG" ist natürlich Ökostrom und kommt von Greenpeace Energy; auch nachts, wenn die Sonne nicht scheint, um die Kühlschränke und Sicherheitsanlagen zu betreiben.

Ist dieses umfassende Angebot der Maßstab? War nicht gerade dies das Ziel: Größe, Zentralität, Überfluss zu vermeiden und saisonal und regional zu vermarkten?

Man kann in der „LPG" deshalb auch im Frühsommer Bio-Birnen kaufen, obwohl man in Deutschland nach allem, was ich weiß, in dieser Zeit noch keine Birnen ernten kann. Es sind Früchte aus Patagonien. Der Verkäufer stutzt bei der Frage, wo die Nachhaltigkeit bleibe, denn schließlich seien doch auch diese Bir-

nen aus biologischem Anbau. Und er hat recht, denn in der Tat
können Schiffstransporte mit hohen Güterzahlen eine bessere
Ökobilanz im Vergleich zu den eingesetzten Energie- und Wasser-
mengen bei der Zucht und Lagerung heimischer Produkte in kleineren Sortimenten haben, die in Kühlhäusern in sauerstoffarmer
Atmosphäre über viele Wochen gelagert werden müssen.[100] Aber
es bleibt eine andere Frage: Was sagt der Anspruch auf Bionah-
rung über uns, wenn wir bereit sind, uns auf solche CO_2-Rech-
nungen einzulassen?

Im Kosmos von *Landlust* und erfolgreichen Supermarkt-Ketten
geht es längst nicht mehr nur um Fairtrade (wer will schon an Ar-
mut erinnert werden?), sondern auch um die Einlösung des eigenen Anspruchs auf gutes Essen. „Bio" ist eben nicht gleich „Öko".
Man kann einen Biomarkt darum wie einen geschützten Kosmos
betreten. Ob der Sinn von Dezentralität und regionaler Verantwortung, auf die sich viele Kunden zu Recht berufen, dabei noch
haltbar ist, steht auf einem anderen Blatt. Wie sähe ein Bioladen
aus, der ernst machen würde mit saisonaler und regionaler Nahrung, mit Ernteausfällen in Folge natürlicher Wetterschwankun-
gen?

Im Markt um die Ecke

Wer einen Eindruck von der Notwendigkeit eines harten ökonomischen Kalküls gewinnen möchte, kann dies auch in einem der
anderen großen Bio-Supermärkte Berlins wie Alnatura tun. Er
wird zur Auffüllung des Sortiments dieselben Steinofen-Pizzen der
Firma Wagner finden wie in jedem anderen Supermarkt. Und
Bananen. Und vieles andere mehr, das Käufer heute schlichtweg
erwarten. Wer hingegen nach regional erzeugtem Fleisch fragt,
geht enttäuscht wieder hinaus auf die Straße. So gut wie die gesamten Auslagen vom Hackfleisch bis zum Grillgut werden in
Süddeutschland erzeugt und dann nach Berlin gefahren. Die

BIOMÄRKTE UND DER GLAUBE AN DIE NAHRUNG VON HIER

meisten der Fleisch- und Wurstwaren kommen von der Packlhof Bio-Metzgerei, einem großen Erzeuger im bayerischen Eurasburg südlich von München, der 600 Kilometer von Berlin entfernt liegt und auf seiner Homepage damit wirbt, biologische Fleischprodukte aus der Region zu verwenden.

Auch die andere Wurst bei Alnatura, das seine Verteilzentrale im hessischen Bickenbach hat, kommt nicht von hier, sondern etwa von der Chiemgauer Naturfleisch GmbH im bayerischen Trostberg, unweit von Eurasburg. Sogar das Bier kommt aus Bayern, genauer gesagt der Oberpfalz. Aber das sollte einen angesichts der Tatsache nicht überraschen, dass in Berlin immer mehr süffiges Augustiner, Tegernseer und Tannenzäpfle getrunken wird, genau wie polnische und tschechische Biermarken, was mittlerweile sogar die Boulevardpresse beschäftigt.

Wurst aus dem agrarisch geprägten Umland Brandenburgs kann man bei Alnatura mit der Lupe suchen, obwohl es gut wäre, entsprechende Strukturen ans Laufen zu bringen mehr als zwanzig Jahre nach der Wende. Man muss dann schon auf einen Wochenmarkt gehen oder sich eine der Gemüsekisten und Ökokörbe ins Haus kommen lassen, die regionale Erzeuger anbieten, will man den eigenen Anspruch konsequent leben. Und so kann man sich des Eindrucks nicht erwehren, dass Biomärkte in der Größe konventioneller Discounter, gewollt oder nicht, ein gigantisches Konjunkturprogramm für leistungsstarke landwirtschaftliche Erzeuger und Landbesitzer sind, das aufgrund des Nord-Süd-Gefälles etwas von einem umgedrehten Länderfinanzausgleich hat.

Die meisten ökologisch bewirtschafteten Flächen gibt es heute in Bayern, wenngleich auch in Mecklenburg-Vorpommern und Brandenburg die Zahl deutlich zugenommen hat. Es sind genau jene intakten Strukturen, von denen Paul Götz gesprochen hatte, und sie sind nicht anders als große Biogas-, Onshore- und PV-Anlagen insofern eben gerade nicht dezentral, als sie ihre Produktion ganz bewusst auf Abnehmer ausrichten, die andernorts in Deutschland zu Hause sind. „Wir leben in einer sehr schönen Ge-

EHINGEN/DONAU

gend mit Bergen, Seen und Schlössern und in einer traditionsrei-
chen Kulturlandschaft", heißt es auf der Homepage der Chiemgauer Naturfleisch GmbH, und man glaubt es den Betreibern aufs
Wort.[101]

Der Bedarf an Bio-Produkten sei einfach zu groß, sagt die Ver-
käuferin bei Alnatura zum Abschluss. Und dass man keinen regionalen Erzeuger in Brandenburg finden konnte, der solche Stück-
zahlen liefert. Es ist dabei keine Frage der Größe des Discounters:
Selbst der kleine inhabergeführte Bioladen um die Ecke hat dieselben Wurstsorten von Bioland, Bio-Verde und Chiemseer Naturfleisch im Kühlregal. Immerhin noch einige wenige Packungen
Würstchen und eingeschweißtes Fleisch aus dem brandenburgischen Kuhhorst und dem Jahnsfelder Landhof bei Müncheberg,
die man, wenn man einen Grillabend mit Freunden machen will,
komplett aufkaufen muss. Es ist im Grunde ein ähnlich gemisch-
tes Sortiment, wie man es nur eine Straßenecke weiter in einem
der Berliner Kaiser's Märkte erhält. Dort findet man im Bio-Regal
Würstchen und Leberkäse von der Altdorfer Biofleisch GmbH,
die ihren Sitz im niederbayerischen Altdorf bei Landshut hat.

Und Fisch?, frage ich und denke an Havelzander und anderes
mehr. Bei der „LPG", die draußen am Fenster mit fairen und
regionalen Produkten aus Brandenburg wirbt, finde ich einen besonders schönen Klappentext auf einer Packung Atlantiklachs. Sie
liest sich wie der Anfang eines Naturgedichts: „Im rauen Atlantik
wächst unter Aufsicht von Meeresbiologen der unvergleichliche
atlantische Biolachs heran. Beste Wasserqualität, biologisch kont-
rolliertes Futter und viel Bewegung verleihen ihm sein kräftiges
und muskulöses Fleisch. Artgerechte Haltung und ökologische
Aufzucht erfolgen nach den strengen Richtlinien des Naturland
Verbandes." Man legt den kleinen Karton zurück in den Kühl-
schrank wie ein Gesangbuch auf die Kirchenbank und läuft zwischen den rammelvollen Kassen zum Ausgang, wo der Blick noch
mal zum „fair & regional. Bio Berlin-Brandenburg"-Schild geht.
Und man denkt an einen Fischstäbchen-Werbesong der Kindheit,

BIOMÄRKTE UND DER GLAUBE AN DIE NAHRUNG VON HIER

in dem Ferne anders als heute wie eine Verheißung klang: „Er kommt von weitem übers Meer und bringt uns unsern Fisch hierher. Für uns hat er die halbe Welt durchreist."

Was mich aus nostalgischen Gründen mehr als beim Lachs hingegen jeder Illusion von Regionalität beraubt, ist ein Blick ins Fischkonservenregal bei Alnatura. Makrelenfilets in Tunke, wie sie mir bereits als Kind unter dem Handelsnamen „Scomber Mix" von der Firma „Rügenfisch" aus Saßnitz so sehr schmeckten, dass es ständig Diskussionen um ein „ausgewogenes Frühstück" am Tisch gab, und die man heute noch in genau derselben Konserve in jedem konventionellen Supermarkt kaufen kann, kommen hier ebenfalls von einem Verarbeitungsbetrieb aus Süddeutschland unweit des Kernkraftwerks Gundremmingen: von der Firma Fontaine in Günzburg, einem Spezialisten für nachhaltigen Fischfang, so heißt es.

Es mag sein, dass die Zertifizierungen dort andere sind als bei „Rügenfisch", wo man Makrelen aus dem Nordostatlantik verwendet, die mit der sogenannten pelagischen Schleppnetzfischerei gefangen wurden, während die Makrelen bei Alnatura ausschließlich mit kleinen Booten mit nicht mehr als sechs Mann Besatzung zwischen der spanischen Küste und den Azoren gefangen werden, wie die Homepage informiert. Wir sollten deshalb konsequenterweise zur Kenntnis nehmen, dass nachhaltig gefangene Fische nichts mit kurzen Transportwegen zum Verbraucher zu tun haben. Von der tatsächlich ortsnahen und saisonalen Versorgung haben wir uns grundsätzlich verabschiedet – auch „Bio" agiert mittlerweile global und sorgt dafür, dass der Kunde das, was er haben möchte, auch bekommt. Denn im Grunde ist es egal, wo nach Ökostandards produziert wird. Und letztlich verschwimmen selbst die Ansprüche einer nachhaltigen Produktion: Denn die großen Biobetriebe stehen vor ähnlichen Problemen wie die großen konventionellen. Solange Rohstofftransporte auf immer größer werdenden Containerschiffen im Stile der *Emma Maersk*-Klasse gut bezahlbar sind, wird man Erze und Steinkohle aus anderen Teilen der Welt zu uns bringen, wo sie die Hälfte kosten, anstatt vor der eigenen Haustür zu graben. Unter Kostengesichtspunkten ist die Schifffahrt konkurrenzlos.

Nicht anders ist es bei Äpfeln. Es ist derselbe Anspruch auf Mobilität, den wir auch sonst in einer globalen und von hartem Wettkampf geprägten Ökonomie stellen. Auch die Generation Landlust lebt in einer globalisierten Welt.

Kinder und ihre Eltern

Das Beispiel des jungen amerikanischen Erfolgsautors Jonathan Safran Foer, der die Geburt seines Sohnes als Grund für sein Buch *Tiere essen* nennt, macht es vor: Es ist kein Zufall, dass junge Eltern zu strikten Standpunkten neigen. Denn es ist häufig das erste Mal, dass sie sich und anderen klare Regeln zu geben versuchen, etwas artikulieren, was sie schon länger umtreibt, sie nicht mehr nur irgendwie, sondern bewusst durch das Leben gehen mögen. In keinem anderen Abschnitt des Lebens trifft der Wunsch nach Fürsorge so häufig auf die Verheißungen der Natur wie bei den eigenen Kindern, deren Ernährung, Kleidung, Bildung. Was man an sich selbst mit dem Hinweis auf mangelnde Zeit oder schlichtweg Routine bis hin zur körperlichen Verwahrlosung durchgehen lässt, verpasste Zahnarztbesuche oder Vorsorgeuntersuchungen, Junkfood und Dosencola, nähme man bei den eigenen Kindern nicht im Traum hin.

Die Kombination aus Natursehnsucht und Schutzbedürfnis scheint wie gemacht für eine Zeit, die ein Misstrauen gegenüber dem großtechnischen Komplex in sich trägt und dadurch besonders anfällig ist für Projektionen. Das Aus-dem-Boden-Schießen neuer Elternhefte und Magazine im Stil von *Landlust* oder *Daheim in Deutschland* oder die Kombination aus beidem zeigt, dass es bei Eltern ein Bedürfnis nach mehr Natürlichkeit, vielleicht auch nach einer „guten alten Zeit" gibt. Vielleicht, weil keine

BIOMÄRKTE UND DER GLAUBE AN DIE NAHRUNG VON HIER

Großfamilien mehr existieren. Oder weil wir eine Gesellschaft geworden sind, in der Eltern immer später Kinder bekommen und dann umso militanter zum Perfektionismus und dem Ausschließen von Fehlern neigen.

So hat das Berliner Stadtmagazin *zitty* immer wieder Beilagen mit Überschriften im Geiste von „Draußen mit Kindern", in denen Themen wie Stockbrot-Braten oder die Frage verhandelt werden, wie man eine Angel oder einen Flitzebogen baut. Man kultiviert nicht nur das Selbstverständliche, sondern gibt den Eltern konkrete Ratschläge an die Hand. Anscheinend sind diese Dinge alles andere als normal, weswegen sie das Zeug zum Happening haben.

Als ich in Ehingen war, musste ich an einen Werbespot der Firma Danone für „Fruchtzwerge" aus den achtziger Jahren denken. Er ist vielleicht bekannter als der Text unserer Nationalhymne und lautete, dass ein einziger Zwerg „so wertvoll wie ein kleines Steak" sei – eine ungewollte Anspielung auf den hohen Eiweißanteil. Wer würde heute für ein Nahrungsmittel für Kinder mit dem Vergleich werben, dass dieses so gut sei wie ein Stück Fleisch zum Braten?

In einer Kita im Berliner Stadtteil Schöneberg haben die Eltern darüber abgestimmt, dass die Kinder keinen Geburtstagskuchen mit Zuckerguss und Smarties mehr mitbringen dürfen. Es war ein richtiges Thema. Das Schlemmen der Süßwaren hatte anscheinend überhandgenommen. Um die traurigen Kinder wieder zu versöhnen, werden selbst Kuchen gebacken: aus Bio-Teig. Man will aber bewusst weg von weißem Getreide und nimmt nun Hirse, das Hauptgetreide der Dritten Welt, manchmal auch Dinkel, Roggen oder Amarant. Damit die Kinder den ungesüßten Teig auch essen, wird löffelweise Honig hinzugegeben, denn der ist ja irgendwie natürlich und kein Einfachzucker aus Rüben oder Rohr, oder auch Bio-Agaven-Dicksaft. – Man könnte ihnen auch ein Leberwurstbrot zum Frühstück geben und führe damit ernährungsphysiologisch besser.

Dahinter steckt eine bestimmte Haltung, mit der in Biomärkten auch einzelne Artischocken von Mittvierzigern in Allwetter-Jacken oder jungen Eltern mit Baby-Björn bedächtig gewogen werden, als kämen diese aus einer Region für Blut-Diamanten. Die Suche nach dem vermeintlich Guten wirkt häufig etwas angespannt. So gibt es hier nicht nur wegen der mangelnden Gewohnheit kaum feixende Schülergruppen, keine Senioren, die nach Backpulver im Regal stochern oder nach Gelatine. Es herrscht eine Homogenität des Alters wie der Ansprüche vor, die etwas Unnatürliches hat. Die Stimmung in einem Biomarkt hat nicht selten etwas Konfessionelles, unangebracht Ernstes. Äpfel haben das Potenzial, zu einem Thema zu werden. Dass das so ist, dass wir uns *darüber* Sorgen machen, ist kein gutes Zeichen.

Du und Dein Garten: Urban Farming

Der Wunsch nach biologischer Nahrung hat mittlerweile Formen angenommen, die nicht mehr sind als das Streicheln von Seelen und das Befriedigen alter Autonomiegedanken. Auf dem Gelände des ehemaligen Flughafens Berlin-Tempelhof oder in den Prinzessinnengärten in Berlin-Kreuzberg kann man dem sogenannten Urban Farming oder Gardening zusehen, das Vorläufer in den Großstädten der Vereinigten Staaten hat, wo man sich auch Kaninchen oder Hühner in Wohnblocks oder auf Garagendächern hält, um ein möglichst autarkes Dasein zu führen. *Mini-Farming. Autark auf 1000 Quadratmetern, Selbstversorgung. Unabhängig, nachhaltig und gesund leben* oder *Der Traum vom Landleben* heißen erwartungsgemäß Buchtitel, die zum Thema entstanden sind.

Dabei geht es um nicht weniger als die Wiederentdeckung des urbanen Mikrokosmos jenseits des virtuellen Glanzes von *Landlust*: Städter – auch solche, die über geringe Einkommen verfügen und nicht unbedingt zur Bioladen-Klientel zählen – haben sich kleine Beete angelegt, die sie akribisch pflegen, um ein Stück Ent-

BIOMÄRKTE UND DER GLAUBE AN DIE NAHRUNG VON HIER

scheidungsgewalt zurückzuerlangen, Freude im Freien zu haben, im Stillen aber auch gegen bestehende Versorgungsstrukturen aufzubegehren. Es ist ein Event, der ein wenig an interaktives Theater erinnert, das mit Nachhaltigkeit und den Gesetzen der Versorgung wachsender Millionenstädte eingedenk ihrer alternden Bevölkerung, die immobil ist und sich schlecht bücken kann, freilich wenig zu tun hat. Neben dem Glück des Produktivseins ist er in der öffentlichen Rhetorik immer auch getrieben vom Empfinden, möglichst noch „biologischer" zu wirtschaften, sprich: auf Transportwege, Kühlung, Lagerung der regionalen Bio-Erzeuger komplett zu verzichten und dort zu produzieren, wo die Kunden leben.

Auf den Dächern Berlins sollen urbane Plantagen entstehen, die dezentral einen Beitrag zur Gemüse- und auch Fischversorgung übernehmen. So gibt es Modelle, die den Kreislaufgedanken im Kleinen umsetzen. Die Abwässer von Aquakulturen dienen als Dünger für die Pflanzen, die in der gleichen Anlage wachsen, während das Substrat, in dem die Pflanzen wachsen, das Wasser für die Fische reinigt. Tomaten, Salat und anderes Gemüse kombiniert mit Karpfen und Zander, die man im Ladengeschäft im Erdgeschoss verkauft: So sähe moderne Kreislaufwirtschaft aus.

Zumindest in punkto Transport hat dieser Gedanke etwas Verlockendes, wenn man an Umweltbilanzen glaubt. Es gehört zu den Absurditäten, die der *Spiegel*-Redakteur Alexander Neubacher in seinem Buch *Ökofimmel* moniert hat, dass regionale Hofläden von Biobauern besonders schlechte Umweltbilanzen aufweisen – aber für äußerst umweltfreundlich gehalten werden. Gemessen daran, dass ein Berliner Paar für einen Obstkorb mit dem Auto aufs Land nach Brandenburg und zurück fährt, sind Schiffstransporte wie gesagt hoch effizient. Aber es geht natürlich um mehr, das etwas mit Gefühl und Selbermachen zu tun hat.

Als ich zur Schule ging, fuhr mein Vater jede Woche zu einem Bauern in einem Warnow-Dorf namens Pölchow und holte dort Eier. Meistens fuhr ich mit. Ich sehe den Bauern vor mir: leicht gebückt und mit einer Kiepe, die ihn bei Dunkelheit wie eine Gestalt aus einem Charles-Dickens-Roman wirken ließ. Bis ins hohe Alter sammelte er die vom Wind zu Boden geworfenen Äste, um sie zu verbrennen. Und wenn auf dem lehmigen Weg einer der Lastkraftwagen Kohlenbriketts verloren hatte, dann las er sie auf wie ein Bettler.

Damals waren die Eier noch weiß, beschmutzt und manchmal mit Daunen verklebt, wenn auch unabsichtlich. Ich kann mich an das hektische Polieren mit dem Jackenärmel erinnern, wenn uns die Bäuerin, die Frau Riebe hieß, die Pappschachtel gab. Das war Mitte der achtziger Jahre, weit vor den Dioxin-Skandalen. Es ging meinem Vater damals tatsächlich um Geschmack und Frische, die man in den Läden oft nicht in dieser Güte vorfand. Von Frau Riebe kaufte er auch Blumenkohl, Gurken und anderes Gemüse. Denn der Blumenkohl, den man in den Auslagen sah, war nicht selten kleinwüchsig, trocken, grau. So wie die Häuserwände.

Die DDR war ein Land von Hobbygärtnern, in dem es zur besten Abendzeit eine Sendung namens *Du und Dein Garten* im Fernsehen gab. Deren Moderatorin Erika Krause besaß Kultstatus. Es hat hierzu vielfältige Überlegungen gegeben nach der Wende: zur Soziologie der Vereinskultur, der Sport- und Angelclubs, des Zeltens am Strand, auch der Gartenanlagen, die so sauber und adrett waren. Der Blick war stark nach innen gerichtet, weil er nach außen nur begrenzt schweifen konnte. Ein Garten konnte darum sehr viel sein: Gemeinschaft, aber auch Privatsphäre unter Kirschbäumen, Nische, Rückzugsort, Hollywoodschaukel, Sommerfrische, ein Hauch von Autarkie. So gut wie jeder, den ich kannte, hatte einen Garten.

Das Gärtnern war im Osten aber auch deshalb so verbreitet, weil es auch bei Lebensmitteln eine Mängelwirtschaft gab, deren Auswirkungen sich durch eigenes Engagement spürbar abmildern ließen. Wie bei KFZ-Werkstätten, Handwerksbetrieben und in vielen anderen Bereichen war man beim Obst und Gemüse tatsächlich auf „Selbstversorgung" aus, aber eben nicht aus romanti-

BIOMÄRKTE UND DER GLAUBE AN DIE NAHRUNG VON HIER

schen Gründen wie heute. Mein Großvater baute aus den Margarinebechern nicht nur Futterhäuser für die Meisen, wobei er die Sonnenblumenkerne dafür aus seinem Garten holte. Dort wuchsen auch die Birnen und Stachelbeeren, die meine Großmutter zu Konfitüre und Gelee einkochte, das an die gesamte Nachbarschaft weiterverschenkt wurde.

Dieser Zustand wurde verstärkt durch die Tendenz des Staates, besonders beliebte Lebensmittel in den Westen zu verkaufen. Räucheraal zum Beispiel, der aus dem Haff bei Rerik kam, den es aber nur unter der Hand gab, wenn man Verbindungen hatte. Aal war eine harte Währung, für die man auch Steine oder Zement kaufen konnte. „Räucheraal ist wie Westgeld", sagte mein Vater. Wenn er welchen bei den Fischern kaufte, aßen wir den ersten immer gleich an Ort und Stelle, ohne Brot und Besteck. Er war so saftig, dass uns das warme Fett aus den Mundwinkeln lief.

Vor allem aber denke ich heute, dass mein Vater gern mit mir über Land fuhr und das Nützliche mit dem Schönen verband. Auch deshalb gab es frisches Gemüse. Mit Kleingartenanlagen, die im Norden plattdeutsche Namen wie „Uns Hüsung" oder „Fritz Reuter" trugen, hatte er nichts am Hut. Noch heute verbinde ich mit ihnen Frauen mittleren Alters in Dederonschürzen, die sich der Mühsal der Gartenarbeit aussetzten und sich für einen Kohlrabi oder ein paar Zuckerschoten abwechselnd die Schweißperlen von der Stirn wischten und ins Kreuz fassten. Wer jung war, vermied Gartenarbeit, fuhr am Wochenende Auto oder Moped, lag am Strand herum (Angeln war zugegebenermaßen auch nicht gerade der Inbegriff der Coolness). Unkraut zu zupfen und Beete zu gießen: Das war für Heranwachsende, aber auch ihre älteren Geschwister Strafarbeit und so spaßbefreit wie das Sammeln von Sekundärrohstoffen, das heute in Zeiten des Urban Minings ein Megathema ist. Denn es erfolgte aus einer Logik der staatlich verordneten Vernunft.

Beim Schlachtfest bekam ich zudem jedes Jahr vor Augen geführt, was Landarbeit sein konnte, wenn sie aus harten wirtschaft-

EHINGEN/DONAU

lichen Gründen geschah. Die beiden Söhne unserer Gastfamilie hatten Schwielen an den Händen von der Arbeit auf dem Feld, die sie stillschweigend erledigten, morgens vor der Lehre, abends nach der Lehre. Ein Hektar Land, Kartoffeln und Runkelrüben, die zwischen den Kiefern der Schweine und Pferde ein saftiges Schmatzen erzeugten, und ein Dutzend Kaninchen in engen Drahtverschlägen, bei denen das Heu gewechselt werden musste, manche mit entzündeten Augen. Im Sommer kamen zur Verstärkung noch ein paar Halbstarke herüber, um auf den Feldern zu arbeiten. Sie beachteten mich kaum, und wenn, dann mit jener Härte und Unsentimentalität gegenüber dem nach Anschluss suchenden Stadtkind, wie sie der junge Schriftsteller Daniel Mezger in seinem Roman *Land spielen* beschreibt. Heute fahren Bekannte von mir am Wochenende mit ihren Kindern auf Erdbeerfelder, um sich die Früchte selbst zu pflücken, etwas wie „Ernte" zu erleben.

Warum empfinden wir wieder Freude an solchen Dingen? Das Urban Gardening hat zwei Ursachen, die es zu einem Zeitphänomen machen, als das es die Medien nicht nur bei uns behandeln. Auf der einen Seite ist das Misstrauen angesichts von Lebensmittelskandalen und Schreckensmeldungen über die moderne Nahrungsmittelindustrie so groß geworden, dass insbesondere aufgeklärte Städter wissen möchten, woher die Nahrung stammt und unter welchen Bedingungen sie entstanden ist. Das Urban Gardening ist der Versuch, Informations- und Entscheidungshoheit wiederzuerlangen. Eine Entscheidungshoheit, die in den letzten Jahren durch die Rundumversorgung mit Fertigprodukten für die Mikrowelle im Billigdiscounter fast abhandengekommen ist.

Auf der anderen Seite arbeiten immer weniger Menschen in praktischen, sprich handwerklichen Berufen. Gerade in Städten wie Berlin oder Hamburg üben sie Berufe wie meinen aus, sitzen in Büros, schreiben und telefonieren, bevor man wieder aufs Fahrrad steigt oder ins Auto. Vor einem Jahrhundert sah die Arbeitswelt wie anfangs erwähnt fundamental anders aus. Von einhun-

BIOMÄRKTE UND DER GLAUBE AN DIE NAHRUNG VON HIER

dert Erwerbstätigen waren 38 in der Land- und Forstwirtschaft beschäftigt und nur 14 in Dienstleistungsberufen. Heute sind es zwei in der Landwirtschaft und 51 in der Dienstleistungsbranche.[102]

Wieder etwas mit den eigenen Händen zu tun und die Früchte dieser Arbeit im wörtlichen Sinne zu ernten, einen eigenen Garten zu haben und ihn zu bestellen: Dies bedeutet auch den Wunsch nach Einfachheit, Nachvollziehbarkeit und Unabhängigkeit von Produktionsketten. Es ist die alte Magie des Handwerks, die wieder en vogue ist.

Prenzlauer Berg – oder:
Die Seele der handgemachten
Dinge

Im nördlichen Prenzlauer Berg, ungefähr dort, wo die Wisbyer
Straße die Schönhauser Allee kreuzt, liegt die Werkstatt von Martin Z. Schröder. In einem Souterrain betreibt er seine „Druckerey", die längst kein Geheimtipp mehr ist. Hier werden Papiere
aller Art von Maschinen bedruckt. Zum Teil entstammen sie dem
Beginn des letzten Jahrhunderts. Wer den Raum betritt, ist nicht
nur gebannt von der Schönheit der Briefbögen, Visitenkarten,
Hochzeitskarten und Ex-Libris-Drucke, die an den Wänden hängen, darunter auch bekannte Namen von Künstlern und Autoren.
Man ist es auch von der Emphase, mit der Martin Z. Schröder die
Geräte bedient und über die Kunst des Buchdrucks spricht.

Im Jahr 2009 hat sich Martin Z. Schröder eine Maschine der
Firma Heidelberg zugelegt, die ihm ein Sammler angeboten hatte,
einen „Original Heidelberger Tiegel". Der Tiegel kam 1914 auf die
Internationale Ausstellung für Buchgewerbe und Graphik („Bu-
gra") in Leipzig und ging 1921 in Serie. 1952 wurde dieses Exemplar hier gebaut. Es ist so groß wie ein Gefrierschrank und aus
schwarzem Stahl. Man erahnt, dass es tonnenschwer sein muss.
„Ich habe durch den Tiegel begriffen, warum die Deutschen so
berühmt wurden für Druckmaschinen", sagt Schröder. „Für jedes
Problem, das sich dem Drucker während der Arbeit stellt, haben

PRENZLAUER BERG

die Erfinder eine Lösung ausgetüftelt. Immer wieder schießt einem durch den Kopf: Sogar daran haben sie gedacht. Und man ist sehr dankbar für diese Umsicht."

Dann holt er einen Stapel Papier, den er einlegt und den Druckvorgang startet, während er die Hand an der Maschine lässt und einige gekonnte Bewegungen ausführt. Es ist zu sehen und zu hören: In Sekundenschnelle werden die einzelnen Bögen zum Bleisatz geschickt, bedruckt und abgelegt. „Man arbeitet ganz anders mit einer solchen Maschine, als man es von moderner Technik kennt, die nur das Auge beansprucht. Wir Buchdrucker sagen: Man druckt mit den Ohren."

Und dann erzählt Schröder von den Saug- und Blasgeräuschen, von einem Rauschen der Farbe, das seidig klinge bei dünnem Farbauftrag und schmatzend bei Flächendruck. Die Mechanik gebe einen Rhythmus vor, die Maschine singe ein Lied, und der Drucker lausche, um Störungen herauszuhören, bevor der Druck misslingt. Die „Musik" setze sich aus Einzelgeräuschen zusammen, aus der uhrwerkartigen Mechanik von Papiertransport und Farbwerk. „Ich mache das Ganze nicht aus Nostalgie", sagt Martin Z. Schröder und zeigt auf eine Schneidemaschine im hinteren Teil der Werkstatt. Und er schwärmt weiter, dass nirgendwo anders auf der Welt noch solche Schneidemaschinen produziert würden, nur in Deutschland, und dass er sich den Mercedes zugelegt habe, ein Exemplar der Firma Wohlenberg.

Man geht fehl zu glauben, dass allein alte Maschinen die Qualität mitbrächten – so wie allein alte, über ein oder zwei Jahrhunderte gespielte Musikinstrumente etwa der Cremoneser Schule im Ruf stehen, einen besonderen Klang zu haben. Die Schneidemaschine sei eine moderne, weil sie besser, leichter und schneller schneide als eine alte, sagt Schröder. Die Druckmaschinen hingegen gibt es nicht in moderner Ausführung. Der Buchdruck erfährt durch sie fraglos eine ganz eigene Qualität: Die leichte Unregelmäßigkeit im Schriftbild durch die unterschiedlich abgenutzten Lettern und die leichte Prägung der Schrift, aber auch die Oberfläche eines Naturpapiers geben einer solchen Drucksache mehr Wärme und Individualität – einen unverwechselbaren, authentischen Charakter, der mit moderner Vervielfältigungstechnik nicht zu erzielen ist. „Es geht also nicht um das Alte an sich, sondern eine anders nicht zu erreichende Anmutung der Drucksachen."

Kleine Fehler: Das Authentische in Technik und Natur

Dass die Technik nicht nur Begeisterung für das Ergebnis hervorrufen kann, weil diese durch kleinste Abweichungen ein Ausdruck von fast naturhafter Individualität ist, sondern ihrem Benutzer regelrecht ans Herz wächst: Diese industrieromantisch anmutende Vorstellung verbindet sich heute bestenfalls noch mit kleinen Handwerksbetrieben wie diesen, Uhrmachern, Goldschmieden, Instrumentenbauern. In den gesellschaftlichen Debatten über neue Technologien oder Infrastrukturen ist sie nicht auffindbar. „Technik": Das ist für die meisten Menschen digitale Technik oder Großtechnik, Flugverkehr und Schienentechnik, Infrastrukturen und Datenautobahnen, vielleicht sogar Chemie oder Pharmazie. Nicht jedoch stählerne Mechanik, wie ich sie auch im Innern des Kernkraftwerks in Philippsburg gesehen hatte, oder Handwerk, dem der in Deutschland populäre US-Intellektuelle Richard Sennett vor wenigen Jahren ein Buch widmete. Es steht bei Martin Z. Schröder im Regal, der selbst regelmäßig in seinem Druckerey-Blog schreibt und Fotos veröffentlicht.

Sennetts Gedanken sind der Manufactum-Gesellschaft und der neuen städtischen Begeisterung für das Einfache und Selbstgemachte wie auf den Leib geschrieben. Dokumentieren sie doch die Indienstnahme einer vormodernen Technik als Ausweg aus der abhandengekommenen Befriedigung durch menschliche Arbeit im digitalen Zeitalter. Die Technik des Einfachen und Handwerklichen ist nicht nur schön und manifest wie eine Schneidema-

PRENZLAUER BERG

schine für gefrorenen Parma- oder Serranoschinken: Sie ist umgeben vom Gefühl der Individualität, während die industrielle Automatisierung mit Fehlerlosigkeit und damit auch Austauschbarkeit gleichgesetzt wird.

Es ist genau dieser schmale Grat zwischen Gefühl und Verstand, der auch für das Verlangen nach einer anderen Technik prägend ist, wenngleich es zu den offensichtlichen ästhetischen Mängeln der Welt von Manufactum gehört, dass die Produkte eben nicht die kleinen Schmisse und Narben im Laufe der Zeit bekommen haben, die ihnen Unverwechselbarkeit und Aura geben, sondern Kinder der technischen Reproduzierbarkeit sind: makellos und gleich. Anders als in einem Antiquitätenladen zahlt man hier nicht für die gelebte Geschichte, sondern den Schein der Vergangenheit, der brandneu ist.

Das Versprechen von Firmen wie Manufactum, das heute zur Otto-Gruppe gehört, liegt gleichwohl in der Illusion, dass man der modernen Technik, die noch dazu billig ist und für jedermann verfügbar, entgehen kann, indem man wertbetonte Produkte erwirbt. Sie soll die Aura einer vortechnischen Zeit umgeben, als die Dinge noch einen angemessenen Preis hatten und ihre Erzeuger von ihnen leben konnten wie die netten Biobauern mit ihren Kindern in den Katalogen meines Marktes um die Ecke.

Die Idee, die dahinter steckt, ist eine alte: die Uhr zurückdrehen zu können in eine Zeit, die uns deshalb besser erscheint, weil sie vergangen ist und uns nichts abverlangt als das Interesse für das Schöne und Geschichtsträchtige. Aus wenig anderen Gründen erfreuen sich technische Museen wie das Deutsche Museum in München eines unverminderten Besucherinteresses, auch bei solchen Menschen, die mit der zeitgenössischen Technik Berührungsprobleme haben. Denn die ist nicht anders als die zeitgenössische Kunst ein Spiegelbild einer laufenden gesellschaftlichen Auseinandersetzung. Im nostalgischen Betrachten drückt sich hingegen die Erinnerung an bereits bewältigte Zeitepochen aus, während man die gegenwärtige Technik automatisch in einen Zu-

DIE SEELE DER HANDGEMACHTEN DINGE

sammenhang mit der Jetztzeit und ihren noch unbewältigten Problemlagen setzt. Damals war eben alles irgendwie besser, auch die Technik.

Immer geht es also auch um das eigene Ich und eine gedankliche Brücke zur Natur, die von einer historischen Technik nichts mehr zu befürchten hat, zumal diese hinsichtlich ihrer Möglichkeiten, die Natur zu zerstören, noch als begrenzt angesehen wird. „Der Traum", schreibt Sennett mit Blick auf den gegenwärtigen Eindruck einer Entfremdung und Entwurzelung, im „Gleichgewicht mit der Welt zu leben, verleitet uns meines Erachtens, den Ausweg in einer Idealisierung der Natur zu suchen, statt uns der von uns selbst herbeigeführten Selbstzerstörung zu stellen."[103]

Ein entsprechender Diskurs ist gerade in Deutschland kein Novum, sondern gehört von Anfang an zur Begleitmusik sowohl konservativer als auch linker Technikkritik. Dabei wird die Einmaligkeit des Handwerklichen in eine gedankliche Übereinstimmung mit den individuellen Schöpfungen der Natur gebracht. „Jeder, der ein Erzeugnis des alten Handwerks in Händen hält, eine Kassette, einen Schlüssel, empfindet an diesen Gegenständen etwas Organisches, wie es den Schöpfungen der Natur eignet. Das Werk ist genau gearbeitet, aber nicht mathematisch. Es ist [...] ein Stück Menschennatur. Die Maschine kann dergleichen nicht schaffen."

Diese Sätze stammen von dem Industriellen und ehemaligen Reichsaußenminister der Weimarer Republik Walther Rathenau, der 1922 Opfer eines politischen Attentats der rechtsgerichteten Organisation Consul wurde. Vier Jahre zuvor hatte er seine Schrift *Zur Kritik der Zeit* im S. Fischer Verlag veröffentlicht. Er traf damit ins Herz einer durch den Ersten Weltkrieg traumatisierten Nation. Und doch widmet sich seine *Kritik* Fragen, die seit der Entstehung der Industriegesellschaft diskutiert wurden: Die „Mechanisierung" (damals gleichbedeutend mit dem, was wir Automatisierung oder Massenproduktion nennen würden) und ihre

Auswirkungen auf das Bewusstsein der Menschen als hervorstechende Merkmale der Zeit nehmen dabei übergreifenden Platz ein. Auch in früheren Jahrhunderten sei die Arbeit, sei die Produktion die Hauptaufgabe menschlichen Tuns gewesen, schreibt Rathenau, immerhin Sohn des Firmengründers der AEG und als Großindustrieller gleichermaßen Absolvent geisteswissenschaftlicher wie ingenieurwissenschaftlicher Studienfächer. Die Entfesselung der Mechanik habe jedoch jede Schranke niedergeworfen: „Die mechanisierte Produktion hat sich zum Selbstzweck erhoben."[104]

Das Krisenempfinden wird in Deutschland in dieser Zeit ganz augenscheinlich in einen Zusammenhang mit der Entstehung der Industrialisierung und dem Siegeszug der Automatisierung gestellt. Der Soziologie Georg Simmel bemerkte in *Die Krisis der Kultur* aus dem Jahr 1916 so explizit wie wohl noch niemand vor ihm, dass die Technik ein ungeheures Wachstum erfahren habe, an dessen Ende – so die etwas sperrigen Worte – sich das einstige Instrument zwischen das Subjekt und den Zweck seiner Verwendung schiebe und diesen zu überdecken beginne.[105] Das Werkzeug Technik sei zum Selbstzweck geworden, zu einem autonomen Selbst, das den Benutzer in den Bann seiner Gesetzmäßigkeiten hineinzwinge.

Simmels Kritik leuchtet auch im Lichte heutiger Erfahrungen mit Alltagstechnik ein. Sie geht aber tiefer und zielt auf die Behandlung des Technischen in Deutschland im 20. Jahrhundert, die in der Wissenschafts- und Technikkritik „als Ideologie" mündet, wie eine Festschrift von Jürgen Habermas aus dem Jahr 1968 überschrieben ist. Dieser Blick auf das Technische wurde mit der Zeit abgelöst von einem, der nicht mehr die Technik selbst zur Zielscheibe nahm, sondern die jeweilige Instrumentalisierung mit ihren ökonomischen Interessen. Und doch gibt es bis in die Gegenwart Beispiele für den Selbstzweck von Alltagstechnik, etwa die beständigen Schein-Innovationen im Handy- oder Softwarebereich. Hier schlägt die Stunde der Natur und – als einer

Vorstufe auf der Leiter hinab zu ihr – die des Handwerks und der manufakturgleichen Technik.

Historische Vorläufer des Bilds von der guten, einfachen Technik

Verbleiben wir noch einen Augenblick bei jenen Annahmen über das Wesen der Technik, die zu Beginn des 20. Jahrhunderts geboren wurden: bei der Entfremdung menschlicher Arbeit, ihrer Austauschbarkeit durch die Maschine und der Machtkomponente moderner Technik. Gerade die Ablösung der individuellen Handarbeit durch die Maschinen ist zu einem Großthema der europäischen Kulturgeschichte geworden. Die Automatisierung fabrikmäßiger Prozesse warf dabei immer auch die Frage auf, wie sich der Fortschritt am Ende auf den Einzelnen übertrage und inwieweit die Maschinen noch vom Willen der Menschen abhängig seien.

„Wir sind von einem stets fortschreitenden Automatismus, dem alle Gebiete der Technik zustreben, umgeben", schrieb Friedrich Georg Jünger, der nie zur selben Bekanntheit gelangte Bruder Ernst Jüngers, in seinem erst nach dem Zweiten Weltkrieg veröffentlichten Standardwerk *Die Perfektion der Technik* am Ende der 1930er Jahre, das nicht nur eine lupenreine konservative Technikkritik ist, sondern auch als eine frühe ökologische Schrift gelesen werden kann.[106] Dabei spricht er einen Gedanken aus, der bis in die Medienkritik unserer Tage Gültigkeit behalten hat: dass die Entwicklung der Technik niemals eine Einbahnstraße sei, die dem Menschen das Leben erleichtere, sondern immer Rückwirkungen auf den Menschen bedeute. So gewinne die Maschine am Ende Macht über den Menschen, auch wenn dieser sich im guten Gefühl wiege, seinerseits Macht auszuüben.

Jüngers Buch ist eine Speziallektüre für Liebhaber ohne große gesellschaftliche Wirkung geblieben. Bereits Oswald Spengler

PRENZLAUER BERG

hatte in seinem 1918 erschienenen Bestseller *Der Untergang des Abendlandes* mit Blick auf die Technik von einem *„Satanismus der Maschine"* gesprochen, die den faustischen (sprich: deutschen) Menschen *„zum Sklaven seiner Schöpfung"* mache. Auch Spengler drückte damit die bedrohliche Umkehr im Verhältnis zwischen Mensch und Technik aus: Nicht der neue Mensch habe die Maschine, sondern die Maschine den Ingenieur, den Unternehmer und den Fabrikarbeiter *„herangezüchtet"*.[107] Und der Lebensphilosoph Ludwig Klages schrieb der Technik zu, dass sie – gegängelt von einem „alles beherrschenden Mamonismus" – die „Aussicht auf Zerstörung des Erdballs" in sich trage.[108] Sätze, die auch aus dem Imagemagazin einer Umweltorganisation oder von Attac stammen könnten.

Die Erfahrungen des Krieges, vor allem aber die Entstehung von Atomwaffen, haben den Technikdiskurs in Deutschland beziehungsweise aus Deutschland heraus verschärft, nicht zuletzt durch die Emigrationsbewegung. So ist denn auch die zeitgenössische Kulturkritik Richard Sennetts nicht ohne die Erfahrungen zu begreifen, die er nach eigenen Angaben in den sechziger Jahren machte, als die Welt am Rande eines atomaren Krieges stand und jedermann offenbar wurde, dass die vom Menschen in die Welt gesetzten Dinge jederzeit die Gefahr bergen, zu einer Selbstschädigung höchsten Ausmaßes zu führen. Der moderne Mensch, so resümiert er in Anlehnung an Hannah Arendt, sei nicht mehr Herr im eigenen Haus, denn die Artefakte seines wissenschaftlich-technischen Strebens seien ihm über den Kopf gewachsen und zeigten Tendenzen der Selbstzerstörung. Er verstehe nicht mehr, was er im täglichen Umgang mit der Technik eigentlich tue. Genau aus dieser Erkenntnis, so ließe sich ergänzen, erwächst in unserer Zeit die neue Bedeutung des Handwerks als der alten Einheit von Hirn und Hand.

Unter Tage: Die deutsche Romantik und der Bergbau

Solange der Mensch noch Hand an die Technik oder andere Gegenstände legte, diese unmittelbar gebrauchte, schien er sie gleichermaßen zu „beseelen" – eine Vorstellung, die es in der deutschen Romantik bereits bei Novalis, E. T. A. Hoffmann, aber auch Naturgelehrten wie dem Physiker Johann Wilhelm Ritter gab, der Versuche zum Galvanismus machte und elektrochemische Strahlen entdeckte. Im Vergleich zu Goethes phänomenologischen Studien zur Gesteinskunde und Mineralogie handelte es sich hierbei bereits um naturwissenschaftliche Experimente moderner Prägung.

Für die Romantiker war die Verknüpfung von Sprache, Naturerkenntnis und Technik von zentraler Bedeutung, weshalb die Suche nach der blauen Blume auffällig oft ins Innere der Berge führte. Sie nahmen die Erzählung des Paradieses insofern ernst, als sie an einen vollkommenen Einklang aller Wesen und Kräfte glaubten, der Menschen, Tiere und Pflanzen nicht allein verband, sondern den Menschen auch die Sprache der Natur verstehen ließ. Und weil es eine Einheit zwischen Mensch und anderen Lebewesen gab, verstand er es auch, ihnen ihre „Namen" zu geben. Die Natur wurde auch deshalb zum zentralen Motiv der Romantiker, weil sie als Symbol für den neu zu entdeckenden Ursprung der Menschheit gesehen wurde. Dieses Natursprachkonzept der Romantiker hat bis ins 20. Jahrhundert hinein gewirkt und Aufnahme etwa in die rationalismuskritischen Strömungen am Vorabend des „Dritten Reiches" gefunden.

Auch das Wachstum der anorganischen Natur, ihre Wandelbarkeit schienen auf eine verborgene Kraft hinter den Dingen zu deuten. Wie kaum ein zweiter romantischer Dichter hat Novalis, der an der noch heute bestehenden Bergakademie Freiberg Bergwerkskunde und Naturwissenschaften studierte, die Symbiose aus Dichtung und Bergwissenschaft, etwa die Verbesserung des Sali-

PRENZLAUER BERG

nenwesens, verkörpert. Er ging bei einem Professor für „Geogno-
sie" in die Schule und setzte ihm und dem Bergbau vor allem in
zwei romantischen Romanen, dem *Heinrich von Ofterdingen* (1802)
und den Fragment gebliebenen *Lehrlingen zu Sais* (1798–99) ein
Denkmal. Allenthalben ist dort von Mineralien und Metallen die
Rede, die als Blumen des Berginneren erscheinen. Der organische
Wachstumsbegriff wird von Pflanzen gezielt auf die Gesteine erweitert. „Das Gestein lebte auf, die Fossile regten sich", heißt es
in E.T.A. Hoffmanns *Die Bergwerke zu Falun*: „der wunderbare
Pyrosmarlith, der Almandin blitzten im Schein der Grubenlich-
ter."[109] Alles, nur keine Assoziationen mit Blumen und anderen
schönen Dingen würde man heute wohl mit dem Gedanken an
Tagebaue und Schächte erwarten.

Die hier zitierte Geschichte von Hoffmann bediente sich dabei
eines historischen Ereignisses aus dem Jahr 1719. Damals hatte
man die Leiche eines gut fünfzig Jahre zuvor verunglückten Berg-
manns in den Kupfertagebauen von Falun in Schweden gefunden – der damals zweitgrößten schwedischen Stadt, die den Reich-
tum Schwedens im 17. Jahrhundert begründete. Die im Entstehen
begriffene Naturwissenschaft war von dem Fall fasziniert, da die
Leiche des Mannes so gut wie unversehrt geblieben und nicht verwest war. Der Berg, in den der Mensch hinabstieg, war für die
Romantiker deshalb auch ein Sinnbild der unsterblichen Seele, die
Suche nach dem Verdrängten und Verschütteten, das die Literatur
weit vor der Entstehung der Psychologie in einer Art Traumdeu-
tung freilegen wollte.

Es ist kein Zufall, dass der romantische Naturgelehrte Gotthilf
Heinrich Schubert, Verfasser der Schrift *Ansichten von der Nacht-
seite der Naturwissenschaft* (1808), wie Goethe nicht nur Dichter
und Naturforscher, sondern auch Arzt und Pädagoge war. Der
Bergbau war für die Romantiker dabei immer auch eine bewusste
Konfrontation mit dem Abgrund: Wer sich in den Berg hineinbegab, lief Gefahr, darin umzukommen. In Heinrich Heines späte-
rem Versepos *Die Harzreise* (1826), die das Erzähler-Ich bei Claus-

DIE SEELE DER HANDGEMACHTEN DINGE

thal ebenfalls ganz tief unter Tage in den Schacht „Karolina" führt, wird derer gedacht, die von den steilen Leitern in die Tiefe gestürzt waren und sich das Genick und sämtliche Knochen gebrochen hatten. Natur: Das bedeutete Risiko, in das man sich bewusst hineinbegab – nicht Harmonie und Gesundheitsversprechen.

Zugleich ist auch bei Heine von einer besonderen Beziehung zwischen den Menschen und den belebten und unbelebten Naturerscheinungen die Rede, die mit ihnen zu sprechen scheinen: Der Erzähler beobachtet ein Kind, das durch den Wald läuft und spielend mit Vögeln und Bäumen kommuniziert; eine Fähigkeit, die man nicht zufällig allein Kindern zuschrieb, weil diese im Naturbild des 19. Jahrhunderts noch nicht erzogen und zivilisiert waren, sprich: sich noch in einem natürlichen Zustand befanden. Er besucht am Ende eine Bergmannsfamilie und sieht eine steinalte Frau, die am Ofen sitzt. Märchen und Sagen öffnen das Fenster in eine frühere Zeit, die noch von einer Sprache aller Dinge geprägt ist. Zumindest in diesem Punkt steht der Spötter Heine mit einem Fuß in der Romantik.

Die seinerzeit erblühte Idee einer Lesbarkeit der Welt anhand ihrer natürlichen Zeichen ist weitaus älter und verweist auf ein göttliches Schöpfungsverständnis der Natur. Seit der Mystik des Mittelalters, mit Schriften wie *De signatura rerum* von Jakob Böhme, gibt es die Vorstellung einer gleichermaßen vorhandenen Beseelung von Erzen, Salzkristallen und Edelmetallen, die sich wie Adern durch den Organismus der Felsen verbreitet haben. Auch sie gehen auf denselben Schöpfergott zurück, der der Natur seine Sprache eingehaucht hat: die geheime Signatur der Dinge, die der Mensch entschlüsseln muss. Böhme, der sowohl in der deutschen literarischen Romantik als auch in der neuen deutschen Naturdichtung des 20. Jahrhunderts Anhänger fand, schreibt denn auch, dass sich der Schöpfungscharakter der Welt nirgendwo deutlicher manifestieren würde, „dann man findet hierinnen der Erden/ so wol aller Metalle vnd seine Eigenschaft/ so wol deß Gestirnes/ vnd den vrstand der Elementen."[110]

PRENZLAUER BERG

Die Technik schützen – wie die Natur

Auch ohne die Kenntnis solcher Geschichten haben mich Erinne-
rungsorte des Bergbaus als Kind fasziniert. Allein die Vorstellung,
in einen Berg hinabzusteigen und Schätze wie Gold und Silber zu
finden, übertraf die Begeisterung für das Herumstöbern in alten
Ruinen und Kellern bei Weitem. Städte wie Goslar oder das Bergwerk Rammelsberg bei Bad Harzburg, das zum Weltkulturerbe
gehört und in dem man nicht nur nachempfinden kann, welchen
Strapazen die Menschen in dem unterirdischen Labyrinth ausgesetzt waren, sondern wie man sich tief im Berg der Natur ausgeliefert fühlen musste, lagen damals hinter der Grenze. Aber wir fuhren in den Ost-Harz und entlang der Abraumhalden hinter Halle,
wo man Kalisalze gewann. Jeder Dritte unserer Bekannten dort
hatte damals mit dem Kalibergbau zu tun gehabt, bevor dieser in
den achtziger Jahren auch im Osten einem schleichenden Strukturwandel wich.

Ich erinnere mich an die Vitrinen im Flur, in denen milchfar-
bene, aber auch violette und rote Kristalle lagen. Die Farben und
Formen übten eine starke Anziehung auf mich aus. Nach der
Wende stieg ich ins Auto und fuhr wieder dorthin, und dann weiter in die ehemaligen Bergbau- und Industriegebiete in Nordrhein-Westfalen, den Duisburger Norden, Gelsenkirchen, auch
Dortmund, wo die Zechen „Minister Stein", „Admiral", „Germa-
nia" oder „Preußen 2" hießen. Kohle und Stahl, die Herzkammer
des Ruhrgebiets, waren da schon Geschichte. So, wie man die Natur historisiert und schützt, wurden auch Zechen und Kokereien
unter Schutz gestellt, die Zeche Zollverein zum Weltkulturerbe
gemacht.

Ich sah die Überbleibsel einer Stahldynastie, die Hoesch hieß.
Und die verblichenen Ladenfassaden der Fünfzigerjahre-Häuser,
die von Siegern und Verlierern ganz anders kündeten als die Debatten um die Kosten der Wiedervereinigung, in deren Schatten

sie standen. Die Zeit hatte sich in das Antlitz der Straßen und in die alten Kneipenschilder der Kronen- und Union-Brauerei eingebrannt. Dann fuhr ich weiter nach Essen, in den Süden, zur Villa Hügel und dem Baldeneysee, der kein See, sondern ein aufgestautes Stück der Ruhr ist.

Tief im Westen, wo die Sonne verstaubt: So und ähnlich haben viele melancholische Hommagen an eine untergegangene Industrieepoche begonnen. Der Stoff, aus dem diese Nostalgie gemacht wird, heißt Arbeit und Entbehrungsreichtum, der kollektiv erfahren wurde. Man könnte noch weiter gehen und sagen, dass das Sich-Abarbeiten an der Natur zu den letzten großen zivilisatorischen Erfahrungen einer Generation gehörte, die den alten Gedanken verinnerlicht hatte, die eigene soziale Lage mit Hilfe der Technik überwinden zu können. Diese Erfahrung war deshalb besonders stark, weil sie viele Familien über die Arbeit hinaus als Bewohner von Siedlungen verband. Der Bergbau bezog Familien generationsübergreifend in die Tradierung der Vergangenheit ein. Anders als der Fischfang und die Seefahrt, vor allem anders als die Landwirtschaft, stellte der Bergbau, obwohl er dank einer sukzessiven technischen Eindämmung von Gefahren sicherer geworden war, letztlich immer noch eine Form von selbst gewählter individueller Gefährdung dar, über die sich beim Abendbrot sprechen ließ.

Das Bezwingen der Elemente, das, wie Martin Heidegger es in seiner hermetischen Sprache ausdrückte, „Stellen" der Natur und „Entbergen" ihrer verborgenen Schätze mit Hilfe der Technik, ist hier in einer vergleichsweise ursprünglichen Form erhalten geblieben. Bis zur Gegenwart hat der Bergbau dieses Credo durch Bilder nicht ablegen können, die wir von Grubenunglücken in China oder Russland oder aber jener legendären Befreiungsaktion von 33 verschütteten chilenischen Kumpeln im Jahr 2010 in uns aufgenommen haben. *Esperanza*, also Hoffnung, tauften die Menschen das Zeltlager, in dem sie wochenlang oberhalb der Mine San José ausharrten, wo Angehörige in 700 Metern Tiefe gefangen waren.

PRENZLAUER BERG

Per Videobotschaft sendeten sie ein Lebenszeichen an die Außenwelt. Die moderne Technik half, den Glauben an die Rettung wachzuhalten.

Diese Bilder vom anderen Ende der Welt nehmen sich in ihrem archaischen Charakter wie Erinnerungsstücke an die Zeit der Industrialisierung aus. Wenn wir heute über das Leben mit der Technik sprechen, sehen wir Eingriffe. Immer schwingt eine ökologische Komponente mit. „Der radikale Abbau von Erdöl, Kohle und Erzen kann nicht Wirtschaft genannt werden", heißt es etwa bei Friedrich Georg Jünger, „so rational immer der Abbau betrieben werden mag."[111] Sich die Erde untertan zu machen, der biblische Auftrag, die Natur zu bezwingen, ist in Deutschland nicht mehr präsent. Ende 2018 wird die letzte Tonne Steinkohle in Deutschland gefördert sein. Die Folgen für die Umwelt sind dabei nicht allein auf das begrenzt, was Tagebaue landschaftlich hinterlassen haben. Das ganze Ruhrgebiet ist unterhöhlt wie ein Labyrinth. Jedes Jahr wird viel Geld ausgegeben, um das Grubenwasser abzupumpen, das eisen- und salzhaltig ist und sich mit dem Grundwasser zu vermischen droht. Es sind Ewigkeitslasten, die der Steinkohlebergbau den nächsten Generationen aufbürdet.

Die Zeit der Technik – und die der Natur

Martin Z. Schröder und seine „Druckerey" und die Zechen des Ruhrgebiets sind nur zwei Beispiele. Seitdem es die Technik gibt, gibt es die Faszination für das, was an Technischem nicht mehr existiert oder mit der Patina der Geschichte überzogen ist. Bei mechanischen Uhren oder Automobilen nicht anders als bei Sextanten oder Waagen, alten Büchern und Fotografien öffnen wir das Fenster in eine nicht mehr rückholbare Zeit. Anders als die Zeit der Natur, die zyklisch ist und uns in Gestalt der Jahreszeiten immer wieder aufs Neue quasi verjüngt gegenübertritt, ist die Zeit der Technik eine lineare – und genau das wissen und fürchten wir.

DIE SEELE DER HANDGEMACHTEN DINGE

Jeder Fortschritt, jede Entwicklung baut auf einer anderen auf und vervollkommnet diese in eine unumkehrbare Richtung. Dieses Telos führt zu einer Dynamik der Bewegung.

Aus diesem Grund gibt es über die individuelle Beziehung zu Antiquitäten, alten Schallplatten oder dem ersten Taschenmesser hinaus eine kollektive Erinnerung, die anhand von alten Industrieanlagen und den mit ihnen verbundenen Schicksalen hervortritt. Doch es ist weniger eine Sozialromantik oder falsche Poesie der Arbeit, die hinter dieser Faszination steckt, auch nicht der Blick auf Architektur- und Technikgeschichte im akademischen Sinne. Jede alte, jede zerstörte Technik trägt ein spontan erfassbares Verfallsmotiv in sich, das bereits die Maler der romantischen Epoche bei ihrem Blick auf Ruinen im Wald begeisterte: Die Technik – versinnbildlicht durch ein marodes Bauwerk, durch das sich blühende Triebe von Bäumen, Wurzeln, Moose und Gräser ziehen und das die Witterung immer weiter auflöst – tritt wieder ein in den Zyklus des Lebens, bis sie irgendwann ganz in ihm aufgegangen ist.

Diese unterschiedliche Dimension der Zeit hat gerade nach historischen Zäsuren die Dichtung immer wieder angeregt. Die Suche nach einer verlorenen Zeit und der Wunsch nach einem langsameren Verfließen waren da längst zu einem Topos der Moderne geworden. Gerade jene Dichtung, die sich programmatisch mit der Natur befasste, hat dabei gezielt Bezüge zwischen Mensch und Natur hergestellt. Ihrer Betonung der Naturzyklen lag die Vorstellung zugrunde, dass Geburt, Leben und Tod Bestandteile ein und desselben Kreislaufes seien, der keine Gegensätze kennt, in dem sich alles bedingt und zueinander fügt. Der Mensch war hier kein Außenstehender, sondern integraler Bestandteil. Der menschliche Daseins-Sinn lag in der Überwindung der Diskrepanz zwischen Natur und Mensch. Gleichzeitig war die Natur das Andere und irreversibel Entfernte.

Entsprechende Ansichten waren in Deutschland zu Beginn des vergangenen Jahrhunderts durch die sogenannte Mutterrechts-

Lehre Johan Jakob Bachofens verbreitet.[112] Der in Alt-Langerwisch bei Potsdam als Kind beheimatete Lyriker und spätere Gründungschefredakteur der noch heute existierenden Zeitschrift *Sinn und Form,* Peter Huchel, hat diese Auffassung einer „Mutter Natur", von der der Volksmund spricht, auch durch seine Anleihen bei slawischen Mythologemen so konsequent wie kaum ein anderer vertreten. Die Personifizierung der Natur, die in Gestalt weiblicher Figuren wie Mägden und Alten erfolgte, entspricht dabei einer in der Mythengeschichte immer wieder anzutreffenden Praxis. Das bereits zitierte „urfrühe Dunkel" oder die „urfrühe Mutter" im Gedicht *Eine Herbstnacht* reihen sich in seiner Poetik sowohl vor als auch nach 1945 an einen Privatmythos. In seinem Nachkriegsgedicht *Heimkehr* (1948) wird eine Stimme vernehmbar:

> *„Soll ich wie Schatten zerrissener Mauern*
> *Hausen im Schutt, das Tote betrauern?*
> *Soll ich die schwarze Schote enthülsen,*
> *die am Zaun der Sommer vergaß,*
> *mähen den Hafer rissig und falb,*
> *den ein eisiger Regen zerfraß?"*

Die Antwort gibt das Gedicht selbst:

> *„Aber am Morgen,*
> *es dämmerte kalt [...]*
> *kam eine Frau aus dem wendischen Wald.*
> *Suchend das Vieh, das dürre,*
> *das sich im Dickicht verlor,*
> *ging sie den rissigen Pfad.*
> *Sah sie schon Schwalbe und Saat?*
> *Hämmernd schlug sie den Rost vom Pflug. "*[113]

Das Bild der wendischen Alten, das lange Zeit völlig aus dem Sprachgebrauch verschwunden war, wird in einem Text aus dem

DIE SEELE DER HANDGEMACHTEN DINGE

Jahr 1971 übrigens noch einmal aufgegriffen. Die „Mutter der Frühe", die von Huchel als Personifikation von Natur-Schöpfung und ewiger Wiedergeburt gerühmt wurde, tritt nun als Todesengel auf, der mahnend in das Bewusstsein des Dichters zurückkehrt. Anders als in *Heimkehr* ist sie kein Symbol der Zuflucht und des Neubeginns mehr, sondern erscheint dem Ich als schmerzliches Gedächtnis seiner selbst. Die „Große Mutter", nun in Gestalt der „wendischen Weidenmütter", wird damit zur Verkünderin des Untergangs. Man kann auch sagen: Die Natur hat als Hoffnungssymbol ausgedient.[114]

Eine Renaissance erlebte im Rahmen der deutschen Naturdichtung des 20. Jahrhunderts zuvor auch die Idee einer Natursprache, die sich über die Romantik bis zur Mystik Böhmes zurückverfolgen lässt. Ihr liegt die Vorstellung einer tieferen Bestimmung der Namen der natürlichen Dinge zugrunde – und sie ist durchaus produktiv für den gegenwärtigen Glauben an Heilsbotschaften des Natürlichen. Denn in der Zeit der großen Moderne-Kritik vollzog sich über die Auseinandersetzung mit dem romantischen Konzept einer Natursprache auch eine Abrechnung mit der Zivilisation.[115]

Eine Gruppe junger Dichter sammelte sich um 1930 um eine Zeitschrift, die in Dresden erschien und *Die Kolonne* hieß. Deren Herausgeber Martin Raschke umriss das sprachliche Programm seiner Autoren sehr genau, indem er sagte: „Was sind das für elende Wörter, die wir für das Grammophon, das Auto und die vielen Apparate gefunden haben, hört man dagegen Egge und Rad."[116] Und an anderer Stelle heißt es, dass es zum Wesenszug „aufklärerischer Zeiten" gehöre, dass man in Worthülsen spreche. Als Überfrachtung des Menschen mit entfremdenden Einflüssen stand Raschke der Technik auch in Bezug auf ihren sprachlichen Einfluss feindlich gegenüber. Denn er fürchtete, dass das Schöpfen neuer, auf die Technik ausgerichteter Worte zum Verlust einer unmittelbaren Bezeichnung der Dinge führe. Dieser Gedanke einer Entfremdung der Sprache als Synonym für eine Selbstentfrem-

PRENZLAUER BERG

dung des Menschen von der Natur zieht sich wie ein roter Faden durch die Dichtung neoromantischer Autoren, beispielhaft in einem Text des Dichters Horst Lange. Dieser negiert das Wesen der Technik, indem er sie den Zyklen der Natur – Geburt, Wachstum, Vergänglichkeit – unterstellt:

> *„Wo befindet sich auf der ganzen Erde eine Maschine, die neben dem geheimnisvollen Mechanismus eines geringen Saatkorns bestehen könnte, in dem die Ernten vieler künftiger Jahrhunderte verborgen sind? Eine solche Maschine wird nie gebaut werden."* [117]

Die Konkurrenzsituation, die Lange durch die Gegenüberstellung von „Maschine" und „Saatkorn" herbeiführt, korrespondiert mit einem früheren Bild Martin Raschkes. In einem Beitrag für die *Literarische Welt* sprach er davon, dass „ein großer Teil der Deutschen in ländlichen Verhältnissen" lebe und ihm „Regen und Kälte wichtiger" seien als „ein Dynamo, der noch nie das Korn reifte".[118] In diesem Zusammenhang taucht bei beiden Autoren auch der Begriff des „Bauern" auf.

Lange bezeichnete den Bauern nicht nur als Vorbild für eine ganze Generation werdender deutscher Dichter am Vorabend des „Dritten Reichs", sondern thematisierte die Komplexität der urbanen Lebenswelt. Gegenüber dieser Welt erschien die naturnahe Existenz des Bauern für ihn in einem „festen Kreis von einfachen, unkomplizierten Vorgängen eingeordnet". Denn der Bauer könne sich als Sachwalter von Saat und Ernte, Wachstum und ruhiger, nach festen Gesetzen geregelter Unterordnungen unter Größeres begreifen.

Die versteckte Botschaft dahinter ist, dass Bauern nicht anders als – zumindest in dieser Zeit – Fischer und Bergleute noch keine Beziehung zu einer äußeren Natur pflegen mussten, sondern selbst Teil von ihr waren.[119] Augenscheinlich zielte diese Rhetorik auf ein Ordnungsprinzip, das den Einzelnen noch im Ganzen einzugliedern vermag – aber nach Gesetzen, die der Mensch verantwortet.

DIE SEELE DER HANDGEMACHTEN DINGE

Genau darin liegt der überzeitliche, aber eben auch konservative Grundzug dieser Naturverehrung.

Lange und andere brachten insofern eine besondere Blickrichtung in ihre Texte, als sie die Natur bewusst „klein" machten. Gegenüber den „hohen Mythen" der Naturdichtung etwa des 19. Jahrhunderts schauten sie „nach unten" und nahmen eine horizontale Perspektive ein – zu den Gräsern, Kräutern und Gesteinen, für die es im klassischen Naturgedicht keinen Platz gab oder die bestenfalls Objekte botanischer und geologischer Studien waren. Ohne falsche Bezüge zu konstruieren, ist dies insofern bemerkenswert, als sich die heutige Faszination für Natur so gut wie immer auf das „Nahe" erstreckt, bei dem man das entschleunigte Wachstum über Wochen mit eigenen Augen verfolgen kann. Es ist der magische Realismus des Beschaulichen, der an Aktualität gewonnen hat.

Technik und Dynamik boten also den Boden für eine Faszination der Verlangsamung. Die Natur als Bezugspunkt war bei Lange & Co. ein unterstelltes Korrektiv der modernen Welt. Sie wurde mit Attributen wie „organisch" oder „ganzheitlich" versehen und als Gegenpol zur Zersplitterung und Auflösung der Großstadt aufgebaut. Der sich darin manifestierende Glaube an eine Naturvorstellung wie im 19. Jahrhundert, die Natur sei *das Draußen, das Außerhalb der Zivilisation*, kann mit einigem Recht als ein historischer Außenposten bezeichnet werden.

Bereits Brecht hatte mit seiner Lyrik und den Keuner-Geschichten demonstrativ darauf beharrt, die Trennung von Natur und Stadt aufzuheben und die Natur durch rauchende Schornsteine auf Hüttendächern und Sitzbänke vor dem Haus in die Stadt zu integrieren. Bäume sollten nicht ein Betrachtungsgegenstand *in den* Wäldern sein, sondern etwas, das man *vor dem* Haus betrachten konnte. Die Natur war nicht gut, lautete die Botschaft, wenn sie ohne den Menschen und seine Spuren war. Dass diese Positionierung nie ganz abgeschlossen und auch Brecht insofern ein Zweifelnder seiner eigenen Poetologie war, als er die Natur auch

PRENZLAUER BERG

als das schmerzlich Vermisste begriff, zeigt sein bekanntes Gedicht
Über das Frühjahr – 1928 entstanden:

> *„Lange bevor*
> *Wir uns stürzten auf Erdöl, Eisen und Ammoniak*
> *Gab es in jedem Jahr*
> *Die Zeit der unaufhaltsam und heftig grünenden Bäume.*
> *Wir alle erinnern uns*
> *Verlängerter Tage*
> *Helleren Himmels*
> *Änderung der Luft*
> *Des gewiß kommenden Frühjahrs.*
> *Noch lesen wir in Büchern*
> *Von dieser gefeierten Jahreszeit*
> *Und doch sind schon lange*
> *Nicht mehr gesichtet worden über unseren Städten*
> *Die berühmten Schwärme der Vögel.* "[120]

Die Bäume und mit ihnen die Schwärme der Vögel, die sich wie
ein roter Faden durch die Naturdichtung dieser Zeit bis zum vielleicht berühmtesten deutschen Vogelgedicht des 20. Jahrhunderts
ziehen, Oskar Loerkes *Die Vogelstraßen* (1926), waren den Menschen der großen Städte bereits vor neunzig Jahren offensichtlich
abhandengekommen. Und wir sprechen heute wieder von ihnen,
als wäre nichts geschehen?

Die Wälder Brandenburgs – oder:
Welche Natur wir meinen

Auf den Blitz folgte der Donner, das Gewitter stand unmittelbar über mir. Nun war alles vorbei. Es dampfte auf dem Asphalt, als hätte jemand frischen Teer ausgebracht. Ein Rinnsaal am Straßenrand war zu hören und das Tropfen des Regenwassers von den Bäumen. Ansonsten war es still wie nach einem Brand.

Von Rheinsberg kommend änderte ich meine Route und fuhr weiter nach Nordosten, in die Uckermark, zu Freunden, die hier, unweit des Flüsschens Randow an der polnischen Grenze, Sommertage verlebten. Nach den Wäldern kamen die Äcker und Weiten, in denen der Strukturwandel mit Händen greifbar war. Dörfer zerfielen, weil den Gemeinden das Geld fehlte und die Jungen gingen. Die Arbeitslosigkeit lag seit Jahren bei mehr als fünfzehn Prozent. Stellenweise sogar noch höher.

In der agrarisch geprägten Landschaft der Uckermark, die zum Ausstiegspunkt vieler Berliner geworden ist und heute Dichter wie Botho Strauß beheimatet, haben sich neben dem Wandel der Arbeitswelt vor allem die fehlenden Möglichkeiten sozialer Beteiligung auf die Wahrnehmung des eigenen Lebens ausgewirkt. Während Strauß in dieser Umwelt sein Buch *Vom Aufenthalt* schreiben konnte, das ein Dokument des Innehaltens als Prinzip und der Verweigerung gegenüber jeder Form von Zeitgeist ist, werden zu viel Ruhe, zu viel Weite und zu viel Wald für andere zum Prob-

DIE WÄLDER BRANDENBURGS

lem. Das *Deutsche Ärzteblatt* veröffentlichte im Frühjahr 2012 die Ergebnisse eine Langzeitstudie zur Gesundheit in Nordostdeutschland. Ein Großteil der Befragten war in der Landwirtschaft beschäftigt. Im Ergebnis gaben insbesondere Männer eine Verschlechterung des Gesundheitszustands an. Die Lebenszufriedenheit war entgegen dem Trend der allgemeinen Alterserwartung gesunken, wobei der Mangel an Beschäftigungsmöglichkeiten ebenso wie der Rückgang der öffentlichen Infrastruktur in einem Atemzug mit dem Gesundheitsempfinden genannt wurden.[121] Die Lebensqualität hing demnach primär von der sozialen und wirtschaftlichen Lage ab, inmitten der schönsten Natur.

Als ich durch eines der Dörfer fuhr, sah ich ein Gutshaus an einem Weiher, der durch den Platzregen voller Blätter war. Solch einen Ort meinte der Volksmund, wenn er von einem schönen Flecken Erde sprach. Es war ein Anblick wie zu Fontanes Zeiten: ein vom Regen niedergedrücktes Feld, das bis an den Horizont reichte, die Züge einer Endmoränenlandschaft, in denen Hügel und Täler wie auf einem Gemälde verschmolzen. Sie wurde in der Stein- und Bronzezeit zum ersten Mal von Menschen besiedelt. In zwanzig Jahren wird sie aufgrund der Landflucht vielleicht wieder menschenleer sein und ist doch oder gerade deshalb so reizvoll. Unser Blick auf die Natur ist eben ambivalent: Einerseits suchen wir den entvölkerten Raum, andererseits scheuen wir die gänzlich ursprüngliche Natur.

Und ewig rauschen die Wälder: Die Erfindung von „Natur"

Welche Natur meinen wir, wenn wir von ihrem Schutz sprechen? Eine Natur, die schön ist, Kontemplation verspricht und schützenswert erscheint: Sie ist eine Erfindung der Neuzeit. Das Verhältnis des Menschen zur Natur war zuvor immer an das Maß geknüpft, in dem er sich seiner Umwelt bemächtigte und den Elementen Siege abtrotzen konnte. Kein Maler oder Dichter des Frühmittelalters hätte eine Landschaft als Zentrum und alleinigen Zweck im Sinne gehabt. Die Natur war vor allem Beiwerk, Hintergrund, Rahmen für höfische Kultur, Ritterspiele, Turniere, Zeremonielle. Es wäre in dieser Epoche noch einem Frevel gleichgekommen, nicht Gott oder den Menschen zu huldigen, sondern einsamen Bergseen oder Mooren. Wälder waren finstre Orte, in die man aus der Gemeinschaft Ausgestoßene verbannte. Das Bild Gottes war entscheidender als das Bild seiner Schöpfung.

Erst das ausgehende 18. Jahrhundert brachte jene Mythisierung, die uns noch heute vertraut ist: Mensch und Natur verschmolzen zu einer Einheit, die natürliche Welt wurde zum Spiegel der menschlichen Seele. Die Romantik, die zumindest in Deutschland eine Antwort auf die Nüchternheit der Aufklärung war, vor allem aber das bürgerliche Zeitalter des 19. Jahrhunderts entdeckten die Natur als das Gegenstück zur puren Vernunft. Die Romantiker setzten auf die Einheit der Dinge. Sie wollten zeigen, dass der Mensch und seine Artefakte wie Ruinen oder mittelalterliche Burgen an Flussläufen nicht zufällig inmitten der natürlichen Welt standen. Damit bewiesen sie zugleich, dass der Mensch der Natur längst *gegenüber*stand, indem er über sie reflektierte, und nicht mehr in einer Einheit mit ihr existierte.

Es braucht wenig Schwärmerei, um sich einen Wald vorzustellen, wie er überall in Deutschland das Landschaftsbild prägt. Laubbäume wie Eichen und Buchen in loser Zahl, gelegentlich auch „Forstäcker" mit Kiefern, seltener mit Fichten, die so dicht stehen, dass sie kein Sonnenlicht auf den Boden lassen. Kaum jemand wird beim Stichwort „Natur" an einen weißen Ostseestrand denken oder den Salar de Uyuni. Natur meint Wachstum, Bewegung, Tiere und Pflanzen, die sich auf engstem Raum begegnen, weshalb sich bei den meisten Menschen eher der Gedanke an einen Laubwald oder eine Schilflandschaft einstellen dürfte. Überließe man die Natur sich selbst, so zeigt ein mittlerweile seit 170 Jahren durchgeführtes Dauerbeforstungsexperiment im eng-

DIE WÄLDER BRANDENBURGS

lischen Rothamsted, würde in vielen Regionen Europas Buchen-
wald vorherrschen. So wie vor eintausend Jahren.

Der Wald: Er ist ein perfektes Gegenstück zur Zivilisation, da er
Grenzen schafft, den Raum des Menschen von jenem der Natur
zu separieren scheint und doch selbst Natur ist. Entsprechend anfällig ist er gerade in Deutschland für Mythisierungen aller Art
gewesen, wurde mit Fabelwesen und Räubern gleichermaßen
künstlich bevölkert, war Rückzugsort für Wilderer und Freiden-
ker, Mutprobe für Abenteurer.

Kaum ein anderer Ort ist besser dazu angetan, unsere Ge-
fühle in punkto Natur auch heute noch wiederzugeben. Von den
Göttern der Germanen, die in den Eichenwäldern ihre Heimstatt
fanden, bis zur dunklen Magie der Wälder in den Märchen und
Sagen der Romantik, wie sie die Brüder Grimm sammelten:
Nichts steht noch immer so symbolisch für unsere Naturliebe.
„Alles Deutsche wächst aus dem Wald", formulierte der Schrift-
steller Otto Brües.[122] Der Wald, sagt Elias Canetti, sei für die
Deutschen zum Vorbild der Andacht geworden. Denn er zwinge
den Menschen aufzuschauen, „dankbar für seinen überlegenen
Schutz".[123]

Über weite Strecken der deutschen Geschichte bis zurück zu
den Kreuzzügen behandelte man den Wald darum als ein nationales Heiligtum. *Der einsame Baum* oder der *Klosterfriedhof im
Schnee* von Caspar David Friedrich: Viele der wesentlichen Kunst-
werke der romantischen und spätrealistischen Malerei thematisie-
ren die Bedeutung der Wälder als Ort der Einkehr und Spiegelbild
der Seele, die man noch heute bei Besuchen besonders waldreicher
Friedhöfe wie dem Jüdischen Friedhof in Berlin-Weißensee, dem
größten jüdischen Friedhof Europas, ganz unmittelbar nachempfinden kann. 150 000 Tote liegen hier in aller Stille, für die der
Wald inmitten der Großstadt sorgt. *Das Schweigen des Waldes* lautet nicht nur ein berühmtes Bild des Malers Arnold Boecklin aus
der zweiten Hälfte des 19. Jahrhunderts. Es ist in einer abgewan-
delten Form *Das Schweigen im Walde* auch Titel eines nach dem

WELCHE NATUR WIR MEINEN

Zweiten Weltkrieg verfilmten Romans des bayerischen Schriftstellers Ludwig Ganghofer.

Gerade im Nationalsozialismus ist der Mythos des deutschen Waldes gepflegt worden, war er doch Ausdruck einer nationalen Identitätssuche, die sich bewusst von der Technik und dem Kultus der Großstadt mit Genussdenken und modernen Massenmedien absetzen wollte. In der nun kommenden Ära, „die nicht mehr zum Zeitalter der kurzsichtig rechnenden Wirtschaft und einer ihr hörigen Technik gehören [wird], sondern zu dem eben jetzt anbrechenden Zeitalter des Lebendigen, wird an die Stelle gleichförmiger öder Forste wieder ein lebendiger Mischwald treten", heißt es 1938 aus der Feder des frühen Ökologen und Reichslandschaftsanwalts Alwin Seifert im Kontext der großen Infrastrukturprojekte Autobahn- und Industrieanlagenbauten, für die man selbstredend Holz brauchte beziehungsweise Schneisen durch den deutschen Wald zu schlagen hatte.[124]

„Mein Freund der Baum ist tot", sang nach einer Epoche der ersten Nachkriegswinter, denen städtische Wälder wie der Tiergarten in Berlin zum Opfer fielen, Alexandra im Jahr 1968 am Startpunkt der bundesrepublikanischen Umweltbewegung. Und es klang so existenziell wie der Verlust eines Menschen, dem man sich ein Leben lang hatte anvertrauen können – und den man innig umarmte wie einen Freund:

> *„Ich wollt dich längst schon wieder sehn mein alter Freund*
>   *aus Kindertagen*
> *ich hatte manches dir zu sagen und wusste du wirst mich*
>   *verstehn*
> *als kleines Mädchen kam ich schon zu dir mit all den*
>   *Kindersorgen*
> *ich fühlte mich bei dir geborgen und aller Kummer flog davon*
> *hab ich in deinem Arm geweint strichst du mit deinen grünen*
>   *Blättern*
> *mir übers Haar mein alter Freund. […]*

DIE WÄLDER BRANDENBURGS

> *Bald wächst ein Haus aus Glas und Stein dort wo man ihn*
>   *hat abgeschlagen*
> *bald werden graue Mauern ragen dort wo er liegt im*
>   *Sonnenschein.* "

Ein ähnliches Schema der Verdrängung der grünen Natur durch Glas, Stein und Stahl wird sich Jahre später auch im bereits erwähnten Lied *Karl der Käfer* und in anderen Erzeugnissen der Popkultur wiederfinden.

Wem der Wald gehört – und warum er ein künstlicher ist

Kann der Wald auch etwas ganz anderes sein, ein Ort der wirtschaftlichen Nutzung? Oder hat die Beziehung der Deutschen gerade mit den wirtschaftlichen Potenzialen der Wälder zu tun, die sie seit dem Mittelalter zu nutzen verstanden? Man mag darüber streiten, ob die Liebe zu Wäldern hierzulande eine andere ist als in Skandinavien, Österreich oder der Schweiz, den Vereinigten Staaten oder Kanada, die eine industrialisierte Land- und Forstwirtschaft betreiben. Ganz sicher aber wurden die aufkeimenden umweltpolitischen Debatten bis heute immer dann besonders heftig geführt, wenn es um Wälder ging. Es soll heute wie damals Menschen geben, die den Anspruch auf einen Tannenbaum an Weihnachten für verwerflich halten.

Wenn man die Struktur des deutschen Waldvorkommens betrachtet, zeigt sich zunächst, dass dieses Gefühl aus dem puren Vorhandensein von Wald erwachsen kann, der den Deutschen nachbarschaftlich begegnet. Deutschland ist eines der waldreichsten Länder in Europa, knapp ein Drittel seiner Fläche ist mit Wald bedeckt, wobei mehr als die Hälfte des Waldes in Deutschland in privater oder kommunaler Hand ist. Der Empfang der Arbeitsgemeinschaft Deutscher Waldbesitzerverbände im Rahmen der Grü-

WELCHE NATUR WIR MEINEN

nen Woche auf Einladung seines Vorsitzenden Phillip von und zu Guttenberg, dem jüngeren Bruder des ehemaligen CSU-Spitzenpolitikers, zeigt, wem der deutsche Wald gehört: dem Fürst zu Fürstenberg in Donaueschingen, dem Herzog von Bayern, der Familie von Thurn und Taxis. Ansonsten sind die privaten Waldbesitzungen auf viele Einzelbesitzer aufgeteilt. Auch die Kirchen spielen eine unverändert große Rolle. Wald und alter Einfluss gehen nicht anders als in der Landwirtschaft Hand in Hand.

Dank des Föderalismus, dank der mittelalterlichen Struktur und der vielen Geschlechter von „Raubvögeln", wie Heinrich Heine den Adel in seiner *Harzreise* nannte, haben sich viele Wälder erhalten können und fielen anders als etwa in Frankreich nicht der Rodung für die Landwirtschaft zum Opfer: Sie blieben bestehen als Jagdreviere der lokalen Eigentümer, die über die Nutzung der Wälder, über den Bestand der Forsten, deren Rodungen und Besetzung mit Weidevieh bestimmten. Die Forsten wurden bewusst so angelegt, damit sie möglichst gute Voraussetzungen zur Jagd boten, sprich Furten, Wege und Lichtungen aufwiesen, sodass sich das Jagdglück nach einer Treibjagd auch tatsächlich einstellte.

Zudem mussten Jagdschlösser in ihnen Platz finden. Man kann dies im innerdeutschen Vergleich etwa an den Waldbeständen in Hessen, Nordrhein-Westfalen, Bayern oder Baden-Württemberg und den Gebieten Norddeutschlands sehen, wenngleich mit der Jagd in Brandenburg heute nicht weniger Geld eingenommen wird als mit der Forstwirtschaft. Das Waldgesetz räumt dem Wald im Gegensatz zu agrarisch genutzten Flächen eine Reihe von Privilegien ein. So ist der Wald von ökologischen Ausgleichsmaßnahmen freigestellt.

Gerade weil der Wald in Deutschland bis in unsere Zeit immer zu großen Teilen in privatem Besitz war – eine Ausnahme bildeten hier die Staatsforsten der ehemaligen DDR –, entstanden Nationalparks im Vergleich zu den USA sehr viel später. Die Gebiete dort waren auf Tourismus ausgerichtet und keine forstwirtschaft-

DIE WÄLDER BRANDENBURGS

lichen Nutzungsgebiete. Entsprechend verbindlich wollte man sie schützen, ohne dafür in Besitztümer eingreifen zu müssen. Die Debatte um den Teutoburger Wald, vielleicht den deutschesten aller Wälder, der Nationalpark werden sollte, geschichtlich betrachtet aber nicht immer „Wald" gewesen sein kann, spricht daher Bände. Stark waren die Widerstände von Forstwirten, die wirtschaftliche Einbußen fürchteten. Aber mit dem Namen des Teutoburger Walds verknüpfte sich eine Großerzählung, die alle botanischen Zweifel zu beseitigen schien. An ihr hängte sich die Frage auf, wie es um die Natürlichkeit unserer Wälder bestellt ist.

„Es gibt in Europa mit ganz wenigen Ausnahmen wie in Skandinavien oder Polen keine natürlichen Wälder mehr", sagt Reinhard F. Hüttl. Der Forstwissenschaftler leitet das GeoForschungs-Zentrum in Potsdam, das zur Helmholtz-Gemeinschaft gehört. Hüttl, der früher dem Sachverständigenrat für Umweltfragen der Bundesregierung angehörte und nach Fukushima in die Ethikkommission berufen wurde, hat sich in die Debatten um den Klimawandel als Querdenker eingeschaltet, zu denen er aus geowissenschaftlicher Sicht eine eigene Meinung hat. Man kann sie mit dem Versuch zusammenfassen, das Schwarzweiß-Schema von Anhängern der Hypothese, der Klimawandel habe eine einzige Ursache, den Menschen, sowie jenen, die den Menschen für einen irrelevanten Klimafaktor halten, zu durchbrechen.

So ist der Forstwissenschaftler davon überzeugt, dass das ungezügelte Verbrennen fossiler Rohstoffe, einer Biomasse, die sich über Hunderte von Millionen Jahren bildete, nicht ohne Auswirkungen auf die Atmosphäre geblieben ist und bleiben wird. Nicht weniger überzeugt ist er aber, dass das Klima und seine Dynamik im System Erde auch natürlichen extraterrestrischen Einflüssen unterliegen, die den Wechsel zwischen teilweise extremen Wärme- und Kälteperioden in vergangenen Zeiten erklären, als es noch keinen menschlichen Einfluss auf das Klima unseres Planeten gab.

„Stabilität gibt es in der Natur nur über bestimmte, eher kurze Zeiträume", schreibt er in einer aktuellen Publikation, und seine

WELCHE NATUR WIR MEINEN

Worte lassen sich auf den Glauben an die Nicht-Wandelbarkeit der Wälder übertragen, „nie aber auf Dauer. Ein langfristig stabiles System können Naturwissenschaftler der Gesellschaft und der Politik daher nicht versprechen, denn es wäre ein Versprechen, das einer wissenschaftlichen Grundlage entbehrt."[125] Er und andere setzen neben der weltweiten „Mitigation" daher auch auf kurzfristige regionale Anpassungsmaßnahmen.[126]

So bestätigt die Klimaforschung mittlerweile, dass die Natur nur kurzfristig stabile Perioden kennt. Sie unterliegt Schwankungen, auch ohne unser Zutun, was wissenschaftspolitisch von ebenso hoher Brisanz ist wie die Anpassungsmaßnahmen; können diese doch als Eingeständnis interpretiert werden, sich dem Gegebenen fügen zu wollen, es nur lokal in seinen Wirkungen zu lindern. Die Maßnahmen gegen den Ausstoß von Klimagasen verlieren dadurch jedoch nichts von ihrer Berechtigung. Denn sie tragen dem Fakt Rechnung, dass neben einer Eigendynamik der Natur der Mensch durch seinen Lebensstil deutlich zu diesem Wandel beigetragen hat. Er ist zu einem evolutionären Faktor geworden. Und doch wäre es kultur- wie naturgeschichtlich betrachtet Hybris zu behaupten: dem einzigen.

Was hat das mit Wäldern zu tun? Hüttl sagt damit offen, was viele denken: dass Klimamodelle das komplexe System nicht adäquat abbilden können. Und dass wir uns in unserem Naturbild grundsätzlich auf etwas einstellen müssen, was der Münchner Ökologe Joseph H. Reichholf als „stabile Ungleichgewichte" bezeichnet hat.

Bereits der Pflanzengeologe Hansjörg Küster hat vor einigen Jahren eine ganz ähnliche Richtung beschritten. Er beschrieb die Geschichte des Waldes als die eines permanenten natürlichen Wandels, den nur unsere Vorstellung einer „Unwandelbarkeit" von mythisch überhöhten Naturgütern nicht wahrhaben will.[127] Er ging sogar noch einen Schritt weiter und sagte, dass gerade dieser Wandel, vor dem wir uns häufig ängstigen, den Wert der Natur ausmache – und zukünftig ausmachen wird. Für ihn sind

213

DIE WÄLDER BRANDENBURGS

Wälder kein Beweis für die Unumkehrbarkeit der natürlichen
Phänomene. Vielmehr zeigen sie uns, welchen Veränderungspro-
zessen Natur ohne uns immer wieder unterlegen hat und wie ver-
schiedenartig sie regional ausgeprägt waren und landschaftliche
Identität schufen. Ursächlich dafür waren auch klimatische Unterschiede. Insofern könne man Landschaften nur dann schützen,
wenn man sich der regionalen Dynamik bewusst werde und sie als
natürlichen Prozess begreife.

Wenn der Wald stirbt

Hüttl war auch einer der ersten Kritiker einer einseitigen Wald-
sterbenshypothese in den achtziger Jahren, die nicht weniger emotional als die Klimadebatte diskutiert wurde. Die Hypothese, die
Sauren Regen als Hauptursache für das Sterben von Nadelgehöl-
zen in den Wäldern einiger Mittelgebirgsstandorte ausmachte,
habe es aufgrund der besonderen Bedeutung des Themas Wald in
Deutschland vergleichsweise leicht gehabt, zu einem nationalen
Thema zu werden, glaubt er. Sie bewirkte vor allem ein Gefühl
massenhafter Verletzlichkeit, konnte man doch unmittelbar nichts
dagegen tun, dass die Natur starb – eine Erwartung, die im Fall
der Kernenergie wie erwähnt durch die Wiederbewaffnung und
die Ahnung einer Katastrophe der ganz anderen Art unterstützt
wurde. Es war eine bleierne Zeit, ein bedrückendes Lebensgefühl.

Bereits 1981 hatte der *Spiegel* seine Titelgeschichte *Der Wald
stirbt* veröffentlicht, in der der Göttinger Bodenkundler Bernhard
Ulrich erstmalig gestützt auf modellbasierte Annahmen prophe-
zeite, dass die großen deutschen Wälder nicht mehr zu retten
seien. Dem deutschen Wald ging es damals schlecht, allerdings
wegen ganz verschiedener Einflüsse, die sich regional unterschiedlich darstellten. Das Schwefeldioxid, das heute in industriellen
Verfahrensprozessen abgetrennt wird, war beispielsweise im Harz
und in Hochlagen des Fichtelgebirges ein Problem. Im Schwarz-

wald hingegen machte ein neuartiger Magnesiummangel den Bäumen zu schaffen, ohne dass Schwefelemissionen in vergleichbarer Weise beteiligt waren. Das Wachstum der Wälder selbst war jedoch nicht gefährdet, im Gegenteil. Heute mehren sich die Befunde, dass das Abstoßen der Nadeln eine natürliche Stressreaktion nicht zuletzt auf die beginnenden regionalen Klimaveränderungen darstellt, wie sie Hüttl für die Region Berlin-Brandenburg untersuchte. „Es waren gute Weinjahre, Jahre von großer Trockenheit. Nur sagen durfte man dies nicht laut."

Stattdessen hielt man beim Waldsterben mit Vehemenz an der menschlichen Verursacherhypothese fest, was tief blicken lässt und von exemplarischer Bedeutung für den deutschen Blick auf die Natur weit über das Thema hinaus ist. Wenn die Natur sich änderte, so viel stand fest, dann konnte es keine andere als eine anthropogene Ursache geben. Deswegen und vielleicht auch wegen der Mystifizierung der Wälder hat das Thema Waldsterben die Menschen in Deutschland viel mehr erregt als in Frankreich, wo, bei weniger Wald, dieselben Schäden zu beobachten waren. Dass Ulrich 1995 seine Thesen von Anfang der achtziger Jahre widerrief, ist nur noch Insidern bekannt. Den Medien war dies keine große Meldung mehr wert.

Die Entdeckung der Nachhaltigkeit

Es entspricht mittlerweile einem Gemeinplatz, darauf hinzuweisen, dass der Nachhaltigkeitsbegriff, den wir heute sehr breit und unspezifisch verwenden, ursprünglich aus der sächsischen Forstwirtschaft stammte und im Entstehen eine rein ökonomische Dimension hatte, wie es Hans Carl von Carlowitz 1713 in seiner Schrift *Silvicultura oeconomica* darlegte. Die in den siebziger Jahren eingesetzte Brundlandt-Kommission, vor allem aber die Debatten im Nachgang der ersten Rio-Konferenz des Jahres 1992 erweiterten ihn um den Dreiklang Wirtschaftlichkeit – Umwelt-

DIE WÄLDER BRANDENBURGS

verträglichkeit – Sozialverträglichkeit vor dem Hintergrund, dass die gewachsene Bedeutung der Schwellenländer erstmals in internationale Vertragswerke einfloss. Das gut klingende und vermarktbare Konzept der nachhaltigen Entwicklung (Sustainable Development) dominiert seitdem die weltweiten Debatten um ein Problem, das in der anthropologischen Perspektive lediglich den vorläufigen Endpunkt einer Entwicklung darstellt, die mit der Sesshaftwerdung des Menschen begonnen hat.

Das Sesshaftwerden war in gewisser Weise der entscheidende kulturelle Durchbruch. Der Mensch kultivierte die Pflanzen, später auch Tiere, und versuchte, sein Auskommen vom Zufall des täglichen Glücks unabhängiger zu machen. Erst durch das Pflanzen konnte er an einem Ort leben, den er sich gewählt hatte. Die Kultivierung der Pflanzen hatte zur Folge, dass aus Naturlandschaften vom Menschen geprägte Kulturlandschaften entstanden. Ausgehend vom Zweistromland, mussten die Menschen in Zentraleuropa und den späteren germanischen Gebieten, die fast vollständig mit Wäldern bewachsen waren, mit dem Roden von Flächen Raum für Agrarkultur schaffen – eine Entwicklung, die sich in ihren Auswirkungen, nicht aber in ihrer Idee von den heutigen Maßnahmen in Brasilien oder Indonesien unterscheidet.

Man kann diesen Vorgang als eine der ersten Revolutionen im Umgang mit der Natur bezeichnen. Denn zweifellos wurde auf Basis der verfügbaren Technik nach menschlichem Empfinden in die Natur eingegriffen, um genügend Bauholz für die entstehenden Städte zu erlangen, für Töpfereien, Brauereien, Gerbereien, Mühlen, Handwerksbetriebe, aber auch Fachwerkhäuser und geistliche Bauwerke. Für den Bau der Münchner Frauenkirche brauchte man allein über 2000 Baumstämme.[128] Flüsse wurden so zu Handelsstraßen, auf denen Kähne und Flöße unterwegs waren, die vor allem ein Lastgut kannten: Holz. Die Hanse und andere Handelsbündnisse übertrugen diesen Warentausch auf das Meer. Holz wurde auch in Gestalt von Fässern, in denen Honig, Bier und Lebertran neben Fellen und Getreide transportiert wurden, zu einem wichtigen direkten wie indirekten Handelsgut, das phasenweise sehr knapp war. Bereits damals erkannte man den Sinn der Nachhaltigkeit, aber auch die Notwendigkeit eines knallharten ökonomischen Kalküls der Forst-*Wirtschaft*.

Der zweite große Schritt erfolgte schon im Vorfeld der Industrialisierung des 19. Jahrhunderts, und auch er veränderte den Charakter des deutschen Waldes gründlich und umfassend. Ob für den Bergbau und die Errichtung von Stollen, den Abtransport der Erze, die Eisenverhüttung, schließlich den Bau und das Befeuern von Dampfmaschinen, endlich die Errichtung neuer Anlagen und Siedlungen: Überall brauchte man den nachwachsenden Rohstoff, der verfügbar war und billig. Der alte für Brennholzzwecke ausgeplünderte Wald konnte diesen Hunger der Sägewerke nicht stillen, die allerorten entstanden. Und man ging dabei unter Berücksichtigung der natürlichen Voraussetzungen ebenso strategisch vor wie heutige Anleger von Fonds für Ökostrom oder Explorationsunternehmen bei der Erschließung neuer Lagerstätten unter Prüfung der damit verbundenen Ertragsaussichten: In jenen Regionen Deutschlands, in denen es mehr regnete, pflanzte man Fichten, und dort, wo es wie in den Regionen des Nordostens trockene, sandige Böden gab, Kiefern. So entstand die deutsche Forstwirtschaft, gegründet auf universitäre Forstschulen wie jene im sächsischen Tharandt, im badischen Freiburg oder im brandenburgischen Eberswalde bei Berlin, wie viele andere Wissenschaftseinrichtungen des 19. und anbrechenden 20. Jahrhunderts eine der führenden in der Welt.

Aus diesem Grund gibt es in Zentraleuropa praktisch keine natürlichen Wälder mehr. Dieses Gebiet hatte immer einen Ausgleich zwischen Natur und Industrialisierung mit ihren Abgasen, dem „Düngeeffekt aus der Luft", zu schaffen. Dies kommt auch im anfangs zitierten Buch der schwedischen Schriftstellerin Kerstin Ekman zum Ausdruck, die eine zunehmende Ökonomisierung des Waldes offenlegt. Bereits ein halbes Jahrhundert zuvor hatte Ernst Jünger in seinen Tagebüchern des Zweiten Weltkriegs von

einer Kahlschlagmentalität gesprochen. Er schilderte den „fressen-
den Charakter" beim Anblick eines Sägewerks, um das herum sich
im weiten Radius kein Wald mehr befand.[129]

Achtzig Prozent der Wälder in Nordostdeutschland, mit denen
sich Reinhard Hüttl beschäftigt hat, sind heute jünger als sechzig
Jahre, weniger als ein Menschenleben. Sie sind durch systemati-
sche Aufforstungen entstanden, aus eben jenem bis zu Carlowitz
zurückführbaren Kalkül, das ein Produzieren „auf Nachhalt" forderte. Diese Botschaft ist nicht zuletzt vor dem Hintergrund wichtig geworden, dass ein Zusammenhang zwischen den klimatischen
Bedingungen und den wirtschaftlichen und sozialen Zukunftsaus-
sichten im globalen Kontext besteht – ohne dass man deshalb
gleich von „Klimakriegen" sprechen muss. Und doch ist der
Mensch infolge seiner technisch-kulturellen und demografischen
Entwicklung, so ist zu wiederholen, selbst zu einem Geo- und damit Klimafaktor geworden.

Die Natur bezwingen?

Die Frage nach dem Wesen der Natur und ihrer Beeinflussung
durch den Menschen stellt sich nicht nur für die Klimaforschung,
die sich mit der Atmosphäre, den Meeren, den Böden, den Wäldern, den Mooren und Landschaften als Emittenten oder Koh-
lenstoffsenken beschäftigt, aber auch die Verwerfungen in den
Dürre- und Überschwemmungsregionen in der Welt aus sozialen
Gründen zum Gegenstand hat. Und doch gibt es kaum einen anderen Wissenschaftszweig, dessen Ergebnisse zugleich Handlungs-
anweisungen an unser Leben sind. Dass dem ein bestimmtes Naturbild zugrunde liegt, soll zum Abschluss dieses Kapitels gezeigt
werden.

Im März 2012 meldeten die deutschen Medien, dass durch eine
Serie von Tornados im Mittleren Westen der USA mindestens
zwölf Menschen getötet worden seien. Hunderte weitere Opfer

WELCHE NATUR WIR MEINEN

seien nach Behördenangaben verletzt worden. In der Stadt Harrisburg, die am schwersten getroffen wurde, starben sechs Menschen. Millionenschäden richteten die Stürme auch in Kentucky an.

Zwei Monate später starben Menschen bei Erdbeben in der italienischen Emilia Romagna. Viele wurden verletzt. Und obwohl Italien in unmittelbarer Nähe zu Deutschland liegt und viele Deutsche seit alters her in seinen Bann zieht, hat es hierzulande wenig Anteilnahme erzeugt, dass es seit dem großen Erdbeben von Messina im Jahr 1908 mit bis zu hunderttausend Toten permanent Erdbeben in Italien gegeben hat und dass man anders als in Japan keine Kultur der Risikovorsorge kennt. Selbst im Friaul starben in den siebziger Jahren tausend Menschen. Im katholischen Italien geht man mit diesem Leid durch die Natur anders um als in Japan: Man trauert, denkt trotz einzelner Anklagen gegen Gutachter aber nicht in denselben Kategorien von Prävention und Risikoeinstufung, etwa von historischen Gebäuden.

Gerade in den USA gehört der Umgang mit den mythischen Gewalten der Natur zu einer wichtigen gesellschaftlichen Mission, über die Menschen wieder Hoffnung tanken. Gouverneure und Präsidenten suchen die vom Unglück verfolgten Orte auf, teilen das Leid der Menschen und sprechen ihnen Mut für den Wiederaufbau zu. Es ist eine Art nationale Therapie, die äußerer Anlässe bedarf, seien es Kriege und Krisen oder eben Schicksalsschläge durch die Natur.

Dahinter steckt der im amerikanischen Bewusstsein durch unzählige Katastrophen und deren filmische Aufnahme genährte Gedanke einer schicksalhaften Natur: Der Mensch, so könnte man den Subtext zu einem „wehrhaften" Naturverständnis interpretieren, ist den Mächten der Natur trotz allen technischen Fortschritts im Grunde noch immer ausgeliefert – so wie das Volk mit Tyrannen und Gegnern der Freiheit zu kämpfen hat, aber auch mit der eigenen Maßlosigkeit und Gier, die in Hollywoodfilmen wie der *Batman*-Trilogie zum Epos werden. Dabei ist es kein Zufall, dass das Unheil im wörtlichen Sinne „von oben" kommt, in Gestalt

219

DIE WÄLDER BRANDENBURGS

von dunklen Wolken, heraufziehenden Stürmen und schließlich Unwettern mit eiergroßen Hagelkörnern.

Diese Wahrnehmung der Natur ist denn auch eine Metapher für die Ängste der Gesellschaft. So wird verständlich, dass es Verquickungen mit dem Niedergang der Mittelschicht gibt und Rezessionen und Unwetter als „doppelte" Schicksalsschläge gedeutet werden, mit denen die Menschen fertig werden müssen. Am Ende, so verspricht es jede Rede der Verantwortlichen, werde man gestärkt und siegreich daraus hervorgehen. Als Nation.

Von der Endzeitstimmung, die fiktional immer auch als ein Überlebenskampf der Gesellschaft dargestellt wird, ist es nur ein kurzer Weg zu religiöser Demut. Diese übt man gerade in kollektiven Schicksalsstunden. Denn manch einem religiösen Fundamentalisten mag die Wucht, mit der Kleinstädte heimgesucht werden, durchaus als Strafe und biblisches Fanal erscheinen: für den eigenen, entarteten Lebensstil. Naturmythologie und Religiosität liegen anders als bei uns sehr nahe beieinander.

Dahinter steckt weitaus mehr als eine Geste der Humanität, die man auch bei anderen Anlässen – etwa menschengemachten Unfällen – vermuten darf. Der Plan, sich die Natur untertan zu machen und dafür erhebliche menschliche Opfer zu bringen, spielt im amerikanischen Bewusstsein auch Jahrhunderte nach der Entdeckung durch Kolumbus und der anschließenden Landnahme eine zentrale Rolle. *The Conquest of Nature* lautet das hier eingangs erwähnte Buch des Historikers David Blackbourn im Original, und es ist gleichermaßen bezeichnend, dass ein Amerikaner ein solches Buch schrieb und dass es in Deutschland kaum mehr als das Interesse einiger Feuilletonisten erregte.

Sich die Natur untertan zu machen: Dieser anders als bei uns wörtlich zu nehmende Auftrag rührte in den USA seit dem vergangenen Jahrhundert immer auch von einem Übermaß an vorhandenen Ressourcen her. Während die Vereinigten Staaten vor einhundert Jahren nur über jeweils rund sechs Prozent der Weltbevölkerung und der Erdoberfläche verfügten, waren sie für ein

Viertel der weltweiten Erzeugung zentraler mineralischer und landwirtschaftlicher Güter verantwortlich. Gut vierzig Prozent der Bodenschätze wurden hier gefördert – ein Drittel aller damals bekannten Steinkohlenvorräte und wesentliche Anteile der weltweiten Eisenerz- und Erdölvorräte. Sie bildeten die Basis des wirtschaftlichen Erfolgs. Denn die Menschen, die bereits in früheren Zeiten nach Amerika auswanderten, taten dies nicht, um dort eine „Scholle" zu finden, sie besonders nachhaltig zu bewirtschaften und sie dann an die nächste Generation weiterzugeben, sondern um Wohlstand zu erlangen. Vor allem aber definierten sie Freiheit als eine Freiheit von Staat und Regulierung, nicht zuletzt von den Steuern der britischen Krone. Daran hat sich wenig geändert.

Das Unterwerfen bedeutete im Gegenzug, Rückschläge in Kauf zu nehmen, Katastrophen kollektiv wegzustecken und weiterzumachen. Die Aussichten, dass sich das Blatt wieder wendet, waren verheißungsvoll. Die Technik, die immer eine neuere, bessere Technik und Ausdruck der nationalen Stärke war, würde es am Ende gepaart mit einem unbändigen Willen zum Erfolg richten.

Warum die Natur ohne uns keine bessere ist

Wer die Debatten um den Klima- und Artenschutz verfolgt, bekommt das Bild vermittelt, dass die Natur und ihre vom Menschen als solche definierten und geschützten Systeme vollkommen störungsfrei funktionierten, solange sich der Mensch von ihnen fernhielt. Die Natur ist in dieser Projektion ein autonomes Selbst, das erst dann Schaden nimmt, sobald wir eingreifen. Die Zerstörung der Natur als radikalste Maßnahme ist damit Ausdruck einer anthropozentrischen Hybris der ganz anderen Art, da der Mensch nicht, wie der Philosoph Martin Seel einmal schrieb, der Garant der Natur ist.[130]

Die Geschichte der Industrialisierung Europas und mit ihr der Kultivierung einstmals naturbelassener Landschaften dokumen-

DIE WÄLDER BRANDENBURGS

tiert, dass Eingriffe in einer vom Menschen verwandelten Umwelt zur Stabilisierung fortan notwendig waren und sind. Die durch den Menschen geschaffenen Wälder können als nutzbare Wirtschaftssysteme nur dann intakt bleiben, wenn er sie pflegt, sich mit Wildregulation, Schädlingsbefall und Aufforstung befasst. Die Wälder sich selbst zu überlassen, führt zu keinem guten Ergebnis. Wer sich vom Gegenteil überzeugen möchte, dem sei ein Besuch eines ehemaligen militärischen Sperrgebiets mit Wald ohne Nachnutzungskonzept empfohlen.

Wälder sind mit anderen Worten von Menschen gemacht. Gäben wir ihnen keine Struktur, so wären sie gefährdet, Pilze und Schädlinge könnten sich ausbreiten wie Krankheiten, Wildtiere die Triebe abfressen, bestimmte Populationen die Überhand gewinnen. Jeder Gärtner kann ein Lied von der verheerenden Wirkung der Unordnung einer freien Natur singen, so auch Jakob Augstein in seinem jüngsten Buch: „Vergessen Sie das Gerede von der Natürlichkeit der Gärten. Ein Garten ist kein natürlicher Ort, sondern ein künstlicher. Er ist ein Produkt menschlicher Arbeit, nicht natürlicher Fügung. Die Natur mag idyllisch sein, aber nicht auf kleinem Raum."[131]

Selbst Wälder können darum von uns profitieren, indem wir uns entschließen, sie zu schützen. Dabei liegt der Forstwirtschaft durchaus ein anderes Verständnis der Mensch-Natur-Beziehung zugrunde als Umweltverbänden, die mit Hilfe privater Mittelgeber Flächen aufkaufen. Sie glauben, die Natur am wirkungsvollsten bewahren zu können, wenn sie den Menschen komplett außen vor lassen. Dies ist anmaßend und verklärt die Natur eher, anstatt sie komplementär zum Menschen zu verstehen. Dort, wo der Mensch ohne Prinzipien handelt, ist die Natur in Gefahr, nicht dort, wo er bewusst in ihr zu wirken versucht, um sich einen Nutzen zu sichern.

Es bleibt am Ende eine Frage der individuellen Auffassung, wo das Natürliche beginnt und endet. Für manchen kann ein Stadtpark keine Natur sein. Für jemand anderen schon, da sich in ihm

WELCHE NATUR WIR MEINEN

abgesehen von der Nähe der Bäume und mancher Vogelarten dieselben Mechanismen des zyklischen Wachstums alljährlich zeigen
wie vor Jahrhunderten. Es ist eine Natur, die inmitten der Stadt
scheinbar unberührt vom Siegeszug des Technischen mit großer
Ruhe das tut, was sie immer getan hat. Sie nimmt sich ihren
Raum, erobert wie am Beispiel einiger Tierarten neue Habitate.

Was Natur dann ist, wenn sie kein autonomes Selbst ist und
sich erst durch unsere ästhetische Wahrnehmung zu einer Einheit
fügt, danach fragt die Menschheit, solange es die Welt gibt. Ein
Tag auf dem Eis, mit dem das Jahr beginnt, die ersten Blumen im
Frühling, ein Sonnenuntergang am Meer, Pilze im Herbst auf
einer Waldlichtung, der kristallklare Morgen in den Bergen, wenn
der erste Frost kommt. Selten denken wir bei „Natur" an Krankheiten, Krebs etwa, der ein Wille der Natur ist; dass Paare kin-
derlos bleiben oder ein Kind unheilbar krank geboren wird. Wir
denken nicht an das Altern, den Tod, die Grausamkeiten gegen
das Schwache, das erst die Zivilisation zu einem Thema gemacht
hat.

Seitdem der Mensch begonnen hat, die Natur zu analysieren,
und nicht mehr nur beschrieb, wie er ihren Phänomenen schutz-
los ausgeliefert war, spürt er ein Unbehagen, dass sein Wirken am
Ende fehlerhaft sein könnte. Dies gilt insbesondere für die Gegenwart, in der die Grundfrage der Naturphilosophie seit der Antike
(„Was ist Natur?") stillschweigend in Zusammenhang mit der
Umweltthematik zu beantworten versucht wird. Der Umweltschutz ist es, welcher der Beschäftigung mit Natur über einen
Selbstzweck hinaus eine gesellschaftliche Legitimität verleiht. Und
doch ist er ein Produkt der Kultur, unserer Werte, keine Antwort
auf die Fragen der Natur.

Somit ist unzweifelhaft, dass die Natur nicht ohne den Menschen fassbar ist, wie es auch bei Platon im Eingangszitat dieses
Buches zum Ausdruck kommt: Wohl gibt es beim dort sprechen-
den Sokrates die Faszination am Naturschönen draußen vor der
Stadt, aber sie ist gebrochen von Ironie und dem Gefühl, dass die

DIE WÄLDER BRANDENBURGS

Natur zu schön ist, um ganz wahr zu sein.[132] Erst das Bewusstsein für das Heraustreten aus der Natur hat uns empfänglich gemacht für ihre Botschaften, was ein simpler dialektischer Einwand gegen die Naturfrömmelei der Gegenwart ist. Die Sehnsucht nach Natur, schrieb der Theologe Romano Guardini in seinen fiktiven *Briefen vom Comer See* bereits vor achtzig Jahren zutreffend, ist nichts anderes als ein Kulturergebnis.

In Wahrheit war unsere Existenz nie komfortabler und unabhängiger vom Willen der Natur, und es ist unmissverständlich, dass wir die Natur dadurch aufs Neue vermissen. Wir können Leben verlängern, das unter natürlichen Bedingungen keine Chance auf Überleben hätte. Wir können die Frage der Fertilität neu definieren und Frühstgeborenen mit zwanzig Wochen eine Zukunft geben, zwischen spontanen Hausgeburten und Kaiserschnitten in Hightechkreißsälen entscheiden. Wir können der Natur kleine und große Zugeständnisse abringen. Keine andere Zeit vor uns konnte das in diesem Maße sagen. Keine andere Zeit vor uns schätzte dies zugleich so gering. „Die Natur selbst ist ja nicht schön und sie ist auch nicht gut", heißt es bei Augstein nicht unähnlich der Engels'schen *Dialektik der Natur*. „Wir haben allen Grund, innezuhalten und diesen Gedanken zu wägen: In dem Maße, in dem wir glauben, sie besiegt zu haben, leisten wir es uns, die Natur zu beschönigen."[133]

Joachim Ritter hat diesen Zusammenhang vor einem halben Jahrhundert mit den Worten gefasst, dass der Naturgenuss und die ästhetische Zuwendung zur Natur die Freiheit und die gesellschaftliche Herrschaft über die Natur zwangsläufig voraussetzen. „Freiheit ist Dasein über der gebändigten Natur. Daher kann es Natur als Landschaft nur unter der Bedingung der Freiheit auf dem Boden der modernen Gesellschaft geben."[134]

Dass wir dies vergessen haben, ist aber eher ein Grund zur Freude als zum Verzweifeln. Denn die ästhetische Wahrnehmung der Natur ist der beste Beweis für einen Weg der Entfremdung, den wir hinter uns haben. Und doch birgt dieser Erfahrungsverlust den Kern der Tendenz, Natur zu trivialisieren und moralisch zu überzeichnen, das Ländliche als Sehnsuchtsort zu verstehen.

Dahinter steckt wie oben gezeigt auch der fatale Irrglaube an eine Überlegenheit des Menschen, den jeder Umweltbewegte freilich bestreiten würde: dass das Natürliche nämlich ohne uns nicht nur besser funktioniere, sondern alles Unheil der Welt auf die technischen Eingriffe in die natürliche Harmonie und Wohlgestalt zurückzuführen ist. Eine solche Haltung ist Ausdruck eines unangebrachten Überlegenheitsgefühls – gerade wenn man glaubt, das Dasein in den Dienst der Natur stellen zu müssen, anstatt primär nach dem menschlichen Wohlbefinden zu fragen. Die Natur ist aber nicht im Naturschutzverein: Diesen Satz schnappte ich mit zehn als Mitglied der „Jungen Ornithologen" erstmals auf und wusste doch nicht, was er bedeutete. Bis heute.

Es scheint, dass unser Bild der Natur trotz aller Fortschrittsbehauptungen noch immer entlang einiger weniger moralischer Kategorien verläuft. Wir haben diese Kategorien verinnerlicht, fokussieren auf Risiken, die technischer Natur sind. So gut wie nie jedoch geht es um die Kehrseite der Natur selbst, die wir verdrängen, das Harte und Brutale. Denn wir haben die Natur längst „verlernt".

Wanderung durch die Mark Brandenburg

Es war spät geworden, am Ufer des Sees brannten bereits die Lichter. Ich ging in ein Gasthaus und bestellte etwas zu trinken. An der Wand hing ein Reklameschild für Bier. Darunter saß eine Frau, die so selbstvergessen rauchte, als hätte man sie hingesetzt. Sie war vielleicht Ende vierzig und hatte halblange dunkle Haare. Ihre Brust bewegte sich beim Atmen auf und ab. Mit der linken Hand fuhr sie gedankenversunken über die Zigarettenschachtel, als streichele sie den Kopf eines Knaben. Später lag ich auf dem Bett und schaltete durch das Fernsehprogramm. Es war ein Dokumentar-

DIE WÄLDER BRANDENBURGS

film, der in einem der Dritten Programme lief. Man begleitete einen Tierarzt. Der Mann, erfuhr ich, versorgte nicht nur die Milchbetriebe im Umkreis von einhundert Kilometern, sondern auch die Kleintiere in so manchem Dorf.

Die Reportage des Norddeutschen Rundfunks endete mit dem Besuch bei einer alten Frau, deren Schäferhündin nach dem Tod ihres Mannes der einzig noch verbliebene Bezugspunkt war. Aber das Tier war alt geworden und hatte den Bauch voller Geschwüre. Der Arzt schläferte die Hündin vor den Augen der Frau ein und drückte ihr noch kurz die Hand. Dann stieg er ins Auto, er musste zurück zur Milchviehanlage. Die Kamera aber blieb stehen, während im Hintergrund der davonfahrende Wagen zu hören war. Ohne eine Regung, und doch mit unsagbarer Trauer stand die Frau vor ihrem Haustier. Über ihr türmten sich Wolken auf, und der Wind bewegte die leere Wäscheleine.

Auf meiner Fahrt am nächsten Morgen, die einem ziellosen Treiben glich, sah ich ähnliche Katen zuhauf. Der Fahrbahnbelag aus Teer saugte sich an meinen Reifen fest. Vielleicht war es der klebrige Nektar blühender Linden. Durchs Dach konnte ich dunkle Wolken erkennen, die sich um die Sonne gewunden hatten und wie ein Hornissennest aussahen. Ab und an rauschte ein Hinweisschild vorbei, das im Schatten des Waldes wieder verschwand. Ich war schon einmal hier gewesen: auf einer Klassenfahrt nach Sachsenhausen und zum Konzentrationslager Ravensbrück, das nördlich von Fürstenberg liegt. Ich stieg aus, sah mich um und ging ein Stück querfeldein.

Plädoyer für mehr
Natur-Gelassenheit:
Was aus diesem Buch folgt

„Ein Mensch liegt im Bett und schläft, in weißem Leinen, auf weicher Matratze, in furniertem Bettgestell mit nachgiebigen Stahlfedern. Er erwacht, steht auf und geht ins Badezimmer, lässt Wasser in das Waschbecken laufen, wäscht sich mit wohlriechender Seife, rasiert und frisiert sich, putzt die Zähne und trocknet sich mit weichem Frottiertuch ab.

Sauber und erfrischt betritt er wieder das Schlafzimmer und zieht sich an. Unterwäsche, hergestellt aus Baumwolle, die unter der heißen Sonne der Sowjetunion oder Ägyptens gewachsen ist, ein Hemd, dessen Dederonstoff einen großen Entwicklungsprozess der Chemie durchlaufen hat, von dem er nichts weiß, Strümpfe aus der Wolle von Schafen, die er nicht gehütet oder geschoren hat, und seinen Anzug, der aus knitterfreiem Woll-Dederon-Gemisch hergestellt ist.

Selbstbewusst betritt er das Wohnzimmer und setzt sich an den Frühstückstisch, sauber gedeckt mit einem Tischtuch und Serviette, Porzellan und Essbesteck, trinkt seinen Kaffee, der mit einem Schiff aus Brasilien nach Europa gebracht wurde, isst Brot, aus Getreide hergestellt, das er nicht gesät und nicht geerntet hat ... nimmt Butter, aus Milch von Kühen, die hunderte Kilometer entfernt auf der Weide stehen ... isst Marmelade, de-

PLÄDOYER FÜR MEHR NATUR-GELASSENHEIT

ren Früchte er nicht gelesen, und kostet Wurst, aus dem Fleisch von Schweinen hergestellt, zu deren Ernährung er nicht beitrug. Nachdem er gesättigt ist, genießt er den Duft und das Aroma von Tabak aus einer Landschaft, die er nie gesehen, in der aber andere Menschen für ihn arbeiten.

Wohl behütet und bemäntelt verlässt er seine Wohnung, geht über Straßen, die zugleich Dächer von unterirdischen Bauten sind, in denen Gasrohre liegen, die den Heizstoff Gas in die Wohnungen leiten, Kabel, die elektrischen Strom zu Beleuchtungszwecken liefern, Wasserrohre mit gereinigtem, sauberem Wasser und solche, durch die Abwässer aus Haushalt und Industrie wieder abfließen können. Ein Labyrinth von unterirdisch verlegten Telefonkabeln sorgt für die fernmündliche Verbindung von Mensch zu Mensch, Untergrundbahnen schlucken ein Meer von Werktätigen und bringen sie in rasender Fahrt an ihre Arbeitsplätze – und über allen den unterirdischen Anlagen, gleichsam auf dem Dach dieser technischen Welt, pulsiert das eigentliche Leben mit seinem Verkehr, den Straßenbahnen und Autos, das Leben von Mensch und Tier.

Acht Stunden hindurch sitzt der Mensch am Schreibtisch, steht an der Drehbank, transportiert Frachten, bearbeitet Wirtschaftspläne oder organisiert die Arbeit der anderen. Mittags setzt er sich an den Tisch mit einem gut bereiteten Essen, das andere für ihn gekocht haben, trinkt Bier, das andere brauten.

Nach der Arbeitszeit geht er ins Theater, ins Kino, hört Musik, freut sich an diesen schönen Dingen, die aber andere für ihn machen. Einmal im Jahr fährt er in Urlaub, mit der Eisenbahn ins Gebirge, mit Schiffen über Meere, mit dem Flugzeug in ferne Länder, lässt sich bewirten, unterhalten. Ist der Mensch krank oder durch einen Unfall zu Schaden gekommen, steht ihm ein Stab von Ärzten und Pflegepersonal sowie Krankenhäuser mit einem Arsenal von Geräten und Medikamenten zur Verfügung. –

Was für uns heute selbstverständlich ist, war selbst unseren Großeltern oft noch unbekannt oder unerschwinglich. Für die

WAS AUS DIESEM BUCH FOLGT

Ernährung sei nur ein Beispiel Maßstab. Im Jahre 1851 bestand die menschliche Nahrung noch zu 85 Prozent aus Getreide, heute sind es nur noch 27 Prozent.

Damals aßen selbst Schwerarbeiter morgens und abends ihre Grütze, die, wenn sie besonders gut war, mit Milch und Zucker bereitet wurde. Heute gehören Milch und Butter, Wurst und Käse sowohl zum Frühstück wie zum Abendessen und Fleisch natürlich zum Mittagessen. Viele Menschen sterben in unserer heutigen Zeit an übermäßigem Essen, aber nicht an Hunger. Doch fragen wir einmal unsere Großeltern, wie es in der guten alten Zeit war?"

Sind es Begegnungen mit einzelnen Orten und Personen, die unser Bild von Vergangenheit und Zukunft prägen? Oder ist es gerade diese Art von Eindrücken, die uns davon abhält, das Ganze zu überschauen, weil die Fakten emotional überlagert werden?

Mein Großvater verfasste dieses Manuskript am Beginn der sechziger Jahre. Außer mir dürfte es so gut wie niemand kennen. Ich fand es nach seinem Tod in einer Mappe mit ungeordneten Papieren und Skizzen. Es ist nicht sein bester Text. Aber er drückt die Erfahrung der wachsenden Komplexität und Undurchschaubarkeit der Produktionsketten aus, anhand einer Alltagsszene von vor fünfzig Jahren. Und er zeigt, dass das einfache Sehen, Begreifen und Hinterfragen aus der eigenen Lebenswirklichkeit heraus, das manch einer angesichts einer immer abstrakteren Welt glorifiziert, keine vollständigen Antworten auf die Zusammenhänge hinter den Phänomenen geben kann. In exakt diesem Spannungsfeld bewegen auch wir uns.

Ich bin Ende dreißig, lebe mit Fußbodenheizung, Tablet-PC und zwei Smartphones, die ich nachts nicht ausschalte, sondern lade. Während es in meinem Kinderzimmer eine Steckdose gab, sind es heute sechs in jedem Raum. Die Waschmaschine läuft täglich, manchmal auch der Trockner. Ich reise viel, mache Inlandsflüge, manchmal nur für einen Tag. Ich sehe Videoclips in der

PLÄDOYER FÜR MEHR NATUR-GELASSENHEIT

U-Bahn, kaufe Rinderfilet und Bio-Brot, Ziegenkäse aus Norwegen, Lachs aus irgendeiner Aquakultur und Wein aus Italien. Dafür fahre ich in einen sehr kleinen Laden. *Support your local Dealer*. Diesen Satz schnappte ich mit achtzehn zum ersten Mal auf und zog den Plattenladen dem CD-Regal im Kaufhaus fortan demonstrativ vor. Vieles andere kaufte ich trotzdem dort. Dabei ist es bis heute geblieben.

Weil wir es bequem finden, bestellen meine Frau und ich immer mehr im Internet. Kinderkleidung oder Bücher. Am übernächsten Tag ist alles bei uns. Wer wollte daran Anstoß nehmen? Wir tun nur, was alle tun. Anders als unsere Großeltern hadern wir dafür stärker mit unserem Glück, denn der Preis unseres Lebensstils wird uns täglich in Erinnerung gerufen: ein hoher Energie- und Wasserverbrauch; weltweite Transportwege in Flugzeugen und Schiffen für mittlerweile jeden zweiten Gegenstand; ein immer schnellerer Verschleiß von technischen Geräten und die kaum messbare Zunahme von Verpackungsmüll; unsichtbares Neodym für neue Windkraftanlagen, die auf dem Meer entstehen; eine Agrarindustrie, die Landschaften am anderen Ende der Welt in gigantische Monokulturen verwandelt; Bilder aus Ställen und Schlachthäusern auch ganz in unserer Nähe, die in ihrer Sterilität und Planmäßigkeit apokalyptisch anmuten.

Ich lese, dass „Hybridmais" in heimische Raffinerien wandert, während Deutschland Nahrungs- und Futtermittel aus Südamerika importiert. Und Honig aus China. Und Seltene Erden, die man bei uns für die Elektromobilität braucht. Ein System vieler Räder, das wir westlichen Lebensstil nennen, greift täglich ineinander. Es ist komplex genug, dass ich es nicht durchschaue. Ich kann und will nicht alles prüfen, nicht jede Tütensuppe dechiffrieren, nicht jeden Produktionspfad ergründen, sondern muss anderen vertrauen – auch wenn ich immer öfter lese, dass ein Ausstieg aus diesem Leben, dass die Ersetzung von Komplexität durch Einfachheit, dass Wohlstand ohne Wachstum die einfachste Sache der Welt sei.

Ist er das wirklich? Und vor allem: Wäre er in der Summe seiner Konsequenzen wünschenswert und brächte uns näher zur Natur und dem guten Leben?

Unser Wald

Wenngleich wir bemüht sind, den Beweis für die Entkopplung von Wachstum und Ressourcenverbrauch zu führen, um unseren Lebensstandard nicht infrage stellen zu müssen, bleiben handfeste Zweifel angesichts des Mehrverbrauchs, den unser Wohlstand mit sich bringt.[135] Ökonomen sprechen von einem Rebound-Effekt, der dadurch entsteht, dass eine effizientere und erschwinglichere Technologie dazu verführt, sie intensiver zu nutzen, etwa durch mehr Geräte. Wir nehmen sie nicht zum Anlass für ein Weniger im Ganzen, sondern zur Expansion unserer Bedürfnisse. So ist es überall auf der Welt, wo in naher Zukunft die Hälfte der Menschen in Städten mit Mobilität und Kommunikation leben wird.

Es geht uns schwer über die Lippen, und doch ist die auf Wachstum ausgerichtete Wirtschaftsweise bislang die einzig erprobte Rückversicherung dafür, neue, zunehmend effizienzorientierte Pfade zu finden. Die Dynamik und Heimatlosigkeit der modernen Welt und ihrer Personen- und Warenströme sind zugleich die Geburtsstunde eines konservativen Lebensgefühls, das für Autarkie und Selbstversorgung wirbt und für das aktuelle Transformationsprozesse wie die Energiewende wie ein Ventil wirken. In einer eng vernetzten Welt blicken wir immer öfter vor die eigene Haustür, in die eigene Region, die grüner, schöner, verantwortlicher werden soll, obwohl das Gegenteil vonnöten wäre, die globalen Verflechtungen zu verinnerlichen.

Insofern gibt es einen Zusammenhang zwischen der dezentralen Energieversorgung, dem „Cocooning" und „Urban Gardening", der Generation Landlust und der Sehnsucht nach Heimat und Identität in einer volatilen Welt. Er besteht im pauschalen

PLÄDOYER FÜR MEHR NATUR-GELASSENHEIT

Wunsch nach Sicherheit, Kontrolle, Selbstbestimmtheit. Dieser Wunsch führt zu Etiketten und Botschaften, die Orientierung im Unübersichtlichen verheißen. Wo früher die Konsumbewegung des „No Logo" Anhänger fand, versuchen sich größer werdende Schichten durch den Kauf von nachhaltigen Produkten emotional zu entlasten. Sie sind auf einer Sinn- und Wertsuche, die sich an das klammert, was selbst im Kaufhausregal als unhintergehbar gilt und Konsens verspricht: die Natur.

Die Sehnsucht nach Natur, die der Ausgangspunkt dieses Buches war, meint also sehr oft nicht die „echte" Natur, sondern einen gesellschaftlichen Prozess. Denn die Natur – augenfällig genug – denkt nicht in moralischen Kategorien, sie unterscheidet nicht in Gut und Böse, nicht in Wertvoll oder Fragwürdig, nicht in Überschuss und Verzicht, sie kennt weder ungewollte Dynamik noch die Entschleunigung als Antwort darauf. Nur wir tun dies.[136]

Wer sich einmal die Mühe und auch den Spaß macht, still auf einem Fleck im Wald zu sitzen und den Boden, das Gras oder Moos zu beobachten, wird feststellen, dass es keine „Ruhe" oder „Kontinuität" in der Natur gibt. Das permanente Verdrängen und Verändern, der begrifflich nicht unproblematische Kampf ums Überleben, aber auch eine ungeheure Plastizität hinsichtlich der Veränderungen, nicht das Statische wie beim Anblick von Sand am Meer oder unbewachsenen Gesteinen: Das alles wird im Erblühen der Pflanzen, den Häutungen von Schlangen, den Bewegungen der Ameisen und Käfer am Boden offenbar.

Ich habe oft auf dem Boden gesessen, ohne zu wissen warum. Mein Vater ging regelmäßig mit mir in den Wald, weil er Abstand brauchte. Ich schien ihn dabei nicht zu stören. Er wusste nichts von einer Natursprache oder der Zeichenlehre einiger in sich gekehrter Dichter. Und doch lebte in ihm der Gedanke eines aufmerksamen Beobachtens selbst kleinster Veränderungen an Baumstämmen oder auf Wegen fort. So saßen wir still und lauschten in den Wald hinein. Manchmal stand mein Vater auf und richtete seine Nase nach dem Wind aus. Er sagte nicht mehr als ein Wort:

WAS AUS DIESEM BUCH FOLGT

„Aas". Dann folgte er seinem Geruchssinn wie ein Jagdhund und fand ein verendetes Tier, das sich zum Sterben in eine von Büschen umwachsene Erdmulde gelegt hatte, geschützt vor den Blicken der Vögel und Füchse.

Ich war mehrfach dabei, als wir die Äste zur Seite drückten und ein totes Reh sahen, das Wunden aufwies oder auch vollkommen unversehrt war. Es war beängstigend und anziehend zugleich, die Schönheit des Tieres aus nächster Nähe sehen zu können. Wir meldeten den Fund jedes Mal im Dorf. Dort erzählte mir der Bauer, der neben Lämmern auch Schweine unter freiem Himmel hielt, von den Saat- und Nebelkrähen, vor denen ich mich in Acht zu nehmen hätte. Er lachte dazu unsentimental, und ich spürte den ernsten Blick meines Vaters. Für mich klang es wie eine Schreckensgeschichte aus dem Mittelalter, die mir noch lange nachging: Die Vögel hatten den Tieren gnadenlos und mit einer für mich verstörenden Brutalität die Augen ausgehackt, worauf diese erst minutenlang umherirrten und anschließend qualvoll verendeten.

Gegen die Welt

Man muss sich angesichts solcher Kindheitserinnerungen nicht in die wissenschaftliche Klausur mit dem Thema Natur begeben, um zu sagen, dass wir widernatürlich denken, sobald wir das Gute in der Natur suchen. Gerade weil unser Leben unabhängiger vom Willen der Natur ist als in jeder anderen Epoche zuvor, neigen wir ganz augenscheinlich zur Idealisierung vortechnischer Zustände. Aussteiger-Fantasien gehören zu unserem kulturellen Programm als Korrektiv genauso dazu wie die Faszination an der Technik.

Der wohl bekannteste Aussteiger ist bis heute Henry David Thoreau geblieben, der in der ersten Hälfte des 19. Jahrhunderts in den Wald zog und nur von dem existierte, was die Natur ihm bot. In Deutschland erleben seine Bücher *Wilde Früchte*, *Walden* oder *Vom Glück durch die Natur zu gehen* heute ein Revival. Wer

PLÄDOYER FÜR MEHR NATUR-GELASSENHEIT

den Versuch macht, bei einem der deutschen Online-Shops auf *Wilde Früchte* zu klicken, kann hier Bücher mit den vertrauten Titeln wiederfinden: *Wildkräuter und Heilpflanzen* oder auch *Selbst versorgt! Gemüse, Kräuter und Beeren aus dem eigenen Garten.*

Selbstversorgt mit Kräutern und Beeren, der Rückzug ins Private, die Reduktion unseres Begehrens: Hätten in einem solchen Leben Begriffe wie Genuss, Großzügigkeit, auch Überschwang und Verantwortung noch Platz? Ist unsere Sättigung so groß geworden, dass wir eine Logik vitalen, „natürlichen" Verlangens ersehnen, was nicht mehr als die Grundversorgung unserer elementarsten Bedürfnisse bedeuten kann?

Mich haben Thoreaus Schilderungen in *Walden* früher aus anderen, ja romantischen Motiven begeistert, und das meint: aus Widerstand gegen den Gedanken, dass alles Denken über die Natur vor allem nützlich sein müsse. Am Beweis, wie wenig der moderne Mensch für die Wahrung seiner Bedürfnisse wirklich braucht, lag mir weniger. Natur bedeutete geschichtlich betrachtet immer auch Freiheit, Anarchie, Regellosigkeit, zivilen Ungehorsam. Der Pfad nach draußen ins Freie war jener Weg, der aus gesellschaftlichen Konventionen herausführte. „Raus in die Natur" war ein Gefühl, das aus Liebe und Faszination an der Großartigkeit der Wildnis als einem Raum des Unkontrollierten erwuchs. Es ging darum, über die Stränge zu schlagen. Gerade dadurch unterschätzte man ihre Gefahren – oder wollte sie bewusst unterschätzen, um zu spüren, dass man lebte.

In Sean Penns 2007 erschienenem Kino-Drama *Into the Wild* wird diese Ambivalenz auf eine besonders ergreifende Weise vorgeführt. Der Film, der nach einer Reportage von Jon Krakauer entstand, hat eine typische Coming-of-Age-Geschichte zum Gegenstand. Er beginnt mit den Bildern der vereisten Wildnis Alaskas, über sie legt sich die Stimme des Pearl-Jam-Sängers Eddie Vedder. *Hard Sun* lautet der Titelsong des Films, und er ist die Antwort auf die Frage nach dem Pathos der amerikanischen Country- und Rockmusik, die noch immer ein religiöses Moment

WAS AUS DIESEM BUCH FOLGT

der Demut vor den schier unergründlichen Weiten der Wildnis kennt. Man erschloss sich diese seit jeher mit Trucks und Motorrädern, Wohnmobilen und Pick-ups; am Anfang dieses Buches war davon bereits die Rede. Bezeichnenderweise ist es ein alter Bus des „Fairbanks City Transit System" und kein Verschlag aus Holz und Tannengrün, in dem der Filmheld Unterschlupf findet, als der Schnee fällt. Er wird sein Rückzugspunkt in der Natur – nicht umgekehrt.

Krakauers Held stirbt in der Tundra Alaskas, weil er einen Fluss überquert hat, der nach der Schneeschmelze Hochwasser führt. Er findet nichts mehr zu essen und vergiftet sich im Hungerwahn mit Waldbeeren. Wochen später finden Elchjäger seine Leiche. „Gefangen, inmitten der Wildnis", lauten seine letzten Worte, die er mit schwacher Hand niedergeschrieben hat.

So gesehen ist es die zeitgenössische Ausstiegsmetaphorik, die den Grad der Entfremdung unseres Lebens von der Natur erst anzeigt. Wir wollen und können nicht zurück in die Natur. Aber wir können sie von Zeit zu Zeit bewusst entdecken: nicht als ein mahnendes Gewissen, sondern als Ort der Reflexion und Muße. Denn Landschaften sind auch heute noch mehr als Produktionsräume. Sie können Erinnerungen zurückholen, die sich nach Jahren ganz selbstverständlich wieder einstellen. Wir können sie schön finden, weil wir ihren Elementen einen Platz zuordnen, der uns harmonisch erscheint. „Von einer graugrünen Eiskruste umrandet, atmet der See seine unterirdische Wärme in das schwindende Licht des Tages", heißt es bei Martin Seel. „So weit ich mich von der Natur entfernt habe, ein einziger Blick bringt mich in ihre Nähe zurück. So ist es mit der Natur – wir müssen uns von ihr entfernt haben, um ihr ästhetisch nahe zu sein."[137] Alles andere wäre gegen unsere eigene Natur.

PLÄDOYER FÜR MEHR NATUR-GELASSENHEIT

Was wir tun können

Was also bleibt ganz am Ende? Wäre die Welt eine bessere, wenn wir uns keinen Vorstellungen des Guten in der Natur hingeben würden und die kalte Vernunft jeden Glauben an Natürlichkeit von vornherein eliminieren würde?

Der Wunsch nach einem nachhaltigen Leben legt es nahe, Handlungen zu privatisieren, im Kleinen etwas zu bewirken, bewusst nicht nach großen gesellschaftlichen Hebeln zu suchen. Dies zu belächeln wäre falsch, denn die Komplexität der Welt und die Verschränkung der Prozesse können kein Pauschalargument gegen die Versuche im Kleinen sein, nach bestimmten Wertevorstellungen zu leben. Was wäre die Alternative? Es wäre zynisch, beim Aufzeigen von Unstimmigkeiten stehen zu bleiben. Und es wäre hoffnungslos, einem „Weiter so" nur deshalb zuzustimmen, weil die Bedingungen für einen Wandel globaler Strukturen wenig Aussicht auf Erfolg bieten.

Wir müssen die Widersprüche unseres Lebensstils deshalb wieder umso bewusster wahrnehmen und den Grad unserer Konsequenzen überdenken: Wollen wir nur unser Gewissen entlasten, im Stillen aber so weiterleben? Oder wollen wir die gesamte Wegstrecke zu einem echten „Weniger ist mehr" gehen, vom romantischen Denken quasi zum praktischen Handeln, und unabhängig von der Beantwortung der Frage, ob dies im Sinne der Natur ist?

Dann darf uns dieser Weg nicht täglich an die Theken von „Europas größtem Biomarkt" und andernorts führen, die Orte des Besserfühlens durch dasselbe Quantum an Konsum sind, den wir überwinden wollen. Wir müssen radikal verzichten lernen, wie es im Text meines Großvaters über das Essen von Grütze heißt. Uns auf das Wenige beschränken, Preise in Kauf nehmen, die einen gerechteren, würdevolleren Umgang mit Tieren vermuten lassen, unseren ständig größer werdenden Anspruch auf Mobilität und Digitalität infrage stellen, eine echte Haltung gegenüber dem Ab-

236

bau von Rohstoffen entwickeln, anstatt diese wohlfeil an Produzenten zu delegieren, die wir durch unser Kaufverhalten im Grunde mandatieren.

In letzter Konsequenz müssen wir lernen, ohne diese Technik als Luxusgut zurechtzukommen: die bildgebenden Verfahren, mit denen wir Tumore erkennen, Brutkästen für Frühchen, moderne Dialyse- und Apherese-Geräte, Pharmaka für die Palliativmedizin der alternden Gesellschaft, aber auch effiziente Kühlschränke, immer leistungsfähigere Handys, Touch-Applikationen, Datenbanken, Internetverbindungen, Klimasatelliten, Speichertechnologien, grüne Energien und vieles andere. Sie alle sind Insignien des von uns so gewollten Wohlstands, wie er sich seit dem „Dederonstoff" meines Opas entwickelt hat, nicht eines Lebens des Verzichts oder der reflexionslosen Funktionalität, wie es der Natur zu eigen ist.

Es gibt gute Gründe für die Vermutung, dass die Mehrheit der Menschen diesem Pfad nicht folgen wird. Wenn man die Ausdifferenzierung unserer Bedürfnisse als Entwicklungsprozess begreift, der neben dem Pfad des Wachstums auch den des Verzichts enthält, muss man dies auch nicht.

Gerade deshalb ist das Selbstverständlichste wieder wichtig und ganz und gar zeitgemäß: sich die grundsätzliche Frage zu stellen, was Natur eigentlich ist und was sie für uns ist. Und ob wir nicht öfter von Kultur und Humanität sprechen sollten.

… und wo die Grenzen unseres Tuns liegen

Ein historisches Fazit dieses Buches lautet, dass die heutige Natur-Debatte nicht mehr von weltanschaulichen oder gar christlichen Ansprüchen getragen ist, wie sie der schwäbische Pietist Erhard Eppler verkörperte (von Herbert Wehner als „Pietkong" bezeichnet) und der Katholik Winfried Kretschmann gegenwärtig verkörpert, die bekanntlich unterschiedlichen Parteien angehören. Wer früher für die Natur eintrat, stellte sich bewusst neben die Gesell-

PLÄDOYER FÜR MEHR NATUR-GELASSENHEIT

schaft. Er wurde belächelt, weil er das Lebensgefühl zwischen atomarer Kriegsgefahr und Umweltzerstörung thematisierte. Und weil er den Konsumbürger und dessen Gedankenlosigkeit kritisierte. Heute macht sich niemand mehr Feinde, der zur „LPG" geht oder seinen Energieversorger wechselt. Im Gegenteil, er zeigt, dass er nicht abseits stehen mag, sich mit bestimmten Werten solidarisiert, die längst Common Sense sind.

Was wir Natur nennen, ist dabei oftmals Attitüde. Sie geht einher mit dem in Deutschland besonders stark verankerten Glauben daran, dass das Kommende immer das Vernünftige ist, weil wir aus unseren Verfehlungen in der Geschichte wie gelehrige Schüler gelernt haben – ohne jeden Skeptizismus, der sich noch einmal selbstironisch über die Schulter schaut. Und sie entsteht aus dem Glauben, dass grüne Handlungen immer gerechtfertigt sind, egal, was sie tatsächlich bringen und wie wenig wir über die Komplexität der Dinge zu sagen wissen. Genau dies war der Dreh, den die Romantik unheilvollerweise vollzog, indem sie die Natur für die eigenen Gefühle instrumentalisierte.

Unter dem Strich verhält es sich daher wie mit der bekannten Pascal'schen Wette, die der Existenz Gottes gilt: Der Gewinn, den wir durch unseren Glauben an einen Wert oder eine Handlung zum Guten ziehen, und sei er auch noch so zweifelhaft, überwiegt am Ende den bewussten Verzicht darauf. Übertragen auf unser ökologisches Rechtsbewusstsein ist dies eine Frage, die aber nur individuell zu beantworten ist und nicht normativ. Entsprechend sollten wir unsere Maßstäbe wie oben geschildert überdenken, mit denen wir das vermeintlich Richtige zur Norm erheben, solange wir in unabänderlichen Widersprüchen gefangen sind.

Die Balance zwischen der ökonomischen, ökologischen und sozialen Weiterentwicklung der Gesellschaft ist lange das Maß der Dinge gewesen. Diese Komponenten einer zukunftsverantwortlichen Lebensweise sollten wieder gleichberechtigt in den Mittelpunkt der gesellschaftlichen Diskussion gerückt werden. Was wir brauchen, sind keine Natur-Label, die nur Ausdruck von Un-

WAS AUS DIESEM BUCH FOLGT

sicherheit und der Abgabe von Verantwortung sind; sie führen ungewollt zu kollektiver Verantwortungslosigkeit, auch wenn die Fassade stimmt. Auch kein naives Zukunftsvertrauen, den unbedingten Glauben an die Lösbarkeit aller Phänomene. Was wir benötigen, auch wenn es fast anstößig klingen mag angesichts unserer großen Probleme, ist ein gewisses Maß an *heiterer Gelassenheit* im Umgang mit Natur und Technik und damit uns selbst. Denn was wäre, wenn alles ganz anders ist, sich die Natur unserem Messen und Erkennen am Ende wieder einmal entzöge?

In der Antike wollte man der Natur keine Antworten abringen, während die weitaus älteren Stromkulturen an Euphrat, Tigris und Nil die Zeiten drohender Überschwemmungen kennen mussten. Man blickte vor allem deshalb in den Kosmos, um sich selbst zu verstehen und über die Natur das Göttliche im Weltgefüge zu verorten. Es ging um das Wissen des Wissens, nicht um die Natur in ihrem Aufbau oder Nutzwert für den Menschen. Der Blick nach oben lehrte Bescheidenheit, Demut, Besonnenheit und auch Gelassenheit, nicht aber Anmaßung hinsichtlich einer Ultima Ratio.[138] Würden wir dies der Klimaforschung oder den Umweltverbänden ungeachtet ihrer Verdienste hinsichtlich der Sensibilisierung für wichtige Problemlagen heute uneingeschränkt attestieren?

Auch der wesentliche naturwissenschaftliche Durchbruch am Übergang vom 19. zum 20. Jahrhundert bestand gerade darin, die Grenzen der Determinierbarkeit zu erkennen, mit der man die Natur bisher beschrieben hatte: das Moment des Zufalls, das am Ende die entscheidenden Durchbrüche bei der Beschreibung der Natur ermöglichte. Begriffe wie „Relativität", „Unschärfe", „Unsicherheit" oder „Störung" waren die Basis des Erkennens, nicht Modelle, Statistiken und sonstige Regime, die man etwa beim Klima aufgrund des Unbehagens an unsicherem Wissen über die Natur manifestiert – weil wir Unsicherheiten fürchten und lieber ein wissenschaftlich unrealistisches Zwei-Grad-Ziel verfolgen als gar keines. Geschichtlich betrachtet, dies erkannte man bereits an-

PLÄDOYER FÜR MEHR NATUR-GELASSENHEIT

gesichts der Lehren des 19. Jahrhunderts, befinden wir uns jedes Mal lediglich auf dem letzten Stand des Irrtums.

Dass das globale Wachstum Grenzen hat und wir die Welt nicht beliebig expandieren können, ist spätestens seit den siebziger Jahren unstrittig. Man muss dafür nicht sentimental-ökologisch denken – es ist ein Systemproblem, das auf der Hand liegt. Was wir angesichts dieser Erkenntnis brauchen, sind deshalb keine Projektionen der Gefahr, sondern Zukunftsvertrauen und Pragmatismus. Gerade dieser ist zugegebenermaßen leicht dahinformuliert, zumal das Raffinierte an der Forderung nach Pragmatismus immer darin besteht, dass jeder glaubt, ihn zu haben, während die anderen ihren Katechismen anhängen. Aber ohne eine gewisse Leichtigkeit gibt es keine Bereitschaft zu Risiken, die die Basis von Innovationen sind. Und es gibt keine Möglichkeit, mit den von uns nur in seinen Wirkungen zu mildernden, ansonsten nicht beherrschbaren Seiten der Natur umzugehen, wie sie der Krebs darstellt, an dem jährlich 200 000 Menschen in Deutschland sterben. In der Natur wird eben nicht alles gut, wenn wir das vermeintlich Gute tun, ein bisschen auf gesunde Ernährung und Fitness achten. Dies ist Hybris – und sie ist nicht weniger schlimm als die Hybris, die Natur einzig als Steinbruch unserer Bedürfnisse ansehen zu wollen.

Der Mensch, so sei an die Worte Martin Seels erinnert, ist nicht der Garant der Natur, und mithin in letzter Konsequenz nicht einmal seiner eigenen. Sie läuft nicht deterministisch ab, wie es das 19. Jahrhundert in Gestalt einer Kunstfigur, des Laplace'schen Dämons, noch glauben machte.[139] Wir sollten uns davor hüten, denselben Anmaßungen aufzusitzen.

Fangen wir darum auch gedanklich im Konkreten an, wenn wir über Natur sprechen, anstatt nach dem Klima oder abstrakten Begriffen wie Nachhaltigkeit als Stützen zu greifen. Setzen wir uns mit dieser Ambivalenz unseres Denkens und Handelns auseinander. Fragen wir nach den tieferen Gründen für den Wunsch nach einer Natur, die unveränderlich ist und sich nicht ändern soll

WAS AUS DIESEM BUCH FOLGT

wie die technische Welt. Denn so viel scheint sicher: Zukunftsvertrauen entsteht nicht durch das „Anrufen" von Natur, auch nicht durch Exit-Strategien, sondern allein durch Zutrauen in die Richtigkeit einer Gestaltung der Welt nach den uns *jeweils* zu eigenen Maßstäben. Und dies werden immer auch ökologische sein.

Machen wir es uns mit anderen Worten nicht so schwer mit uns selbst, sondern respektieren den Lauf der Dinge als Konsequenz der aktuellen Bedürfnisse und Möglichkeiten. Am Ende spricht genau dies sogar für neues Wachstum, vielleicht nicht so sehr im alten Sinne, rein dem Volumen nach, sondern für Innovationen, Veränderungen, die immer dann entstehen, wenn der Anpassungsdruck steigt.

Die Deutschen lieben die Natur und stehen darin noch immer mit einem Bein im gefährlichen Pathos der Romantik. Vielleicht sollten sie sich von Zeit zu Zeit einen der berühmtesten Verse dieser Epoche auf den Einkaufszettel schreiben, bevor sie voller Sorge über Gegenwart und Zukunft in den Markt um die Ecke fahren oder ins Gartencenter: „Wo aber Gefahr ist, wächst/Das Rettende auch."

Dafür, dass es die Technik ist, die zur Überwindung eines auch durch Technik initiierten Vertrauensverlusts in die Welt beitragen kann, gibt es Beispiele zuhauf. Die Natur wird uns am Ende nicht retten. Sie wird uns an die Lebenszeit erinnern, in der wir uns einbildeten, von ihr getrennt zu sein und zu ihr zurück zu müssen.

Epilog:
Am Wasser

Ein Montag im Mai 2011, die Sonne hat schon Kraft, und doch treibt das Meer einen kalten Wind in Richtung Küste. Die Granitsteine links und rechts des Weges reflektieren das Licht, das sich tausendfach in den Wellen bricht. Am Horizont sind Schiffe zu sehen, die in Richtung Dänemark fahren. Dann eine Fähre und Segler mit voll gespannten Tüchern linkerhand. In Richtung Warnemünde.

Ich sehe den Anglern zu, die ihre Ruten gegen die Brandung werfen. Es ist Heringssaison und damit Zeit für die Jagd auf Hornhechte, jene silbernen Räuber mit Schnabelmaul, die nur wenige Wochen im Frühjahr an die Küste kommen und deren Gräten beim Kochen grün werden. Die Posen torkeln in der Brandung. Ich fixiere eine von ihnen und hoffe, dass ein Fisch kommen und den roten Punkt hinunterziehen wird. Ich wünsche es mir wie ein Kind.

Der Mann in Latzhosen springt auf, schlägt an und landet einen Fisch, der Sekunden später vor meinen Füßen auf den Boden fällt. Er wirft ihn in den Eimer, ohne ihn zu betäuben. Erneut nimmt er ein Stück Heringsfetzen und drückt es an den Haken. Einer der umstehenden Angler nickt achtungsvoll, aber niemand spricht ein Wort. Nur das Horn der Fähre und die Schreie der angelockten Möwen sind zu hören. Und das hohle Schlagen der Wellen zwischen den Steinen, das klingt wie in einer Lagune.

EPILOG

Weiter draußen verfolgen Möwen einen heimkehrenden Fischkutter. So wie ein Bienenschwarm einen Bären verfolgt, der eine Honigwabe gestohlen hat. Während ich sie betrachte, schneidet ein Zug Graugänse in schnellem Flug das Bild. Und dann sehe ich einen ersten Zitronenfalter, während im Hintergrund der Wasserdampf aus dem Kühlturm des Steinkohlekraftwerks aufsteigt. Nie, auch vor einhundert Jahren, als es diese Dinge noch nicht gab, wird die Natur hier selbstverständlicher mit dem Menschen harmoniert haben. Dieser Augenblick ist schwer zu fassen. Minuten später drücke ich den Schlüssel ins Zündschloss.

Nach zwei Stunden verlasse ich die Autobahn und fahre auf eine Bundesstraße, die irgendwann zur Landstraße wird. Irgendwann finde ich mich am Ende eines langen Feldwegs wieder. Ich öffne den Kofferraum und nehme den Rucksack und das alte Futteral mit der Kohlefaserrute heraus. Früher schützte es eine Bambusrute, ich habe es seit meinem zwölften Geburtstag. Der Boden ist trocken und staubt unter meinen Schritten. Rechterhand wachsen schulterhohe Gräser, die mich an die Mais-Labyrinthe der Kindheit erinnern. Darüber ist das schneidende Geräusch eines Mückenschwarms zu hören. Der Sommer kann jetzt kommen.

Auf der Erde entdecke ich eine Blindschleiche. Es ist der Blick, der von selbst nach unten geht. Ich knie mich vor sie und berühre ihren braungrauen Körper. Es ist, als zögen in diesem Augenblick all die Jahre vorbei, in denen ich mit ihm in der Natur war und in solchen Momenten herausfinden wollte, ob sich ein Tier, eine Kröte oder ein Käfer, bewegte. Ich sehe das Licht, das matt auf den alten Farbfotos im „Fangbuch" schimmert. Ich sehe meinen Vater und den am Boden springenden Fisch, den er mit dem Messer tötet. Dann gehe ich die letzten Meter in Richtung Schilf, bis ich das Wasser des Rhins erkennen kann.

***

Danksagung

Ohne die Bilder und Texte meines Großvaters Andreas Nießen wäre dieses Buch wahrscheinlich nie entstanden. Ich danke Susan Bindermann von der Agentur Literatur für ihr Vertrauen in die ersten Seiten; meinem Lektor Christian Koth für seine Entscheidung, ein solches Buchprojekt gemeinsam zu machen, und dafür, dass er an ein Leben nach Abgabeterminen glaubt; Dr. Claus Gerhard Bannick, Dr. Jacob Cramer, Prof. Dr. Lutz Danneberg, Dr. Karin Giersig, Paul Götz, Kathleen Günther, Prof. Dr. Reinhard F. Hüttl, Christian Milker, Jörg Möller, Dr. Bernd Uwe Schneider, Martin Z. Schröder, Prof. Dr. Burkhard Schwenker, Prof. Dr. Volker ter Meulen, Albert und Heidrun Weixler für ihre Zeit und ihre Anmerkungen; Prof. Dr. Klaus Kornwachs für den letzten Blick; meiner Familie, vor allem meiner Frau Silke, für ihre Geduld, ihre Kraft und ihre Liebe, die ganz natürlich ist.

Anmerkungen

[1] Dies ist das Ergebnis einer Allensbach-Umfrage vom Juni 2012, Gegenstand des Artikels von Renate Köcher in der F. A. Z. am 20. 6. 2012. Danach gehen die Meinungen in Ost und West stark auseinander: Der Anteil der ostdeutschen Bevölkerung, der potenzielle Versorgungslücken im Energiebereich weiterhin mit Kernkraft schließen will, liegt fast doppelt so hoch wie im Westen: bei 46 Prozent. Nachzulesen unter: http://www.faz. net/aktuell/politik/energiewende/ausstieg-aus-der-kernenergie-schwierige-wende-11791816.html. Zu einem ähnlichen Ergebnis hinsichtlich fossiler Großkraftwerke kommt auch eine aktuelle Untersuchung der Universität Stuttgart und der Mercator-Stiftung aus dem Jahr 2012.

[2] Roman Deininger: Geht's noch? Ein Tiefbahnhof, kein Völkermord in Afrika: Bei vielen Gegnern von Stuttgart 21 sind die Maßstäbe verrutscht. Ihre Gewalt verklären sie in Selbstzufriedenheit. Zurück lassen sie verletzte Polizisten – und eine verstörte Politik, in: Süddeutsche Zeitung vom 22. 6. 2011, S. 3.

[3] Zu diesem Ergebnis kam der Internetsuchdienst Meltwater im Auftrag des französischen Kraftwerkbetreibers Areva. Ich danke dem Bereich Corporate Communications der Areva NP GmbH, Erlangen, für die Möglichkeit der Verwendung dieser Zahlen.

[4] Die Wasserkraft hat hier innerhalb der erneuerbaren Energien, die bis dato auf knapp 10 Prozent kommen, den höchsten Anteil. Siehe dazu http://www.vfew-bw.de/index.php?id=37.

ANMERKUNGEN

5 So der Titel des drei Tage nach der Wahl erschienenen Debattenbeitrags von Johann Schloemann in der Süddeutschen Zeitung am 30.3.2011. Online nachzulesen unter: http://www.sueddeutsche.de/kultur/zum-siegeszug-der-gruenen-die-stunde-der-heuchler-1.1078968.

6 Michal Vassiliadis: Für den Fortschritt. Industriepolitik für das 21. Jahrhundert, Berlin 2010.

7 Hier liegt die Auflage lediglich bei rund 110 000 Exemplaren.

8 Thomas-Hoof-Gruppe. Ein Wertschöpfungsverbund: Neues aus dem Wertschöpfungsverbund, Waltrop, Mai 2012.

9 Auch wenn ein solcher Begriff ursprünglich jene Kräfte bezeichnete, die am Stuhl der Weimarer Demokratie sägten, der Revolution von 1918 gewissermaßen eine zweite von rechts folgen lassen wollten, so scheint er doch anschlussfähig.

10 Siehe dazu auch den Beitrag von Herfried Münkler: Am Ende Katzenjammer, in: Süddeutsche Zeitung, 25.9.2012.

11 http://www.goethe.de/ges/pok/pan/de4557266.htm

12 Armin Grunwald: Wider die Privatisierung der Nachhaltigkeit. Warum ökologisch korrekter Konsum die Umwelt nicht retten kann, in GAIA 19/3 (2010), S. 178–182.

13 Das zeigte bereits Kathrin Hartmann: Ende der Märchenstunde. Wie die Industrie die Lohas und die Lifestyle-Ökos vereinnahmt, München 2009. Zum selben Thema auch Caspar Dohmen: Die Wohlfühlillusion. Einmischen statt Einkaufen, Berlin 2013.

14 Peter Sloterdijk: Du musst dein Leben ändern, Frankfurt 2009 (das ausschließlich vom Titel her in diese Reihe gehört); Meinhard Miegel: Exit. Wohlstand ohne Wachstum, Berlin 2010; Nico Paech: Befreiung vom Überfluss, München 2012; Tim Jackson: Wohlstand ohne Wachstum. Leben und Wirtschaften in einer endlichen Welt, München 2011.

15 Siehe zur Globalisierung des Nachhaltigkeitsdenkens hier wie im Folgenden die grundlegende Darstellung von Joachim Radkau: Die Ära der Ökologie. Eine Weltgeschichte, München 2010, im konkreten Beispiel S. 31 bzw. 642.

ANMERKUNGEN

[16] So der Titel des aktuellen Buchs von Nathanel Johnson: All Natural. A Skeptic's Quest for Health and Happiness in an Age of Ecological Anxiety, New York 2013. Der Vergleich mit der Lutherischen Reformation wird dem Berliner Wirtschaftswissenschaftler Christian v. Hirschhausen zugeschrieben, siehe dazu die F. A. Z. vom 1. 11. 2012.

[17] BUND, NABU und der WWF kommen in Deutschland jeweils auf deutlich über 400 000 Mitglieder, Greenpeace als stärkste Organisation kommt auf mehr als eine halbe Million. Das Länderbüro Deutschland ist zugleich das finanzstärkste weltweit. Seit dem Beginn der achtziger Jahre verlieren demgegenüber neben den beiden großen Kirchen auch die Bundestagsparteien beständig an Mitgliedern; die SPD als älteste deutsche Partei wies 2008 mit über einer Million Mitgliedern beispielsweise nur noch die Hälfte des Spitzenwertes von 1976 auf.

[18] Joachim Ritter: Landschaft. Zur Funktion des Ästhetischen in der modernen Gesellschaft, in: Ders.: Subjektivität. Sechs Aufsätze, hier zit. nach der 5. und 6. Aufl., Frankfurt a. Main 1980, S. 147.

[19] Auf Deutsche, die über Amerika schrieben, sprang die Faszination dieser Fortbewegung über, wie etwa *Greyhound* von Alfred Gulden oder Reinhold Zieglers *Es gibt hier nur zwei Richtungen, Mister* zeigen.

[20] Hugo Zuschneid: Nun geht's ans Abschiednehmen.

[21] Elias Canetti: Macht und Masse, Frankfurt a. M., 32. Aufl. 2011, S. 202. Hervorhebungen i. O.

[22] Wilhelm Lehmann: Die Signatur, in: Der grüne Gott. Ein Versbuch, Heidelberg 1948, S. 52.

[23] Friedmar Apel: Deutscher Geist und deutsche Landschaft. Eine Topographie, München 1998, S. 18.

[24] Canetti (2011), S. 203. Hervorhebung i. O.

[25] Dies kommt auch in dem von Radkau (2010) zitierten Ausspruch Petra Kellys zum Ausdruck, die 1976 während einer

ANMERKUNGEN

Japan-Reise schockiert gewesen sein soll angesichts der dort
verbreiteten Gleichgültigkeit gegenüber dem atomaren Risiko.
S. 221.

[26] Ebd. S. 211.

[27] David Blackbourn: Die Eroberung der Natur, München 2005.

[28] Herfried Münkler: Die Deutschen und ihre Mythen, 3. Aufl.
Berlin 2009, S. 11.

[29] Emil Du Bois-Reymond (1882): Goethe und kein Ende. Rede
bei Antritt des Rectorats der koenigl. Friedrich-Wilhelms-Uni-
versitaet zu Berlin am 15. October 1882 (Orationes habitae in
Universitate Berolinensi. Teil 1. 1881–1884), S. 17.

[30] So argumentierte nicht nur die sogenannte deutsche Physik
unter Berufung auf Goethe gegen einen verhassten angelsächsischen Empirismus. Das Goethe-Zitat ermöglichte auch mode-
rateren Wissenschaftlern die versteckte Auseinandersetzung mit
dem wissenschaftsprogrammatischen Gegner, indem man gegenwärtige Szenarien auf einen historischen Schauplatz verla-
gerte und sich der Rehabilitierung Goethes im Sinne eines naturwissenschaftlichen Wahrheitsanspruches verpflichtet fühlte.
Wissenschaftler wie Werner Heisenberg passten sich dabei weder der Argumentationsweise noch der Diktion einer offiziellen
Ganzheitsrhetorik an, sondern führten eigene Gedankengänge
im Zusammenhang der Quantentheorie aus. Der Rekurs auf den
Goethischen Wissenschaftsbegriff dürfte nicht dem Interesse
an Goethe und dessen hellsichtiger Vorwegnahme spezifischer
Entwicklungen geschuldet sein, sondern dem Pragmatismus,
Loyalitätsbeweise zu erbringen. Keinem modernen englischen
oder französischen Physiker fiel es im historischen Zeitraum
zumindest ein, einen entsprechenden Autoritätstransfer vor-
zunehmen. Unter den Physikern, die am Beispiel Heisenbergs
1937 selbst mit der Diffamierung als ‚weißer Jude' zu kämpfen
hatten und denen die Zerstörung, Atomisierung oder Zerset-
zung eines anschaulich-ganzheitlichen Weltverständnisses vor-
geworfen wurde, spricht das Gegenteil Bände. Das Beispiel be-

ANMERKUNGEN

zieht sich auf einen Schmähartikel Johannes Starks, der 1937
in der SS-Zeitschrift *Schwarzes Corps* erschien und Heisenberg scharf attackierte. Der Angriff blieb für Heisenberg ohne
Folgen, nachdem Heinrich Himmler persönlich seine Hand
über den Nobelpreis-Träger gehalten und entsprechende Af-
fronts mit Blick auf das Renommee Heisenbergs untersagt
hatte.

[31] Gemeint ist jener Artikel, der 1927 in der *Zeitschrift für Physik*
erschien. Darin wählte Heisenberg folgendes Gedankenexperi-
ment, das inzwischen zu den Klassikern der Wissenschaftsge-
schichte zählt: Um die künftige Position und die Geschwindig-
keit des Teilchens vorauszubestimmen, ist es nach klassischem
physikalischem Verständnis notwendig, beide Werte exakt und
gleichzeitig festzulegen. Das Teilchen wird daher unter einem
Mikroskop platziert und mit Licht geringer Wellenlänge be-
strahlt. Ursächlich dafür ist die in der Gleichung von de Broglie
festgehaltene Beziehung $p = h/\lambda$, nach der ein Lichtteilchen
einen Impuls p besitzt, der umso größer ist, je kleiner die Wellenlänge λ ist, wobei h das Plancksche Wirkungsquantum darstellt, das die Existenz einer kleinsten, unteilbaren Einheit der
mechanischen Wirkung ausdrückt. Bei dem Versuch, das Elektron mithilfe eines auftreffenden Photons sichtbar zu machen,
tritt jenes Messproblem zutage, auf das man sich bis heute be-
ruft: Ort und Impuls lassen sich nur um den Preis einer unprä-
zisen Kenntnis der jeweils anderen Größe bestimmen. Je stärker
die Wellenlänge des Lichts zum Zwecke einer besseren Ortsbestimmung verkürzt wird, umso energiereicher wird das Licht.
Im Augenblick der Bestimmung, in dem das Quantum auf das
Elektron trifft, um von diesem reflektiert zu werden, stößt es
dasselbe an, was im Sinne des Experimentators den ungünsti-
gen Effekt zur Folge hat, dass das zu bestimmende Teilchen
seinen Impuls verändert. Umgekehrt schließt die exakte Ge-
schwindigkeitsbestimmung die Ortsbestimmung aus. Die Ge-
schwindigkeit lässt sich analog zum ersten Beispiel umso präzi-

ANMERKUNGEN

ser bestimmen, je langwelliger das benutzte Licht ist, da hierbei die Rückstoßwirkung vernachlässigt werden kann. Dabei nimmt die Ortsungenauigkeit zu.

[32] Max Planck postulierte bei seinen Versuchen zur Schwarzkörperstrahlung die Quantifizierung des Lichts und stellte ein neues Strahlungsgesetz auf. Es beinhaltete, dass die Strahlungsenergie des Lichts, die man bislang als kontinuierlich beschrieben hatte, von den Körpern in stoßweise abgegebenen Energiepaketen, den Quanten, ausgesandt beziehungsweise absorbiert wurde. Mit der Quantelung der Lichtenergie und dem Vorhandensein von ‚Sprüngen' legte er ein diskontinuierliches Geschehen in der Natur offen, das sich nicht in die bestehende Strahlungstheorie integrieren ließ. Das Revolutionäre seines Schrittes – der Einführung eines Wirkungsquantums – lag dabei im Bruch mit dem zitierten Satz, dass die Natur keine Sprünge mache und ihre Prozesse als kontinuierlich und fließend aufzufassen seien. Der Wellennatur des Lichts standen nun Teilcheneigenschaften gegenüber.

[33] Alfred Döblin: Blick auf die Naturwissenschaft, in: Die neue Rundschau (1923), Bd. 2, S. 1132–1138, S. 1133 f.

[34] Siehe dazu Lutz Danneberg (1996): Zu Brechts Rezeption des Logischen Positivismus, in: Deutsche Zeitschrift für Philosophie 44 (1996) 3, S. 363–387, explizit S. 371. Zur Bekanntschaft Brechts mit den Ideen des Empirismus vor dem amerikanischen Exil siehe Ders. (1990): Interpretation: Kontextbildung und Kontextverwendung. Demonstriert an Brechts Keuner-Geschichte *Die Frage, ob es einen Gott gibt*, in: SPIEL (Siegener Periodikum zur Internationalen Empirischen Literaturwissenschaft) 9 (1990), H. 1, S. 89–130, S. 110 ff.

[35] Robert Musil: Zu Kerrs 60. Geburtstag, in: Ders.: Gesammelte Werke in neun Bänden, hg. von Adolf Frisé, Reinbek bei Hamburg 1978, Bd. 8: Essays und Reden, S. 1180–1186, S. 1183. Siehe zum Thema auch Elisabeth Emter: Literatur und Quantentheorie. Die Rezeption der modernen Physik in Schriften

ANMERKUNGEN

zur Literatur und Philosophie deutschsprachiger Autoren (1925–1970), Berlin/New York 1995.

[36] Frank Schirrmacher: Schöne und neue Welt. Warum sich unser Feuilleton ändert, in: F. A. Z., 1. 9. 2001, S. 41.

[37] Oswald Spengler: Der Untergang des Abendlandes. Umrisse einer Morphologie der Weltgeschichte [1918, 1922], 15. Aufl. der Taschenbuchausgabe, München 2000, S. 542 ff.

[38] Siehe dazu beispielhaft die Schrift Carl Friedrich von Weizsäckers „Zum Weltbild der Physik" aus dem Jahr 1943.

[39] Döblin (1923), S. 1134.

[40] Robert Musil: Der Mann ohne Eigenschaften, in: Ders. (1978), Bd. 1: Der Mann ohne Eigenschaften. Erstes Buch, Kapitel 1–80, S. 40.

[41] Alexander von Humboldt: Kosmos. Entwurf einer physischen Weltbeschreibung, hg. von Ottmar Ette und Oliver Lubrich, Frankfurt a. Main 2004.

[42] Dies holte dann der Wissenschaftshistoriker Ernst Peter Fischer mit seinem Buch „Die andere Bildung. Was man von den Naturwissenschaften wissen sollte" im Sinne einer Replik nach.

[43] Helmut Lethen: Verhaltenslehren der Kälte. Lebensversuche zwischen den Kriegen, Frankfurt a. Main 1994, S. 31.

[44] Siehe auch acatech (Hg.): Akzeptanz von Technik und Infrastrukturen. Anmerkungen zu einem aktuellen gesellschaftlichen Problem, Berlin/Heidelberg 2011.

[45] Ernst Jünger: Das zweite Pariser Tagebuch. Auswahl aus dem Werk in fünf Bänden. Zweiter Band. Stuttgart 1994, S. 537.

[46] Siehe dazu die streitbare Darstellung Oliver Gedens: Rechte Ökologie. Umweltschutz zwischen Emanzipation und Faschismus, Berlin 1996, hier in der 2. Aufl. 1999.

[47] Klaus Kornwachs: Philosophie der Technik. Eine Einführung, München 2013.

[48] Hartmut Kaelble: Sozialgeschichte Europas. Von 1945 bis zur Gegenwart, München 2007, S. 311.

ANMERKUNGEN

[49] Siehe auch Willi Oberkrome: Kontinuität und Wandel im deutschen Naturschutz 1930 bis 1970: Bemerkungen und Thesen, in: Franz-Josef Brüggemeier, Jens Ivo Engels (Hg.): Natur- und Umweltschutz nach 1945. Konzepte, Konflikte, Kompetenzen, Frankfurt und New York 2005.

[50] Siehe dazu etwa den Deutschen Energie-Kompass 2012, erstellt von Infratest im Juni 2012. Dort bildet die „Vermeidung der Landschaftsentstellung durch Anlagen und Leitungen" das Schlusslicht jener Ziele beim Ausbau von Energieträgern. Die Stärkung der Innovationskraft der deutschen Industrie und die Sicherung ihrer Wettbewerbsfähigkeit werden hingegen ganz oben genannt.

[51] WBGU: Welt im Wandel. Gesellschaftsvertrag für eine Große Transformation, März 2011. Zusammenfassung für Entscheider, S. 12 f. Siehe dazu auch die Replik Carl-Christian von Weizsäckers in der F. A. Z. vom 29.9.2011.

[52] Renate Köcher: Technikfeindlich und innovationsmüde? In: Innovationsfähigkeit. acatech (Hg.): Tagungsband 11. Mai 2004, S. 36. Nachzulesen auch in den VDI-Nachrichten unter: http://www.vdi-nachrichten.com/artikel/Deutsche-Technikaffin-aber-auch-distanziert-kritisch/21127/1. Siehe zur Ambivalenz von Wohlstand und postmaterialistischen Leitbildern die F. A. Z.-Verlagsbeilage: Wie wollen wir leben? vom 23.9.2012, S. 9.

[53] http://www.media.landlust.de/heft/redaktionskonzept/garten-liebhaber.html.

[54] Aufruf zum „Demokratischen Aufbruch – sozial, ökologisch", in: Die Opposition in der DDR. Entwürfe für einen anderen Sozialismus, hg. von Gerhard Rein, Berlin 1989, S. 34.

[55] Vgl. Radkau (2010), S. 523.

[56] Siehe dazu grundlegend Martin Seel: Eine Ästhetik der Natur, Frankfurt am Main 1996, etwa S. 22.

[57] Deutscher Braunkohle-Industrie-Verein (DEBRIV), Informationen und Mitteilungen 1/2012 und 2/2012.

ANMERKUNGEN

[58] AG Energiebilanzen: Energiemix Deutschland 2011.

[59] Wenn die Krankenstatistiken heute in einkommensschwachen Berufsgruppen steigen, so liegt dies nicht allein an der objektiven Arbeitsbelastung, die nicht höher ist als in früheren Jahren und in einkommensstärkeren Schichten ebenso hoch sein kann. Es liegt an der gestiegenen Volatilität der Arbeitsverhältnisse, der Unsicherheit und Angst vor dem Arbeitsplatzverlust, an Umstrukturierungen, die zu neuen Unsicherheiten führen und auch zu einem Gehaltsniveau, das permanente Überlebensängste schürt. Hinzu kommen die auf unteren Stufen der Hierarchie kaum vorhandenen Gestaltungsmöglichkeiten des eigenen Tuns. Diese Fremdbestimmung von modernen Risiken wirkt sich mehr als alles andere auf den Gesundheitszustand aus.

[60] 2013 liegt die Umlage bei 5,3 Cent pro Kilowattstunde, 2010 lag sie noch bei gut 2 Cent. Siehe dazu die Angaben der Netzbetreiber: https://www.eeg-kwk.net/de/EEG-Umlage.htm.

[61] Allensbach (2012).

[62] Siehe dazu das Buch von Johannes Winterhagen, das einen guten Überblick über die technischen Herausforderungen gibt: Abgeschaltet. Was mit der Energiewende auf uns zukommt, München 2012.

[63] Internationale Energie Agentur (IEA): World Energy Outlook (2012).

[64] Ranking in der F. A. Z. vom 4. 7. 2012.

[65] Siehe dazu Dirk Scheer, Sandra Wassermann, Oliver Scheel: Stromerzeugungstechnologien auf dem gesellschaftlichen Prüfstand: Zur Akzeptanz der CCS-Technologien, in: Katja Pietzner, Diana Schumann (Hg.): Akzeptanzforschung zu CCS in Deutschland: Aktuelle Ergebnisse, Praxisrelevanz, Perspektiven, München 2012, oder als Download unter: http://www.stiftung-mercator.de/fileadmin/user_upload/INHALTE_UPLOAD/ Wissenschaft/Gesellschaftliche_Akzeptanz_Energiemix/ Scheer_etal_CCS-Akzeptanz_OEKOM-Buch_FIN.PDF.

ANMERKUNGEN

[66] Theodor Fontane: Wanderungen durch die Mark Brandenburg. Große Brandenburger Ausgabe, 2. Aufl. 2005. Erster
Teil: Die Grafschaft Ruppin, S. 265.

[67] Vgl. dazu Cornelia Altenburg: Kernenergie und Politikberatung. Die Vermessung einer Kontroverse, Wiesbaden 2010, sowie http://www.iablis.de/iablis_t/2010/altenburg10.html.

[68] Vgl. Radkau, S. 520.

[69] Anstelle des alten Spaltungskraftwerks wird dort heute durch
das Max-Planck-Institut für Plasmaphysik eine der modernsten
Anlagen der Welt für die Kernfusion gebaut, die keine Risiken
haben soll. Der Name klingt ein wenig nach regionalem Fremd-
import: Wendelstein. Frühestens zur Mitte des Jahrhunderts
könnte die Anlage kommerziell nutzbare Energie zur Verfügung stellen. Auch ein solcher Reaktor hat aber Entsorgungs-
probleme. Durch den Neutronenfluss wäre man mit derzeitiger
Technologie gezwungen, den Reaktorkern (Torus) regelmäßig
auszutauschen. Dieses Material muss dann ebenfalls als radio-
aktiver Müll entsorgt werden.

[70] Annett Gröschner: Kontrakt 903. Erinnerungen an eine strah-
lende Zukunft, Berlin 1999.

[71] Ebd., S. 19.

[72] Kleiner sprach im DFG-Magazin *Forschung* im Zusammenhang mit Fukushima von einer Zäsur für die Wissenschaft und
warb mit Begriffen wie „Demut" und „Zurückhaltung". „Der
Schrecken, der alles relativiert." Online nachzulesen unter:
http://www.dfg.de/download/pdf/dfg_magazin/wissenschaft_
oeffentlichkeit/forschung_magazin/forschung_2011_1.pdf.

[73] Erich Übelacker: Atom-Energie. Was-ist-Was-Bücher, Band 3,
Nürnberg, Hamburg 1988.

[74] Die Politik der friedlichen Nutzung der Kernenergie in Frankreich, Schweden und der Bundesrepublik Deutschland, 1992
eingereicht bei Professor Manfred G. Schmidt am Institut für
Politische Wissenschaft der Universität Heidelberg. Ich danke
Christian Milker für die Überlassung des Manuskripts.

ANMERKUNGEN

[75] Joseph H. Reichholf: Eine kurze Naturgeschichte des letzten Jahrtausends, Frankfurt a. Main 2007, S. 300.

[76] Cord Riechelmann: Wilde Tiere in der Großstadt, Berlin 2004, S. 9.

[77] Abzurufen unter: http://www.europarc-deutschland.de/dateien/rz_nnl_broschuere_web.pdf.

[78] Siehe dazu die umfangreiche Untersuchung von Friedrich Manz: Wenn Babys reden könnten! Was wir aus drei Jahrhunderten Säuglingspflege lernen können, Dortmund 2011, S. 513.

[79] http://www.dhm.de/ausstellungen/lebensstationen/1900_1.htm.

[80] http://www.rki.de/DE/Content/Service/Presse/Pressemitteilungen/2012/03_2012.html?nn=2775146.

[81] Korrekter lautet die Empfehlung so: Zwei Impfungen im 1. bzw. 2. Lebensjahr, sowie ggf. Impfungen bei nach 1970 Geborenen, bei denen keine oder nur eine Impfung dokumentiert ist.

[82] Handbuch der Deutschen Gesellschaft für Pädiatrische Infektiologie (DGPI), 5. Aufl. Stuttgart/New York 2009, S. 365.

[83] Ebd., S. 364.

[84] Manz (2011), S. 515.

[85] Angaben der Gesellschaft für Qualität der außerklinischen Geburtshilfe e. V., einem Zusammenschluss des Bunds freiberuflicher Hebammen Deutschlands und des Deutschen Hebammen Verbands. Vgl. http://www.quag.de/content/geburtenzahl.htm.

[86] Mehr über die Unterteilung von Nationalparks, Biosphärenreservaten und Naturparks kann man auf der Homepage von Europarc Deutschland finden.

[87] Deutscher Bauernverband: Situationsbericht 2011/2012, S. 45.

[88] Ebd., S. 17.

[89] Ebd., S. 21.

[90] Ebd., S. 26ff.

[91] BioÖkonomieRat: Nachhaltige Nutzung von Bioenergie, Januar 2012.

ANMERKUNGEN

[92] Siehe dazu auch acatech (Hg.): Biotechnologische Energieumwandlung. Stand, Kontext, Perspektiven, Juni 2012.

[93] http://www.bmbf.de/press/2766.php.

[94] Brot allein macht nicht satt. Kühe als Klimafaktor, stiller Hunger als Bedrohung: Ein Gespräch mit dem Ernährungsexperten Joachim von Braun, in: Die Zeit vom 8. Januar 2010. Online unter: http://www.zeit.de/2010/02/N-Interview-von-Braun.

[95] Rede für den Preis der Gregor Mendel Stiftung an Andreas Sentker 4.4.2011, Akademie der Künste, Berlin, Pariser Platz: Grüne Gentechnik und die Freiheit der Forschung, nachzulesen unter: http://www.bdp-online.de/de/GMS/Downloads_1/2011-04-04_Vortrag_Nuesslein-Volhard.pdf.

[96] Ebd.

[97] Ausstrahlung am 13.11.2009.

[98] http://www.wiesentbote.de/2011/05/06/landkreis-forchheim-ist-gentechnikanbaufrei/.

[99] http://www.lpg-naturkost.de/.

[100] Entsprechende Beispiele finden sich bei Alexander Neubacher in seinem Buch: Öko-Fimmel. Wie wir versuchen, die Welt zu retten – und was wir damit anrichten, München 2012.

[101] http://www.chiemgauer-naturfleisch.de/.

[102] DBV: Situationsbericht 2011/2012, S. 18.

[103] Richard Sennett: Handwerk, Berlin 2008, S. 25.

[104] Walther Rathenau: Zur Kritik der Zeit, Berlin 1918, S. 61, 65.

[105] Georg Simmel: Die Krisis der Kultur [1916], in: Ders. (2000): Gesamtausgabe, hg. von Otthein Rammstedt, Frankfurt am Main, Bd. 13: Aufsätze und Abhandlungen 1909–1918. Bd. II, hg. von Klaus Latzel, S. 190–201, S. 190 f.

[106] Friedrich Georg Jünger: Die Perfektion der Technik, Frankfurt am Main, 8. Aufl. 2010, S. 38.

[107] Spengler (2000), S. 1190 f. Hervorhebungen i. O.

[108] Ludwig Klages: Der Geist als Widersacher der Seele, 4. Aufl. München/Bonn 1960, IX, X.

[109] E. T A. Hoffmann: Die Bergwerke zu Falun, Stuttgart 1966, S. 12.

ANMERKUNGEN

[110] Ferdinand van Ingen (Hg.): Jakob Böhme: Werke, Frankfurt am Main 1997, S. 533.

[111] F. G. Jünger (2010), S. 28.

[112] Johann Jakob Bachofen: Das Mutterrecht. Eine Untersuchung über die Gynaikokratie der alten Welt nach ihrer religiösen und rechtlichen Natur. Eine Auswahl hg. von Hans-Jürgen Heinrichs, Frankfurt am Main 1975.

[113] Peter Huchel: Gesammelte Werke in zwei Bänden. Band I: Die Gedichte. Band II: Vermischte Schriften, hg. von Axel Vieregg, Frankfurt am Main 1984. Hier Band I, S. 109.

[114] Entstanden 1971 in Italien, kurz nach der politisch erzwungenen Ausreise Huchels in den Westen. Erstmals veröffentlicht in *ensemble* 3 (1972). Das Gedicht findet sich in Band I der Gesammelten Werke, S. 187.

[115] Siehe dazu die maßgebliche Untersuchung des englischen Germanisten Axel Goodbody aus dem Jahr 1984: Natursprache. Ein dichtungstheoretisches Konzept der Romantik und seine Wiederaufnahme in der modernen Naturlyrik (Novalis – Eichendorff – Lehmann – Eich), Neumünster, sowie die Arbeiten der Literaturwissenschaftlerin Ursula Heukenkamp, etwa: Zauberspruch und Sprachkritik. Naturgedicht und Moderne, in: Lyrik des 20. Jahrhunderts. Sonderband TEXT und KRITIK, Göttingen 1999, S. 175–200, sowie das Nachwort in: Der magische Weg. Deutsche Naturlyrik des 20. Jahrhunderts, Leipzig 2003.

[116] Martin Raschke: Ueber die Sprache, in: Die Kolonne. Zeitschrift für Dichtung, Nr. 2 (1929/1930), Heft 6 (S. 45).

[117] Horst Lange: Landschaftliche Dichtung, in: Der weisse Rabe 2 (1933), H. 5/6, S. 21–26.

[118] Martin Raschke: Richard Billinger: Gedichte, in: Die literarische Welt 5 (1929), Nr. 22, S. 5.

[119] Siehe auch Gernot Böhme: Für eine ökologische Naturästhetik, Frankfurt a. Main 1989, S. 63.

[120] Bertolt Brecht: Über das Frühjahr, in: Ders.: Werke. Große

ANMERKUNGEN

kommentierte Berliner und Frankfurter Ausgabe, Berlin und Frankfurt a. Main 1988 ff., Bd. XIV, Gedichte 4, S. 7.

[121] Thomas Elkeles, David Beck, Dominik Röding, Stefan Fischer, Jens A. Forkel: Gesundheit und Lebensführung in nordostdeutschen Landgemeinden. Ergebnisse der Landgesundheitsstudie 1973, 1994 und 2008, in: Deutsches Ärzteblatt 16/2012, S. 285 ff.

[122] Siehe zum Thema auch Friedmar Apel (1998).

[123] Canetti (2011), S. 98.

[124] Zit. nach Hansjörg Küster: Geschichte des Waldes. Von der Urzeit bis zur Gegenwart, München 1998, S. 217.

[125] Bild der Wissenschaft Research in Zusammenarbeit mit dem Deutschen GeoForschungsZentrum GFZ: Klimawandel. Was wissen wir wirklich? August 2012, S. 5.

[126] Siehe dazu auch acatech (Hg.): Anpassungsstrategien in der Klimapolitik, Heidelberg 2012. Online nachzulesen unter: http://www.acatech.de/fileadmin/user_upload/Baumstruktur_nach_Website/Acatech/root/de/Publikationen/Stellungnahmen/acatech_POSITION_Klimawandel_WEB.pdf.

[127] Küster (1998), S. 7.

[128] Ebd., S. 137.

[129] E. Jünger (1994): Kaukasische Aufzeichnungen, 28.12.1942, S. 248.

[130] http://www.zeit.de/2007/16/Natur.

[131] Jakob Augstein: Die Tage des Gärtners. Vom Glück, im Freien zu sein, München 2012, S. 11.

[132] Siehe auch Seel (1996), S. 107, bzw. Böhme (1989), S. 56 ff.

[133] Augstein (2012), S. 88.

[134] Ritter (1963), S. 162.

[135] So auch Bundeskanzlerin Angela Merkel auf der Rohstoffkonferenz der CDU/CSU-Bundestagsfraktion am 25.4.2012. Siehe auch http://www.finanznachrichten.de/nachrichten-2012-04/23355437-update-merkel-verteidigt-reformen-und-wachstumspolitik-015.htm.